山东省社科规划项目研究成果（项目批准号：17CJJJ34）

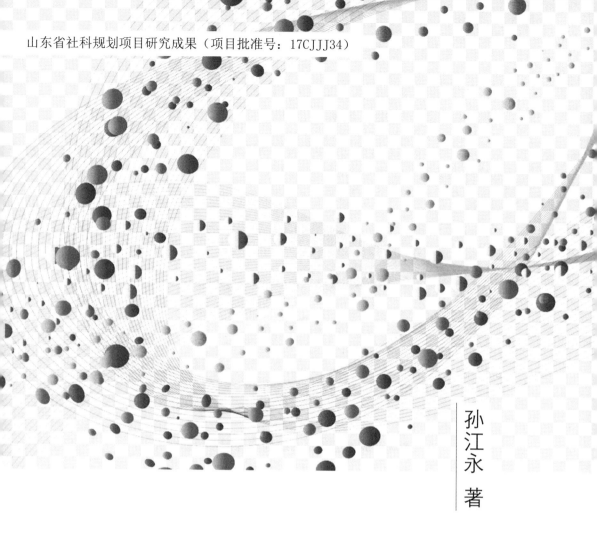

孙江永 著

市场开放促进质量升级的资源配置机制研究

Research on Resource Allocation Mechanism of Opening
Market to Promote Quality Upgrading

中国财经出版传媒集团
经济科学出版社
Economic Science Press
·北京·

图书在版编目（CIP）数据

市场开放促进质量升级的资源配置机制研究/孙江
永著 . - - 北京：经济科学出版社，2023.9
ISBN 978 - 7 - 5218 - 5253 - 0

Ⅰ.①市… Ⅱ.①孙… Ⅲ.①市场经济 - 资源配置 -
研究 - 中国 Ⅳ.①F123.9②F124.5

中国国家版本馆 CIP 数据核字（2023）第 197600 号

责任编辑：杨 洋 赵 岩
责任校对：王肖楠
责任印制：范 艳

市场开放促进质量升级的资源配置机制研究

孙江永 著

经济科学出版社出版、发行 新华书店经销
社址：北京市海淀区阜成路甲 28 号 邮编：100142
总编部电话：010 - 88191217 发行部电话：010 - 88191522
网址：www. esp. com. cn
电子邮箱：esp@ esp. com. cn
天猫网店：经济科学出版社旗舰店
网址：http://jjkxcbs. tmall. com
北京季蜂印刷有限公司印装
710 × 1000 16 开 16.25 印张 250000 字
2023 年 9 月第 1 版 2023 年 9 月第 1 次印刷
ISBN 978 - 7 - 5218 - 5253 - 0 定价：65.00 元
（图书出现印装问题，本社负责调换。电话：010 - 88191545）
（版权所有 侵权必究 打击盗版 举报热线：010 - 88191661
QQ：2242791300 营销中心电话：010 - 88191537
电子邮箱：dbts@ esp. com. cn）

目 录
CONTENTS

绪　　论

一、研究背景

改革开放 40 多年来我国社会主义市场经济建设取得了巨大成就，物质文明成果总体表现为产品与服务规模充盈，种类繁多。《改革开放简史》在"第六章坚定不移推进全面深化改革"明确指出，人民对美好生活的向往向着对高品质的产品与服务需求转变。国内的供需矛盾逐渐表现为对高品质产品与服务的需求与低品质的产能之间的矛盾。在此背景下，经济发展方式从规模速度型粗放增长转向质量效率型集约增长，市场资源配置方式的功能内涵开始侧重基于资源质量特征的配置。本书是在"双循环"新发展格局下探讨开放市场对产出质量升级的资源配置机制，探讨开放市场需求与"双循环"导向的产出升级实现路径，以期为新时期中国经济高质量发展提供对策建议。

二、研究内容

第一，系统梳理中国高质量发展的政策路径与省域高质量发展的政策选择，比较分析山东、江苏、广东三省的产业基础、市场开放与创新创业活力。第二，分析国内国际双循环新发展格局的背景及其内涵，构建国内国际双循环新发展格局下的一个理论分析框架，基于投入产出表初步测度山东、江苏、广东三个省份参与双循环的状况，将山东省与江苏省、广东省进行比较分析，剖析通过外贸发展与外资利用为省域产出质量升级所创造的开放市场环境。第三，分析数量与质量在效用函数中呈现的替代与互补关系，借鉴出口产品质量测算方法，构建企业产出质量的一种新测算方法；从省域经济质量效益的角度测算中国加入 WTO 以来的出口产品的质量，分析其总体走势、变化特征及变化规律；进一步分析不同贸易方式、不同技术密集度的产品出口质量变化趋势，讨论出口产品质量变动的原因。第四，选择制造业领域产品质量异质特征最为明显的汽车行业进行理论与实证研究，探索产品质量选择的市场进入与退出机制。在理论研究方面，以梅里兹（Melitz，2003）、赫尔普曼等（Helpman et al. ，2004）的企业异质理论为基本框架，结合赫梅尔斯和克莱诺（Hummels & Klenow，2005）质量与数量叠加影响的效用函数对质量异质产品的理论解释，以质量异质产品为任务单元构建一个市场进入方式的理论分析框架，对不同质量等级产品的市场进入方式选择进行理论解释。运用中国汽车市场的经验数据进行实证检验。第五，分析产出质量升级的微观机制与动态路径。研究生产要素在企业产出质量改进过程中的作用机理，构建一个理论模型深入研究制度变革、技术进步与 TFP 之间的经济关系。分析劳动力要素存在垂直差异和水平差异的典型事实，把劳动力要素看作一个要素"篮子"，讨论要素的组合优化状态，通过理论推演得到要素"篮子"质量优化与产出质量状态之间经济关系的若干研究命题。研究交易环节的质量供给策略，运用博弈论分析工具考察质量的混合供给与分类供给的策略选择和福利状态。第六，运用投入产出表信息构建能够反映开放市场主要供求关系的价值链关联变量指标，设计实证研究框架。对中国工业企业数据进行清洗和处理，然后将工业企业数据和投入产出表数据进行价值链上游、中游和下游环节的匹配，分析上、中、下游 3 个环节供求关系与市场竞争关系对企业产出质量的影响。对 12 个价值链关联指标进行分类实证研究，进一步分析优势要素关联变量估计结果之间的回归干扰和结果的稳健性。分类研究关联变量对不同所有制类型企业产出质量的影响，并简要总结产出质量升级效应的企业特征和行业特征。第七，分析政府在宏观质量管理方面可能遇到的问题，剖析影响其管理工作绩效的因素与经济机制，结合研究结论对政府和企业提出产出质量升级的对策建议，对下一步研究向着一般均衡框架拓展进行展望。

三、研究价值

理论边际贡献。本书借鉴两支文献的研究思路与学理脉络，一支文献是克鲁格曼（Krugman，1980）、伯纳德等（Bernard et al.，2003）、梅里兹（Melitz，2003）、赫尔普曼等（Helpman et al.，2004）以产品多样化、垄断竞争、企业异质性为理论特征，以企业的出口和直接投资等开放市场进入方式为问题导向的系列研究成果；另一支文献是阿克洛夫（Akerlof，1970）、严和罗伯茨（Yan & Roberts，1986）、布尔斯坦和芬斯特拉（Boorstein & Feenstra，1991）、格罗斯曼和赫尔普曼（Grossman & Helpman，1991）、赫梅尔斯和克莱诺（Hummels & Klenow，2005）、安东尼亚德斯（Antoniades，2015）、费勒等（Fieler et al.，2018）沿着产品的质量差异主线对产品的质量差异特征、质量消费选择、国内市场交易、进出口等进行理论解释与实证检验的系列研究成果，尝试以质量异质产品为生产决策的任务单元，构建开放市场不同进入方式的利润函数，对企业在市场进入期的质量选择机制进行理论解释。

实证边际贡献。一是兼顾省域的高质量发展战略、开放市场等中观的经济政策环境与市场进入方式、产出质量升级等微观的企业行为选择，二是对政府宏观质量管理的典型事实进行理论研究，三是运用中国汽车行业的产品层面数据、中国工业企业数据库的企业层面数据等多套微观数据，力求兼顾实证研究的典型性与全面性。

四、研究创新

研究角度方面，梳理"十三五"期间我国高质量发展的政策路径和典型省域的经济高质量发展政策路径，提炼高质量发展战略中的产出质量脉络，总结我国社会主义市场经济发展过程中的产出质量演进规律。

理论创新方面，在企业异质理论框架基础上，以质量异质产品为生产决策的任务单元，构建开放市场不同进入方式的利润函数，对企业在市场进入期的质量选择机制进行理论解释；分别解释单一生产要素、要素"篮子"对产出质量的影响；结合交易环境的不确定性，对质量供求双方的策略选择与调整进行动态博弈分析，求解质量供求均衡状态与福利最大化目标下的质量供求最优策略选择。

实证研究方面，运用中国汽车行业的产品层面微观数据、中国工业企业数据库的企业层面数据结合现代计量经济学方法，分别对市场进入期的质量选择机制与持续经营期质量升级的开放市场资源配置效应进行实证检验，从多个角度、多个环节揭示质量升级的开放市场资源配置机制。

第二章

高质量发展的产出质量脉络

本章首先回顾"十三五"期间我国高质量发展的政策路径和省域经济高质量发展的政策选择，总结我国社会主义市场经济发展的质量演进规律，梳理高质量发展的产出质量脉络。然后分析省域经济的产业基础、产业结构与开放环境。比较典型省份的高新技术产业在工业体系中的比重及变化趋势，比较分析专利授权数量与新产品销售及其变化情况。

第一节　我国高质量发展的政策路径

一、我国的经济发展战略与发展阶段

（一）建设小康社会

1979 年 12 月，邓小平同志在会见日本首相大平正芳时说："我们的四个现代化的概念，不是像你们那样的现代化的概念，而是'小康之家'"。① 小康社会是古代思想家描绘的诱人的社会理想，也表现了普通

---

① 邓小平讲话实录编委会．邓小平讲话实录会谈卷［M］. 北京：红旗出版社 2018：3－4.

百姓对宽裕、殷实的理想生活的追求。《诗·大雅·民劳》中提到"民亦劳止，汔可小康。"① 《资治通鉴·后唐明宗长兴四年》："在位年谷屡丰，兵革罕用，校于五代，粗为小康。"② 改革开放以后我们提出的"小康"不仅仅是解决温饱问题，而是要从政治、经济、文化、社会、生态等各方面满足人民对物质文明、精神文明、生态文明、政治文明的需要。

1984 年 3 月，邓小平同志在会见日本首相中曾根康弘时说："翻两番，国民生产总值人均达到八百美元，就是到本世纪末在中国建立一个小康社会。这个小康社会，叫作中国式的现代化。翻两番、小康社会、中国式的现代化，这些都是我们的新概念"。③ 这几个密切相关的新概念的提出，为我国的现代化建设提出了一个明确的奋斗目标，为我国的经济社会的阶段性发展描绘了一个宏伟的蓝图。

（二）全面建设小康社会

2002 年 1 月，江泽民同志对党的十六大报告起草组说，党的十六大要明确提出全面建设小康社会的目标，既同邓小平同志的战略构想相衔接，也根据新的实际体现了邓小平同志关于分阶段实现现代化的重要思想。我国人民生活总体上达到小康水平，这是中华民族发展史上一座新的里程碑。江泽民同志在肯定我国建设小康社会取得成就的同时也指出小康社会建设的发展空间和未来方向。江泽民同志指出，我国人均国内生产总值还比较低，同世界发达国家相比差距还很大，甚至同一些比较富裕的发展中国家相比也有较大差距。我们现在的小康，总的来说，还是低水平的、不全面的、发展很不平衡的小康。④

2002 年 11 月，党的十六大明确指出，我们要集中力量，全面建设惠

---

① 李修生，朱安群. 四书五经辞典 [M]. 北京：中国文联出版公司，1998：305.

② 司马光. 资治通鉴 [M]. 北京：中国书店，2011：2966.

③ 谢伏瞻. 加快构建中国特色哲学社会科学学科体系、学术体系、话语体系 [J]. 中国社会科学，2019，281（5）：20.

④ 夏林，张宿堂，孙承斌. 马克思主义的纲领性文献 [N/OL]. 人民日报，2002 - 11 - 21.

及十几亿人口的更高水平的小康社会，使经济更加发展、民主更加健全、科教更加进步、文化更加繁荣、社会更加和谐、人民生活更加殷实。[①] 在优化结构和提高效益的基础上，到 2020 年国内生产总值比 2000 年翻两番，综合国力和国际竞争力明显增强。基本实现工业化，建成完善的社会主义市场经济体制和更具活力、更加开放的经济体系。城镇人口的比重较大幅度提高，工农差别、城乡差别和地区差别扩大的趋势逐步扭转。社会保障体系比较健全，社会就业比较充分，家庭财产普遍增加，人民过上更加富足的生活。

2007 年 11 月，胡锦涛同志在党的十七大中提出全面建设小康社会的新要求：增强发展协调性，努力实现经济又好又快发展。[②] 肯定了改革开放以来，我国经济建设取得的伟大成就。对党的十六大以来我国经济进入新阶段准确研判。认识到，在全面建设小康社会进程中面临很多新矛盾和新挑战，主要是：经济发展不平衡、不协调的问题突出；城乡二元结构明显，区域发展差距较大；经济增长方式粗放，自主创新能力较低，增长付出的资源环境代价过高，具有不可持续性；经济发展的结构性矛盾比较突出，增长过于依赖投资和出口拉动，消费在国内生产总值中的比重下降；在实现科学发展方面的体制机制存在明显障碍，改革攻坚任务繁重。针对这些矛盾和问题，为了更好引导我国经济发展，党的十七大明确提出了增强发展协调性、努力实现经济又好又快发展等六个方面的新要求。

（三）全面建成小康社会

2012 年 11 月，中国共产党第十八次全国代表大会的题目是"坚定不移沿着中国特色社会主义道路前进，为全面建成小康社会而奋斗"。胡锦涛同志认为 2008～2012 年五年的工作，是党的十六大以来全面建设

---

① 江泽民. 全面建设小康社会，开创中国特色社会主义事业新局面 [J]. 求是，2002（22）：8.

② 胡锦涛. 高举中国特色社会主义伟大旗帜，为夺取全面建设小康社会新胜利而奋斗 [M]. 北京：人民出版社，2007：21－27.

小康社会十年实践的重要组成部分。① 报告提到，综观国际国内大势，我国发展仍处于可以大有作为的重要战略机遇期。我们要准确判断重要战略机遇期内涵和条件的变化，全面把握机遇，沉着应对挑战，赢得主动，赢得优势，赢得未来，确保到 2020 年实现全面建成小康社会宏伟目标。

2017 年 10 月，中国共产党第十九次全国代表大会的题目是"决胜全面建成小康社会，夺取新时代中国特色社会主义伟大胜利"。习近平总书记在大会上指出，从 2017 年到 2020 年，是全面建成小康社会决胜期。② 大会认为，解决人民温饱问题、人民生活总体上达到小康水平这两个目标已提前实现。在这个基础上，我们党提出，到建党一百年时建成经济更加发展、民主更加健全、科教更加进步、文化更加繁荣、社会更加和谐、人民生活更加殷实的小康社会，然后再奋斗三十年，到新中国成立一百年时，基本实现现代化，把我国建成社会主义现代化国家。

2021 年 2 月，在全国脱贫攻坚总结表彰大会上，习近平总书记指出，8 年来，党中央把脱贫攻坚摆在治国理政的突出位置，把脱贫攻坚作为全面建成小康社会的底线任务，农村贫困人口全部脱贫，为实现全面建成小康社会目标任务作出了关键性贡献。③

回顾中国共产党对小康社会建设成效的判断基准。2012 年底，党的十八大召开后不久，党中央就突出强调，"小康不小康，关键看老乡，关键在贫困的老乡能不能脱贫"。④ 党的十八大以来，党中央鲜明提出，全面建成小康社会最艰巨最繁重的任务在农村特别是在贫困地区，没有农村的小康特别是没有贫困地区的小康，就没有全面建成小康社会。

（四） 实现社会主义现代化

邓小平同志为我国设计了分"三步走"基本实现现代化的宏伟蓝图：

---

① 胡锦涛. 坚定不移沿着中国特色社会主义道路前进为全面建成小康社会而奋斗 [J]. 求是，2012（22）：5.

② 习近平. 决胜全面建成小康社会夺取新时代中国特色社会主义伟大胜利 [J]. 前进，2017（11）：12.

③④ 习近平. 在全国脱贫攻坚总结表彰大会上的讲话 [J]. 新长征（党建版），2021（4）：5.

第一步，从 1981 年到 1990 年国民生产总值翻一番，实现温饱；第二步，从 1991 年到 20 世纪末再翻一番，达到小康；第三步，到 21 世纪中叶再翻两番，达到中等发达国家水平。1997 年 9 月，党的十五大报告首次提出"两个一百年"奋斗目标：到建党一百年时，使国民经济更加发展，各项制度更加完善；到世纪中叶新中国成立一百年时，基本实现现代化，建成富强民主文明的社会主义国家。[①]

2021 年是中国共产党建党 100 周年。中国共产党第十九次全国代表大会报告明确指出，从党的十九大到党的二十大，是"两个一百年"奋斗目标的历史交汇期。我们既要全面建成小康社会、实现第一个百年奋斗目标，又要乘势而上开启全面建设社会主义现代化国家新征程，向第二个百年奋斗目标进军。综合分析国际国内形势和我国发展条件，从 2020 年到 21 世纪中叶可以分两个阶段。

第一个阶段，从 2020 年到 2035 年，在全面建成小康社会的基础上，再奋斗十五年，基本实现社会主义现代化。其目标是，我国经济实力、科技实力将大幅跃升，跻身创新型国家前列；人民平等参与、平等发展权利得到充分保障，法治国家、法治政府、法治社会基本建成，各方面制度更加完善，国家治理体系和治理能力现代化基本实现；社会文明程度达到新的高度，国家文化软实力显著增强，中华文化影响更加广泛深入；人民生活更为宽裕，中等收入群体比例明显提高，城乡区域发展差距和居民生活水平差距显著缩小，基本公共服务均等化基本实现，全体人民共同富裕迈出坚实步伐；现代社会治理格局基本形成，社会充满活力又和谐有序；生态环境根本好转，美丽中国目标基本实现。

第二个阶段，从 2035 年到 21 世纪中叶，在基本实现现代化的基础上，再奋斗十五年，把我国建成富强民主文明和谐美丽的社会主义现代化强国。社会主义现代化强国主要特征是，物质文明、政治文明、精神文明、社会文明、生态文明将全面提升，实现国家治理体系和治理能力现代

---

① 江泽民. 高举邓小平理论伟大旗帜，把建设有中国特色社会主义事业全面推向二十一世纪 [J]. 新长征，1997（10）：3.

化，综合国力和国际影响力在全球领先，共同富裕基本实现，人们将享有更加幸福安康的生活。

二、我国高质量发展的政策路径

（一）"十三五"以来中央经济工作会议指导精神

2016 年 12 月召开的中央经济工作会议指出 2017 年排在第三位的经济工作任务是着力振兴实体经济。要坚持以提高质量和核心竞争力为中心，坚持创新驱动发展，扩大高质量产品和服务供给。要树立质量第一的强烈意识，开展质量提升行动，提高质量标准，加强全面质量管理。引导企业形成自己独有的比较优势，发扬"工匠精神"，加强品牌建设，培育更多"百年老店"，增强产品竞争力。实施创新驱动发展战略，既要推动战略性新兴产业蓬勃发展，也要注重用新技术新业态全面改造提升传统产业。要建设法治化的市场营商环境，加强引进外资工作，更好发挥外资企业对促进实体经济发展的重要作用。要更加重视优化产业组织，提高大企业素质，在市场准入、要素配置等方面创造条件，使中小微企业更好参与市场公平竞争。

2017 年 12 月召开的中央经济工作会议指出，推动高质量发展是当前和今后一个时期确定发展思路、制定经济政策、实施宏观调控的根本要求，必须加快形成推动高质量发展的指标体系、政策体系、标准体系、统计体系、绩效评价、政绩考核，创建和完善制度环境，推动我国经济在实现高质量发展上不断取得新进展。

2018 年 12 月召开的中央经济工作会议指出 2019 年第一项经济工作任务就是推动制造业高质量发展。要推动先进制造业和现代服务业深度融合，坚定不移建设制造强国。要稳步推进企业优胜劣汰，加快处置"僵尸企业"，制定退出实施办法，促进新技术、新组织形式、新产业集群形成和发展。要增强制造业技术创新能力，构建开放、协同、高效的共性技术研发平台，健全需求为导向、企业为主体的产学研一体化创新机制，抓紧布局国家实验室，重组国家重点实验室体系，加大对中小企业创新支持力度，加强知识产权保护和运用，形成有效的创新激励机制。

2019 年 12 月召开的中央经济工作会议指出 2020 年经济工作的基本思路可以概括为"四个坚持一个统筹"。第四个坚持是"坚持以改革开放为动力，推动高质量发展，坚决打赢三大攻坚战，全面做好'六稳'工作"。

2020 年 12 月召开的中央经济工作会议指出 2021 年的第二项经济工作任务是增强产业链供应链自主可控能力。要统筹推进补齐短板和锻造长板，针对产业薄弱环节，实施好关键核心技术攻关工程，尽快解决一批"卡脖子"问题，在产业优势领域精耕细作，搞出更多独门绝技。要实施好产业基础再造工程，打牢基础零部件、基础工艺、关键基础材料等基础。要加强顶层设计、应用牵引、整机带动，强化共性技术供给，深入实施质量提升行动。

（二）高质量发展战略

《中国制造 2025》为我国制造业的高质量发展规划了一张宏伟的蓝图。2015 年 3 月李克强总理在全国"两会"上作《政府工作报告》时首次提出"中国制造 2025"的宏大计划，① 同年 5 月国务院正式印发《中国制造 2025》。《中国制造 2025》可以概括为"一二三四五五十"的总体结构。"一"是最终实现制造业强国的目标。"二"是信息化和工业化的高层次的深度结合以实现上述目标。"三"是分三步走，每一步用十年左右的时间。"四"是市场主导、政府引导原则，立足当前、着眼长远原则，全面推进、重点突破原则，自主发展、合作共赢原则共四项原则。第一个"五"是创新驱动、质量为先、绿色发展、结构优化、人才为本五条方针。第二个"五"是制造业创新中心建设工程、强化基础工程、智能制造工程、绿色制造工程、高端装备创新工程共五项工程。"十"是新一代信息技术产业、高档数控机床和机器人、航空航天装备、海洋工程装备及高技术船舶、先进轨道交通装备、节能与新能源汽车、电力装备、农机装备、

---

① 李克强. 政府工作报告［N］. 人民日报，2015 - 3 - 17.

新材料、生物医药和高性能医疗器械共十个领域。

　　高质量发展是 2017 年中国共产党第十九次全国代表大会首次提出的新表述，表明中国经济由高速增长阶段转向高质量发展阶段。习近平总书记代表第十八届中央委员会于 2017 年 10 月 18 日在中国共产党第十九次全国代表大会上向大会作的报告共分 13 个部分，其中第五部分是贯彻新发展理念，建设现代化经济体系。明确指出，我国经济已由高速增长阶段转向高质量发展阶段，正处在转变发展方式、优化经济结构、转换增长动力的攻关期，建设现代化经济体系是跨越关口的迫切要求和我国发展的战略目标①。

　　2018 年 3 月政府工作报告指出高质量发展的工作任务。按照高质量发展的要求，统筹推进"五位一体"总体布局和协调推进"四个全面"战略布局，坚持以供给侧结构性改革为主线，统筹推进稳增长、促改革、调结构、惠民生、防风险各项工作，大力推进改革开放，创新和完善宏观调控，推动质量变革、效率变革、动力变革，特别在抓好防范化解重大风险、精准脱贫、污染防治的攻坚战方面取得扎实进展，引导和稳定预期，加强和改善民生，促进经济社会持续健康发展。

三、我国社会主义市场经济发展的质量演进规律

　　经济基础决定上层建筑。解决温饱，实现小康，全面建成小康等目标实现同样依赖经济发展。在新中国成立后社会主义经济建设的 70 多年里，我国的经济发展呈现如下基本经济规律。

（一）种类从无到有，从单一到多样

　　化学纤维对天然纤维的替代突破了种植业对纺织业产能束缚的瓶颈，进一步促进布料、服装产能的指数增长。印染、纺织技术创新和工艺流程

---

　　① 习近平：决胜全面建成小康社会　夺取新时代中国特色社会主义伟大胜利——在中国共产党第十九次全国代表大会上的报告［EB/OL］．新华社，2017 - 10 - 27．

优化带来布料和服装的多样化。化纤、纺织、服装业的发展最终表现为给消费者在穿着领域源源不断地创造价值。新型农业种植技术、现代化农业资料和农业机械带来粮食、蔬菜、瓜果产量的大幅度增加。人工育种、农产品跨区域贸易等研发环节、贸易流通环节的创新与完善带来实物的多样化。

楼房替代平房，有效地利用土地资源和空间资源，在城镇化的进程中保障了住房供应和人均住房面积增加。从"狭窄""局促"到"宽敞""从容"，必然伴随着居民居住效用的提高。从做饭、取暖一体的蜂窝煤炉，到集中供暖、天然气入户，这是居住条件种类的增加。种类的增加与数量的增加一样会提高福利，前者比后者更有助于抑制边际效用递减。自行车曾经是人们主要的短途交通工具。在交通工具上的消费升级，我们很容易想到自行车、摩托车、小汽车。它们具有相同的基本功能：满足人们出行的需要。它们又有质的不同。小汽车除了满足人们出行的需要以外，还能满足人们的娱乐需求、通信需求，等等。这也是种类的增加：商品功能种类的增加。种类从无到有不难理解；从单一到多样表现为二元结构：商品功能的集成与功能内涵的多样化，商品种类与外延的多样化。

（二）　数量从少到多，从短缺到过剩

满足人们衣、食、住、行的所有商品几乎都表现出产能的显著增长和供给量的快速增加，像胶卷、黑白电视机、BP机等被替代、消亡的产品除外。工业化之初多数商品都是短缺的，尽管当时人们的购买力非常有限。温饱是人们的基本生活目标，然而农业社会和工业化初期连满足人们温饱的生产能力都实现不了。达不到温饱是因为服装和食品的供给量有限。工业化解决了这一问题。工业化通过创造产能和提高产能有效扩大了人们衣、食、住、行所需的消费品的产量。产能不是说增就增、说减就减的，一旦形成会持续很长一段时间，直到通过生产把设备、厂房逐渐折旧直至报废，其价值被一件一件地转移到了由其生产的产品中。然而只要收入允许，人们的需求变化却在转念之间。人与人之间沟通的信息化与网络化使更高级、更优质、更先进、更奢华商品的消费得以广泛示范，更吸引

人的消费品迅速在朋友间、邻里间、社区间、地区间、国家间传播开来。人的社会性决定了人的攀比心理，普遍存在，不会根除。于是，只要收入允许，更高级、更优质、更先进、更奢华的商品就会热销，就会被抢购，就会出现产能不足。相反，早已形成庞大产能的普通商品出现了产能过剩。

（三）结构从失衡到均衡，从错配到优化

过剩与短缺一样都是失衡的不同表现形式。前文提到的普通商品在上市初期也是产能不足的，供不应求，只是后来出现更高级的产品它才变成普通的，产能过剩。一开始产能达不到要求，对于社会而言是供求失衡。然而单个厂商不会关心社会的失衡问题，其关心的主要问题是进一步获取利润的途径：抬高价格还是扩大产能。短期内，抬高价格比扩大产能对利润的贡献更快、更直接。然而持续不断的进入者所带来的竞争压力和潜在进入者的威胁二者与利润正相关，在位厂商的最优应对策略是扩大产能。抬高价格和扩大产能分别是在位厂商的短期策略和中长期策略。于是，数量失衡向数量均衡调整。

厂商经营成功与否非常关键的一点在于其市场定位是否精准。比亚迪汽车进入新能源车领域首先选择的是低端大众市场，特斯拉则首先选择的是高端精英市场。下一步，各自通过丰富产品类型充分利用已有的企业专有资产，占领更多的市场份额，获取更多的超额利润，进一步培育企业竞争力。不同的是，比亚迪选择向上，特斯拉选择向下。低端市场从只有比亚迪车型可选，到比亚迪、特斯拉、其他品牌等多种选择；高端市场亦然。于是新能源车市场从种类结构失衡向种类均衡调整。

新能源车上市之初，产品特征只表现出节能、安静等几项较为基础、核心的属性。在做工、内饰、安全性、稳定性等外围特征方面与老一代燃油车存在很大差距。因此，新产品上市之初只在核心属性方面满足了消费者需求，非核心属性存在短板、存在缺失。产品不断发展、不断完善、不断成熟的过程是核心属性不断强化，非核心属性种类不断增加，缺失得到弥补，短板得到填充的过程。新能源车做工越来越精细，内饰越来越精美，娱乐功能越来越丰富，越来越智能，越来越稳定……于是新能源车市

场从产品内涵的种类结构失衡到均衡调整。

（四）品质从低到高，从劣到优

产品是不断迭代更新的。就新中国 70 余年的市场经济建设所呈现的规律来看，这种迭代更新表现为两个层次，二元改进。产品迭代更新的两个层次分别是颠覆性的替代与渐进性的改进和完善。渐进性的改进和完善又表现为二元边际：一是既有属性的稳定与成熟，二是新属性的集成与协同。

家用电视机从黑白电视机到彩色电视机，再到平板电视机；汽车从燃油汽车到纯电动汽车；手机从"板砖"手机到触屏手机，再到智能手机……产品的这种更新迭代均是长期的颠覆性替代，是产品更新迭代的第一个层次。平板电视机像素提升，音质改进，内存增加，互联网功能优化；智能手机的屏占比提高，电池续航延长，拍照功能改进，等等。产品的这种更新迭代均是在中短期内的改进与完善，是产品更新迭代的第二个层次。二者均表现为品质的提升，前者是后者的包络，后者是在前者基础上的变化与演进。后者又具体分为既有属性的成熟与完善，新属性的集成与协同。两个层次迭代与二元改进共同促进了产品品质的提升。

上述规律又被包络于行业与部门之中。上述规律演进贡献了一个部门经济增长质量内涵的一部分；与此同时，产品质量的垂直差异与款式、型号、颜色等水平差异所组成的产品内供给结构与市场需求结构的匹配，产品内供给结构动态调整与市场需求结构动态调整的匹配贡献了一个部门经济增长质量内涵的另一部分。

部门的这一变化规律又被包络于区域经济与国民经济之中。区域经济与国民经济增长质量内涵的分解思路与部门经济增长质量内涵的分解方式一致。由此，微观品质与宏观经济增长质量之间存在三层包络关系。

（五）四种结构矛盾凸显与调和

全面建成小康社会，意味着居民收入普遍提高，对高品质的商品与服务的需求明显增加。从基本实现小康到全面建成小康，居民从对相对低品质商品与服务的消费状态转变为对高品质商品与服务的消费状态。而供给侧从低品质商品、低品质服务向高品质商品、高品质服务的转换需要一定时间。根据凯恩斯经济学逻辑，常态下，需求端的变化引致供给侧的相应调整。高品质的商品和服务需求的收入弹性较大，而供给侧的调整表现出明显的黏性特征。因此一种商品的供需关系往往前期表现为供不应求，后期表现为供过于求。横向比较而言，全面建成小康社会初期阶段，低品质的商品与服务供给过剩，高品质的商品与服务供不应求。这是由数量的供求失衡引起的第一类结构矛盾。

欲壑难填，在经典的经济理论分析中这既不是褒义词也不是贬义词，而是经济分析的一个重要假设。由此可以很容易得到一个与我们的直觉极为吻合的结论：哪一个厂商能够通过提供商品和服务有针对性地满足消费者的需要，哪一个厂商就为消费者创造了价值。这是企业生存与发展的经济逻辑的起点。基于此我国提出"大众创业、万众创新"的发展理念。根据赫拉克利特的哲学理念"上升的路和下降的路是同一条路"，通过创新为消费者创造价值同时也意味着：（1）新产品与新服务通过替代效应负向影响了旧产品、旧服务的需求量；（2）新产品与新服务通过支出预算挤出效应负向影响了别的产品与服务的需求量。这是由数量的供求失衡引起的第二类结构矛盾。这两类矛盾之间的区别在于，前者是经济领域"优"与"劣"之间的矛盾，后者是经济领域"新"与"旧"之间的矛盾。

需求影响供给的凯恩斯经济学逻辑在我国 70 多年的经济建设实践中得到普遍印证。这一经济逻辑在产业链上表现为下游繁荣带动上游繁荣，下游繁荣引领上游繁荣。下游繁荣的过程就是上述两类矛盾逐渐显现与逐步化解的过程。下游繁荣表现为下游产出规模增加、产品种类多样、产品质量升级。其结果是对上游高品质中间产品和服务的需求增加。产业链在不同国家分割所形成的国际分工事实极易造成上游外国供应商垄断，这会抑制国内下游市场的繁荣。这种国际分工与协作模式也容易受到国际政治因素的干扰。于是，出现了产业链上下游的供求矛盾。目前我国的繁荣大多是应用领域的繁荣，产业链向上繁荣还有很长的路要走。产业链上下游的供求矛盾是我国社会主义市场经济建设过程中出现的第三类结构矛盾。

经济理论认为生态环境问题的根源是经济活动的负外部性。外部性是对个体与群体关系特征的一种界定，外部性反映的是个体与群体之间的一类经济关系。外部性的关系范畴主要涉及两类主体，分别是企业个体与经济社会这个群体。企业个体对经济利润的追逐与个体行为的负外部性积累了企业个体与经济社会群体之间的矛盾，目前最为突出的一个矛盾就是生态环境问题。因此，生态环境问题是个体与群体之间的矛盾。

上述四种结构矛盾，有些可以通过市场经济的价格机制进行调和，有些需要政府用经济手段、行政手段、法律手段进行干预和规制。

（六）经济高质量发展的二重含义

结合我国改革开放 40 多年来社会主义市场经济建设的实践经验和"十三五"以来历届中央经济工作会议对高质量发展的指导思想，我国经济的高质量发展内涵可概括为两个方面：一是广义产出的高质量；二是广义生产方式与广义分配方式的高质量。广义产出包括实物商品和服务，包括研发产出、生产产出、流通环节的服务提供，包括生产要素、中间产品、最终产品，上述产出的质量状态。凡此种种都有一个共同的特征，即都是某种经济活动的结果，都是市场交易的标的。广义生产方式的高质量内涵从种类的角度包括研发环节的投入产出关系、生产制造环节的投入产出关系、流通环节的投入产出关系，量化投入产出关系的一个核心指标是效率。广义生产方式的高质量内涵从静态和动态的角度进行划分，静态下的高质量内涵是产出一定条件下投入的节约，投入一定条件下合意产出的增加和非合意产出的下降。动态下的高质量内涵是生产方式的可持续性和稳定性。分配方式的高质量内涵是公平与效率的均衡。我国经济高质量发展的二重含义如图 2-1 所示。

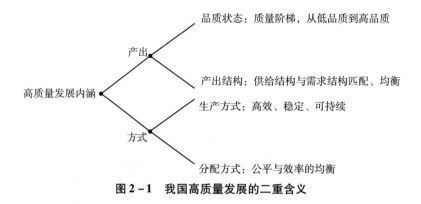

图 2 - 1　我国高质量发展的二重含义

第二节　省域经济高质量发展的政策选择

2018 年 1 月国务院正式批复《山东新旧动能转换综合试验区建设总体方案》，在供给侧结构性改革与产业结构升级背景下，山东省制定并逐步实施的新旧动能转换发展战略对于省域经济增长提质增效具有积极的示范效应。本节梳理山东省的旧动能转换发展战略，梳理开放市场助推山东省经济高质量发展的政策路径，为后文构建双循环发展新格局下的一个分析框架以及开放市场中外资外贸的影响机制提供省域层面的政策依据。

一、新旧动能转换发展战略

山东省人民政府办公厅 2016 年 3 月印发《山东省国民经济和社会发展第十三个五年规划纲要》，把创新引领激发增长潜能作为"十三五"山东发展全局的核心位置，把改进微观经济机制放在深化改革、增强发展动力的首要位置。

通过扩大开放增创山东省的产业竞争优势，通过推动外经贸提质增效、促进贸易便利化塑造外经贸新优势。实施以质取胜战略，以技术、标准、品牌、质量、服务为核心推动出口产品向高技术含量、高附加值、高效益转变。

在利用外资方面，《山东省国民经济和社会发展第十三个五年规划纲要》明确指出，坚持引资、引技、引智有机结合，全面提高利用外资综合优势和总体效益，提升山东省在全球产业链中的地位。通过提高利用外资层次、创新利用外资方式提升引进来效益。

2018 年 1 月 3 日，国务院正式批复《山东新旧动能转换综合试验区建设总体方案》同意设立山东新旧动能转换综合试验区。山东新旧动能转换综合试验区是党的十九大后获批的首个区域性国家发展战略综合试验区，也是中国第一个以新旧动能转换为主题的区域发展战略综合试验区。国家在《山东新旧动能转换综合试验区建设总体方案》中要求，要全面贯彻落实党的十九大精神，以习近平新时代中国特色社会主义思想为指导，贯彻新发展理念，坚持质量第一、效益优先，以供给侧结构性改革为主线，以实体经济为发展经济的着力点，以新技术、新产业、新业态、新模式为核心，以知识、技术、信息、数据等新生产要素为支撑，积极探索新旧动能转换模式，推动经济发展质量变革、效率变革、动力变革，提高全要素生产率，着力加快建设实体经济、科技创新、现代金融、人力资源协同发展的产业体系，推动经济实现更高质量、更有效率、更加公平、更可持续的发展，为促进全国新旧动能转换、建设现代化经济体系作出积极贡献。

2018 年 1 月，山东省人民政府办公厅向山东省各市人民政府，各县（市、区）人民政府，省政府各部门、各直属机构，各大企业，各高等院校印发了《山东省新旧动能转换基金管理办法》、《山东省新旧动能转换基金省级政府出资管理办法》和《山东省新旧动能转换基金激励办法》。2018 年 2 月，山东省人民政府印发《山东省新旧动能转换重大工程实施规划》，明确指出通过深度融入"一带一路"建设、构建开放型经济新体制、加快转变外贸发展方式、创新区域开放合作模式 4 项开放措施助力动能转换。

二、开放市场助推高质量发展的政策路径

2016 年 5 月，针对山东省产品供给总体上中低端产品过剩、高端产品

供给不足的结构矛盾，山东省委出台《山东省人民政府关于深入推进供给侧结构性改革的实施意见》，该实施意见分为总体要求、主要目标、重点任务、政策措施和组织保障五个部分，涵盖了27项重点任务和40条政策措施。

2016年12月，为贯彻落实《国务院关于做好自由贸易试验区新一批改革试点经验复制推广工作的通知》国发（〔2016〕63号）精神，山东省人民政府下达《山东省人民政府关于贯彻国发〔2016〕63号文件做好自由贸易试验区新一批改革试点经验复制推广工作的通知》（鲁政发〔2016〕32号文件，以下简称《通知》）。《通知》明确了自由贸易试验区改革试点经验复制推广工作任务分工，要求各市人民政府、各县（市、区）人民政府、省政府各部门、各直属机构、各大企业、各高等院校加强组织领导，主动沟通协作，强化宣传解读，做好自由贸易试验区新一批改革试点经验复制推广工作。

2016年12月，山东省人民政府发布《关于贯彻落实国发〔2016〕4号文件促进加工贸易创新发展的实施意见》。为贯彻落实《国务院关于促进加工贸易创新发展的若干意见》精神，结合山东省实际，要求促进加工贸易转型升级，提质增效；培育建设加工贸易梯度转移重点承接地，优化区域布局；改革创新管理体制，增强发展动力；加强政策支持和引导，优化发展环境。从推动传统优势产业优化升级、提高招商引资质量水平、加强自主创新和品牌培育、延长产业链、培育转型升级示范企业5个方面促进山东省加工贸易转型升级，提质增效。

2017年7月，山东省人民政府办公厅印发了《关于新时期积极利用外资若干措施的通知》，就推动新一轮高水平对外开放、健全完善利用外资政策支撑体系、实施全方位招商引资战略、打造一流的营商环境4个方面制定了22条指导意见。通过进一步扩大利用外资领域、支持外资参与创新驱动发展战略、支持外资参与制造业强省建设、扩大服务业利用外资、引导外资投向基础设施和公共服务领域5项措施推动山东新一轮高水平对外开放。

2018年9月山东省人民政府办公厅出台了《关于印发支持实体经济高质量发展的若干政策的通知》，为切实解决山东省实体经济发展中存在的突出矛盾和问题，加快新旧动能转换，推动实体经济高质量发展，结合山东省实际，在降本增效、创新创业、产业升级、招商引资、招才引智、金融支持、用地供应、制度保障共 8 个方面促进山东省实体经济高质量发展。

为推动全省外贸稳中提质，2020 年 1 月山东省人民政府办公厅发布《山东省进一步促进外贸稳定增长政策措施的通知》，出口潜力较大的重点市场实行"一国一策"，为企业应对贸易摩擦搭建法律服务平台，建立完善省市县三级预警响应、协调应对工作机制对订单情况、经营困难、政策诉求等进行动态跟踪监测，通过企业所得税减免，扩大离岸服务外包贴息范围，创建国家中医药和数字服务出口基地，对融资租赁、金融租赁企业试行增值税、消费税出口退税等政策以扩大服务贸易规模。

2020 年 8 月山东省人民政府发布《关于印发山东省进一步做好利用外资工作的若干措施的通知》，就扩大高质量招商引资，促进外商投资企业健康发展制定了若干措施。通过扩大外商投资准入、拓展外商投资领域、支持自贸试验区先行先试、加快对外开放平台建设、深化重点区域合作以实现推进高水平对外开放；通过打造招商活动国际品牌、创新招商引资方式、强化"要素跟着项目走"、加大财政支持力度、保障出国招商活动以提高投资促进力度；通过完善投资便利化措施、支持外国高端人才创新创业、加大金融支持力度、减轻企业税费负担、优化生活配套服务以提升投资服务质量。

2020 年 10 月山东省人民政府为充分发挥财政职能作用，精准支持实施八大发展战略，推进新时代现代化强省建设印发《关于支持八大发展战略的财政政策的通知》，支持稳定外贸外资基本盘，优化"双招双引"财税政策供给，对"十强"产业具有"领航"作用和产业链突破性的重大外资项目定制财税支持政策。完善外贸外资财政奖补政策，对跨境电商平台和企业给予奖励，加大对小微企业出口信用保险支持力度，落实关税保证保险风险补偿和进口贴息政策。实施综合保税区增值税一般纳税人资格试点，落实内销选择性征收关税政策。支持建设高能级开放平台。依托山东新旧动能转换综合试验区、中国（山东）自由贸易试验区、中国—上海合作组织地方经贸合作示范区，争取国家先行先试更多税收优惠政策，推广复制财税制度创新成果，强化国家战略平台驱动力。完善开发区财税支持政策，实施税收增量和土地收入阶段性支持政策，对国际合作园区以及利用外资增加较多的开发区给予奖励。支持企业建设公共海外仓，对企业自建境外经贸合作区给予一定奖励。

2021 年 1 月山东省人民政府印发《落实"六稳""六保"促进高质量发展政策清单（第一批）的通知》，在外贸外资领域明确指出，保险公司在"关税保"项下出现赔付损失，以省公司为单位，对年度赔付总额超过"关税保"年度保费收入 150% 以上、200% 以下的部分，财政承担 30%；赔付总额超过保费收入 200% 以上的部分，财政承担 20%，单户保险公司最高补偿限额 3000 万元。对"关税保"项下赔付损失财政承担部分，省级财政与出险企业所在市财政按 5∶5 比例分担。

第三节　市场开放与产出质量的省域比较分析

一、产业结构与供给体系

（一）山东省的三大产业

在过去的 20 年，山东省的三大产业呈现不同的增长趋势，产业结构也出现了明显改变。2000 年山东省的第一产业产值比重为 15.13%，2019 年下降到 7.20%；产值则由 2000 年的 1252.08 亿元增长到 2019 年的 5116.44 亿元，名义值平均每年增长 7.85%。[①] 2000 年山东省的第二产业产值比重为 49.77%，2019 年下降到 39.84%；产值则由 2000 年的 4120.19 亿元增长到 2019 年的 28310.92 亿元，名义值平均每年增长

———————————

① 资料来源于国家统计局地区数据。

11.28%。2000 年山东省的第三产业产值比重为 35.10%，2019 年上涨到
52.96%；产值则由 2000 年的 2905.79 亿元增长到 2019 年的 37640.17 亿
元，名义值平均每年增长 14.68%。2000～2019 年山东省三大产业的产
值、产值年增速如图 2-2 所示，产值结构如图 2-3 所示。

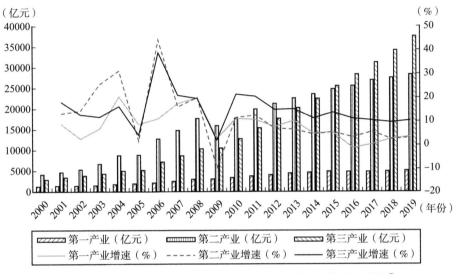

图 2-2　2000～2019 年山东省三大产业的国内生产总值、增速①

　　山东省第二产业的比重达到峰值是在 2006 年，占山东省地区生产
总值的比重为 57.76%，之后逐年下降。山东省第一产业的比重除了在
2005 年和 2009 年略有上升以外，其他年份均呈下降趋势。2004～2008
年第三产业的比重处于最近 20 年的低位，5 年比重的均值为 32.80%，
明显低于 2000 年的 35.10%，之后持续上涨。第三产业的增速超过第二
产业是在 2009 年，2015 年第三产业的产值超过了第二产业。2009 年以
后，第三产业增速明显高于第一、第二产业，三大产业增速的波动幅度
显著收窄。

———————————

　　①　资料来源于国家统计局地区数据。

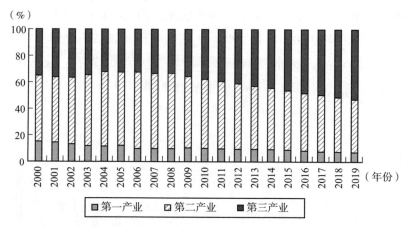

图 2 - 3 2000～2019 年山东省三大产业的国内生产总值比重

(二) 广东省的三大产业

用广东省的三大产业发展与山东省对比。在过去的 20 年，广东省的三大产业增速与产业结构也出现了明显变化。2000 年广东省的第一产业产值比重为 9.18%，2019 年下降到 4.04%；产值则由 2000 年的 986.32 亿元增长到 2019 年的 4351.26 亿元，名义值平均每年增长 7.39%。广东省的第一产业产值、增速略低于山东省。

2000 年广东省的第二产业产值比重为 46.54%，2019 年下降到 40.44%；产值则由 2000 年的 4999.51 亿元增长到 2019 年的 43546.43 亿元，名义值平均每年增长 10.62%。2000 年广东省的第三产业产值比重为 44.27%，2019 年上涨到 55.51%；产值则由 2000 年的 4755.42 亿元增长到 2019 年的 59773.38 亿元，名义值平均每年增长 12.44%。2000～2019 年广东省三大产业的产值、产值年增速如图 2 - 4 所示，产值结构如图 2 - 5 所示。

广东省第二产业的比重达到峰值是在 2006 年，占广东省地区生产总值的比重为 50.66%，之后逐年下降。广东省第一产业的比重除了在 2008 年和 2011 年略有上升以外，其他年份均呈下降趋势。2005 年、2006 年第三产业的比重处于最近 20 年的低位，2 年比重的均值为 43.45%，明显低于 2000 年的 44.27%，之后持续上涨。第三产业的比重超过第二产业是在 2013 年。2006 年以后，第三产业增速在大多数年份都高于第一、第二产业。

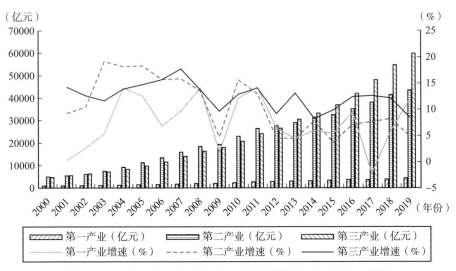

图 2-4 2000~2019 年广东省三大产业的国内生产总值、增速

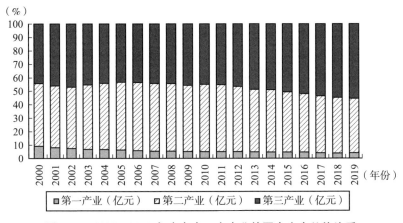

图 2-5 2000~2019 年广东省三大产业的国内生产总值比重

（三）江苏省的三大产业

用江苏省的三大产业发展与山东省对比。在过去的 20 年，江苏省的

三大产业增速与产业结构也出现了明显变化。2000 年江苏省的第一产业产值比重为 12.26%，2019 年下降到 4.31%；产值则由 2000 年的 1048.34 亿元增长到 2019 年的 4296.28 亿元，名义值平均每年增长 7.88%。江苏省的第一产业产值低于山东省，增速略高于山东。

2000 年江苏省的第二产业产值比重为 51.86%，2019 年下降到 44.43%；产值则由 2000 年的 4435.89 亿元增长到 2019 年的 44270.51 亿元，名义值平均每年增长 13.04%。2000 年江苏省的第三产业产值比重为 35.88%，2019 年上涨到 51.25%；产值则由 2000 年的 3069.46 亿元增长到 2019 年的 51064.73 亿元，名义值平均每年增长 16.07%。2000～2019 年江苏省三大产业的产值、产值年增速如图 2-6 所示，产值结构如图 2-7 所示。

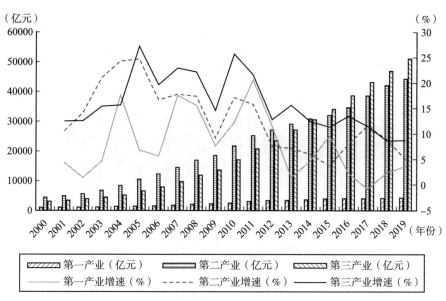

图 2-6　2000～2019 年江苏省三大产业的国内生产总值、增速

江苏省第二产业的比重达到峰值是在 2005 年，占江苏省地区生产总值的比重为 56.59%，之后逐年下降。江苏省第一产业的比重除了在 2011 年和 2012 年略有上升以外，其他年份均呈下降趋势。2004 年第三产业的

比重处于最近 20 年的低位，比重为 34.65%，明显低于 2000 年的 35.88%，之后持续上涨。第三产业的比重超过第二产业是在 2014 年。2005 年以后，第三产业增速在大多数年份都高于第一、第二产业。

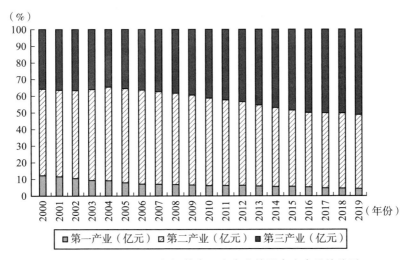

图 2 - 7　2000~2019 年江苏省三大产业的国内生产总值比重

（四）山东省产值与广东省、江苏省比较

山东省地区生产总值与广东省的比值在"十二五"期间稳定在 0.75 左右，"十三五"期间持续下降，由 2016 年的 0.73 下降到 2019 年的 0.66。山东省地区生产总值与广东省的比值、山东省三个产业产值与广东省的比值如图 2 - 8 所示。第一产业由 2016 年的 1.31 下降到 2019 年的 1.18；第二产业由 2016 年的 0.73 下降到 2019 年的 0.65；第三产业由 2016 年的 0.67 下降到 2019 年的 0.63。

山东省地区生产总值与江苏省的比值在"十二五"期间稳定在 0.79 左右，"十三五"期间持续下降，由 2016 年的 0.76 下降到 2019 年的 0.71。山东省地区生产总值与江苏省的比值、山东省三个产业产值与江苏省的比值如图 2 - 9 所示。第一产业产值与江苏省的比值基本稳定在 1.19；第二产业由 2016 年的 0.74 下降到 2019 年的 0.64；第三产业由 2016 年的

0.76 下降到 2019 年的 0.71。

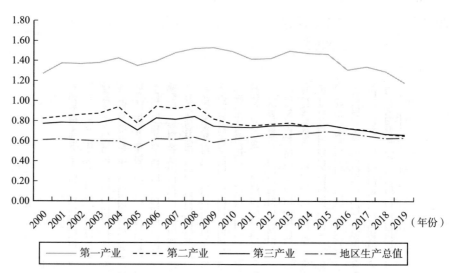

图 2 - 8　2000~2019 年山东省与广东省的三大产业国内生产总值之比

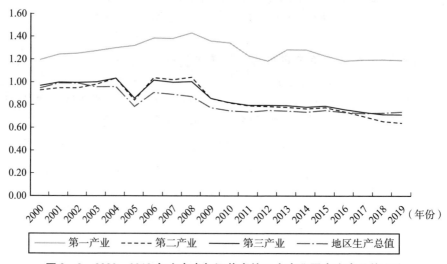

图 2 - 9　2000~2019 年山东省与江苏省的三大产业国内生产总值之比

从前文的初步分析不难发现，山东省的地区生产总值与广东省、江苏省的相对规模在"十三五"期间均呈现下降趋势。山东是农业大省，但是第一产业与广东省的相对规模优势在"十三五"期间明显缩小。第二产业与江苏省之间的差距在明显扩大。第三产业与广东省的差距有扩大趋势。

二、商品市场与服务市场开放

2016～2019 年山东省的第二产业与地区生产总值占广东省的比重均值均是69%；用贸易主体单位所在地衡量货物贸易规模，山东省的货物进出口总额占广东省的比重均值是 27%；用出口货物来源地衡量货物贸易规模，山东省的货物进出口总额占广东省的比重均值是 29%。[①] 山东省与广东省的货物进出口比较如图 2 – 10 所示。这说明两点：一是山东省货物贸易与广东省的相对规模明显低于山东省地区产值与广东省的相对规模，与广东相比"十三五"期间山东省货物贸易对经济增长的拉动效应明显不足；二是出口来源地衡量的货物贸易相对规模略高于贸易主体所在地衡量的货物贸易相对规模，一定程度上反映了山东省出口企业的活力与广东省相比较弱。

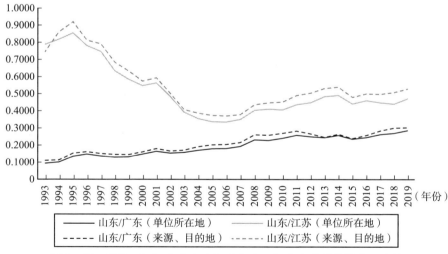

图 2 – 10 1993～2019 年山东省与广东省、江苏省的货物进出口比较

资料来源：数据是根据国家统计局地区数据计算所得。

---

① 数据是根据国家统计局地区数据计算所得。

2016～2019 年山东省的第二产业占江苏省的比重均值均是 68%，地区生产总值比重的均值是 73%。用贸易主体单位所在地衡量货物贸易规模，山东省的货物进出口总额占江苏省的比重均值是 46%；用出口货物来源地衡量货物贸易规模，山东省的货物进出口总额占江苏省的比重均值是 51%。山东省与江苏省的货物进出口比较如图 2 - 10 所示。这说明两点：一是山东省货物贸易与江苏省的相对规模明显低于山东省地区产值与江苏省的相对规模，与江苏相比"十三五"期间山东省货物贸易对经济增长的拉动效应同样不足；二是出口来源地衡量的货物贸易相对规模也略高于贸易主体所在地衡量的货物贸易相对规模，与江苏省相比山东省出口企业的活力较弱。

接下来分析出口所在地在山东省的经营单位出口规模占广东省、江苏省同类指标的比重；同时分析货物来源地为山东省的出口规模占广东省、江苏省同类指标的比重。1993～2019 年山东省货物出口规模所占江苏省、广东省同类指标的比重如图 2 - 11 所示。

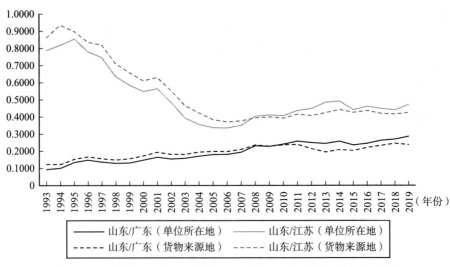

图 2 - 11　1993～2019 年山东省、广东省、江苏省的货物出口比较

从样本全时域来看，山东省货物出口占广东省的约 10%（1993 年）增长到略低于 30%（2019 年）。这一比重与 2019 年山东省第二产业产值占广东省的 65% 这一指标相比仍然过低。山东省货物出口占江苏省的约 80%（1993 年）下降到约为 45%（2019 年）。2019 年山东省第二产业产值占江苏省比重为 64%。因此，不论对标广东省还是对标江苏省，从货物出口相对规模的角度来看，山东省促进经济增长对于外部国际市场的开拓与利用都存在较为广阔的空间。

当把货物出口进一步划分为单位所在地出口、货物来源地出口两个统计口径进行分析时，用广东省和江苏省分别与山东省进行对标进一步得到更为有趣的、稳健的结论：（1）2008 年以前山东省货物来源地出口的相对规模高于单位所在地出口的相对规模，2008 年以后山东省货物来源地出口的相对规模低于单位所在地出口的相对规模；（2）不论以广东省作为标杆还是以江苏省作为标杆，上述现象依然存在。这可以解释为，与本地的产品出口相比较山东省口岸在承担其他地区货物出口方面发挥了更大作用。

接下来分析进口所在地在山东省的经营单位进口规模占广东省、江苏省同类指标的比重；同时分析货物来源地为山东省的进口规模占广东省、江苏省同类指标的比重。1993～2019 年山东省货物进口规模所占江苏省、广东省同类指标的比重如图 2 - 12 所示。

从样本全时域来看，山东省货物进口从占广东省的比重约 10%（1993 年）增长到约 35%（2019 年）。山东省货物进口从占江苏省的比重约 65%（1993 年）到约 60%（2019 年），中间经历了"V"型波动，2005 年前后比重达到最低值约为 35%。

山东省货物进口不论以广东省作为标杆还是以江苏省作为标杆，均呈现出以下特征：（1）以单位所在地为统计口径得到的相对进口规模均低于以货物目的地为统计口径得到的相对进口规模。（2）山东省的相对进口规模明显高于相对出口规模。

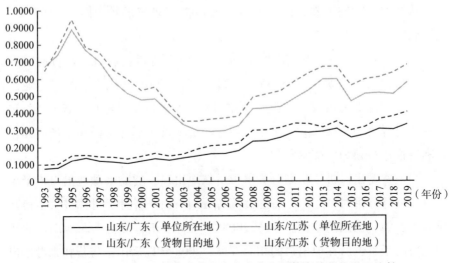

图 2 – 12　1993 ~ 2019 年山东省、广东省、江苏省的货物进口比较

前文的经验资料显示，从"十一五"开始山东省货物贸易拉动经济增长相对较弱的局面开始有所改变，但是经过 15 年左右的调整依然没有改变山东省尚未充分利用国际市场的现状。山东省的相对进口规模明显高于相对出口规模。相对于服务省内货物出口而言山东省口岸服务省外货物出口的相对作用更大。山东省进口企业对于省内市场所需货物的进口相比较广东、江苏两省进口企业发挥的功能相对欠缺。

三、省域的创新创业活力

（一）高新技术产业地区间发展状况

根据国家统计局的统计口径，高新技术产业主要包括医药制造业，航空、航天器及设备制造业，电子及通信设备制造业，计算机及办公设备制造业，医疗仪器设备及仪器仪表制造业，信息化学品制造业 6 个行业。

我国的高新技术产业在东、中、西部地区的区域分布如图 2 – 13 所示。1995 ~ 2018 年东部地区的高新技术产业主营业务收入在全国所占的比重呈先上升后下降趋势，1995 年比重为 73.9%，2004 年达到峰值 91.01%，2018 年下降到 71.75%。"十三五"期间东部地区高新技术产业主营业务收入比重约为 72%，中部地区比重约为 15.7%，西部地区比重约为 12.3%。①

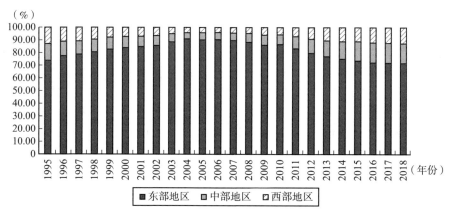

图 2－13　1995～2018 年东、中、西部地区高新技术产业主营业务收入比重

东部地区 10 个省份的高新技术产业主营业务比重变化如图 2－14 所示。1995～2018 年广东省高新技术产业主营业务收入始终位居全国第一，1995～2015 年所占东部地区的比重基本稳定在 32%～37%，"十三五"期间从 2016 年的 34.91% 快速上涨到 2018 年的 42.28%，达到样本全时域内的最高水平。江苏省高新技术产业主营业务收入始终位居全国第二，所占东部地区的比重从 1995 年的 15.58% 上涨到 28.55%，"十二五"期间基本稳定在 27%～29%，"十三五"期间比重有所下降，从 2016 年的 28.39% 下降到 2018 年的 23.66%。山东省的高新技术产业主营业务收入所占东部地区比重的最高值出现在 2015 年，比重为 11.54%。

---

①　数据是根据国家统计局地区数据计算所得。

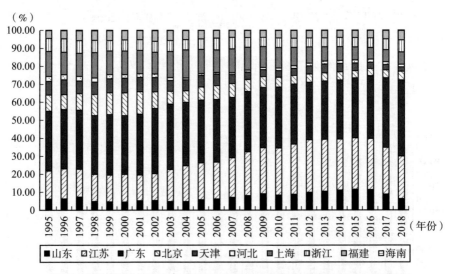

图 2 – 14   1995 ~ 2018 年东部地区高新技术产业主营业务收入比重

（二） 高新技术产业的空间聚集

1. 泰尔指数

运用泰尔指数考察高新技术产业在中国 31 个省份（港澳台除外）的地域分布与空间聚集特征。借鉴泰尔（Theil，1967）、孔勃等（Combes et al.，2008）的方法泰尔指数构建如式（2 – 1）所示：

$$Th_s \equiv \sum_{r=1}^{R} \left(\frac{output_{rs}}{\sum_{r=1}^{R} output_{rs}} \times \ln \frac{\dfrac{output_{rs}}{\sum_{r=1}^{R} output_{rs}}}{\dfrac{GDP_r}{\sum_{r=1}^{R} GDP_r}} \right) \qquad (2-1)$$

式（2 – 1）中，$output_{rs}$ 表示地区 r 在 s 行业的产出，R 表示所有地区的数量，GDP_r 表示地区 r 的地区产值。泰尔指数 Th_s 用以考察产业 s 在 R 个地区的空间集中度。

均衡发展。在所有 R 个地区中，地区 r 的 s 行业的产出比重都与其地区产值比重相等时，即 r 行业在所有 R 个地区相对其地区总产值分布均匀，满足：

$$\frac{output_{rs}}{\sum\limits_{r=1}^{R} output_{rs}} = \frac{GDP_r}{\sum\limits_{r=1}^{R} GDP_r}, 此时 Th_s = \sum\limits_{r=1}^{R}\left(\frac{GDP_r}{\sum\limits_{r=1}^{R} GDP_r} \times \ln 1\right) = 0$$

$$(2-2)$$

高度集中。s 行业产出都集中在地区 i（r = i），其他所有 R – 1 个地区的 s 行业产出都为 0。此时存在：

$$\frac{output_{is}}{\sum\limits_{r=1}^{R} output_{rs}} = 1$$

$$Th_s \equiv \sum\limits_{r=1}^{R}\left(\frac{output_{rs}}{\sum\limits_{r=1}^{R} output_{rs}} \times \ln \frac{\frac{output_{rs}}{\sum\limits_{r=1}^{R} output_{rs}}}{\frac{GDP_r}{\sum\limits_{r=1}^{R} GDP_r}}\right)$$

$$= \frac{output_{is}}{\sum\limits_{r=1}^{R} output_{rs}} \times \ln \frac{\frac{output_{is}}{\sum\limits_{r=1}^{R} output_{rs}}}{\frac{GDP_i}{\sum\limits_{r=1}^{R} GDP_r}} + \sum\limits_{r=1,r\neq i}^{R}\left(\frac{output_{rs}}{\sum\limits_{r=1}^{R} output_{rs}} \times \ln \frac{\frac{output_{rs}}{\sum\limits_{r=1}^{R} output_{rs}}}{\frac{GDP_r}{\sum\limits_{r=1}^{R} GDP_r}}\right)$$

$$= \ln \sum\limits_{r=1}^{R} GDP_r - \ln GDP_i \qquad (2-3)$$

注：$\frac{output_{is}}{\sum\limits_{r=1}^{R} output_{rs}} \to 1^-$，$\frac{output_{rs}}{\sum\limits_{r=1}^{R} output_{rs}} \to 0^+$

一种 GDP 分布理想的情况，如果地区间的 GDP 相等：$Th_s = \ln R$。

泰尔指数越大说明产业在地区间的发展与 GDP 越匹配、越均衡，反之则反是；泰尔指数大小和地区的数量有关。

2. 高新技术产业的空间聚集

为了更为全面地认识高新技术产业在我国的地区分布和空间聚集情

况，分别以规模以上工业企业的主营业务收入和地区生产总值为基准计算高新技术产业泰尔指数。以规模以上工业企业的主营业务收入为基准计算的泰尔指数可以反映在给定地区工业发展差异的前提下，高新技术产业在不同省份的空间集中情况。考虑到有些地区的高新技术产业产值低的原因是其工业体系也相对落后。因此以规模以上工业企业的主营业务收入为基准计算的泰尔指数可以排除这种状况的影响。考虑到有些地区的高新技术产业产值低的原因是其经济总量也相对较小，以地区生产总值为基准计算的泰尔指数可以排除这种状况的影响。

计算得到的 1997 ~ 2018 年高新技术产业在 31 个省份（港澳台除外）的泰尔指数及其变化趋势如图 2 - 15 所示的实线所示。泰尔指数总体呈先上升后下降的趋势，以地区生产总值为基准的泰尔指数峰值出现在 2004 年，以规模以上工业主营业务收入为基准的泰尔指数峰值出现在 2006 年。这说明我国的高新技术产业在 2000 年初以前呈现与地区经济总量和工业规模更加匹配、更加平衡方向发展，最近 15 年则完全相反，与地区经济总量和工业规模相比向着更加集中、更加不平衡的方向发展。"十三五"期间又初步呈现出区域相对平衡的方向调整。

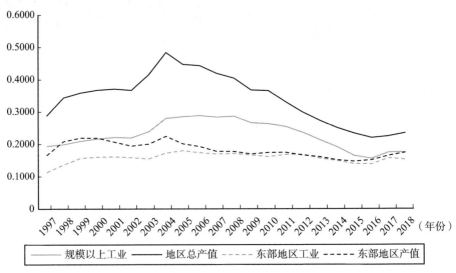

图 2 - 15　1997 ~ 2018 年高新技术产业的泰尔指数及其变化

考虑到东部、中部和西部地区间的可比性较低，单独考察东部地区 10 个省份的高新技术产业空间集中度。计算得到的 1997～2018 年高新技术产业在 31 个省份港澳台除外的泰尔指数及其变化趋势如图 2-15 所示的虚线所示。所得到的泰尔指数依然总体呈先上升后下降的趋势，峰值出现在 2004 年前后，这进一步印证了所得结论的稳健性。以规模以上工业主营业务收入为基准的东部地区泰尔指数和以地区生产总值为基准的东部地区泰尔指数均明显低于全国 31 个地区的同类指标，主要原因是东部地区只有 10 个省份，并且这 10 个省份是全国 31 个省份的子集，10 个省份间的高新技术产业不平衡程度不可能高于还包括其他 21 个省份在内的 31 个省份间的不平衡程度。2008 年以后东部地区的两类泰尔指数较为接近，主要是因为工业产值在地区总产值中占比较高。

3. 省域位次变化

在样本的全时域区间内，广东省和江苏省的高新技术产业主营业务收入始终分居全国第一、第二位。"九五""十五"期间山东省在全国的第七、第八位左右徘徊，在"十一五"期间山东省由第七位上升到第四位，超过天津、北京和浙江，位于广东、江苏、上海之后。"十二五"期间山东省高新技术产业主营业务收入超过上海由第四位上升到第三位，"十三五"期间又被上海和浙江反超下跌至第五位。山东省在全国的位次变化以及高新技术产业主营业务收入在 31 个省份的空间集中可视化如图 2-16、图 2-17、图 2-18 所示。

通过图 2-16、图 2-17 和图 2-18 不难发现，稳居全国第一位、第二位的广东省和江苏省的高新技术产业"头部效应"明显，远超其他省份。事实上，江苏省所占全国的比重 1995 年为 11.48%，2010 年上涨到 21.71%，2018 年比重为 16.66%；广东省所占全国的比重 1995 年为 24.43%，2010 年上涨到 28.13%，2018 年进一步上涨到 29.77%。

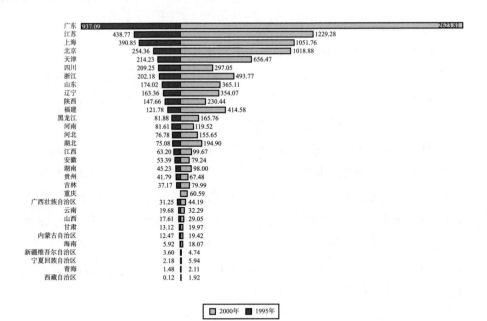

图 2 - 16　1995 年、2000 年高新技术产业地区分布与空间聚集（亿元）

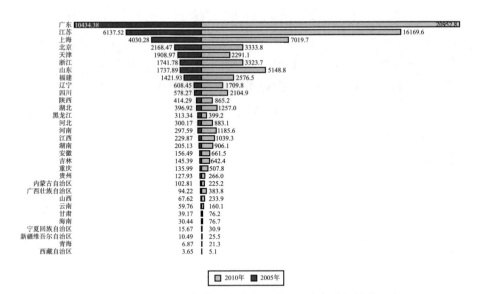

图 2 - 17　2005 年、2010 年高新技术产业地区分布与空间聚集（亿元）

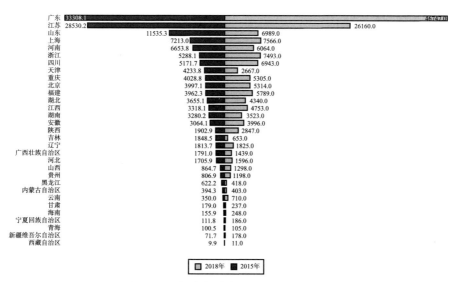

图 2 - 18　2015 年、2018 年高新技术产业地区分布与空间聚集（亿元）

（三）山东、江苏、广东三省高新技术产业发展状况

山东、江苏、广东三个省份的高新技术产业主营业务收入在 1995 ~ 2018 年样本全时域区间的规模变化及年增速如图 2 - 19 所示。① "十三五" 之前山东、江苏、广东三个省份的高新技术产业主营业务收入均呈现不同程度的增长，"十三五" 期间广东省的高新技术产业较好地延续了以往的增长态势，江苏和山东则呈现明显下降趋势。江苏省、山东省的高新技术

---

①　a. 1998 ~ 2006 年，规模以上工业是指全部国有及年主营业务收入达到 500 万元及以上的非国有工业法人企业；从 2007 年开始，按照国家统计局的规定，规模以上工业的统计范围为年主营业务收入达到 500 万元及以上的工业法人企业；2011 年经国务院批准，纳入规模以上工业统计范围的工业企业起点标准从年主营业务收入 500 万元提高到 2000 万元。b. 2017 年以来全国规模以上工业企业主要经济指标数据与上年数据之间存在不可比因素，其主要原因是：（一）根据统计制度，每年定期对规模以上工业企业调查范围进行调整。每年有部分企业达到规模标准纳入调查范围，也有部分企业因规模变小而退出调查范围，还有新建投产企业、破产、注（吊）销企业等变化。（二）加强统计执法，对统计执法检查中发现的不符合规模以上工业统计要求的企业进行了清理，对相关基数依规进行了修正。（三）加强数据质量管理，剔除跨地区、跨行业重复统计数据。

产业规模与广东省的差距在不断加大，山东省与江苏、广东两省的差距更加明显。1995 年，山东省高新技术产业所占江苏省的比重为 39.66%，2010 年下降到 31.84%，2018 年进一步下降到 26.72%。再来看山东省和广东省的差距，1995 年山东省高新技术产业所占广东省的比重为18.57%，2010 年比重为 24.57%，2018 年进一步下降到 14.95%。

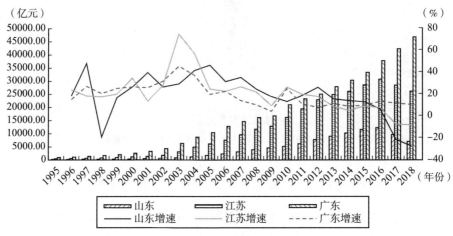

图 2 - 19　1995～2018 年山东省、广东省、江苏省的
高新技术产业主营业务收入及增速

2008 年以前，除了山东省在 1998 年的增速为 - 19.10% 以外，山东、江苏、广东三个省份的高新技术产业均保持较高速度的增长，平均增速在20% 以上。2008 年以后增速均出现放缓迹象；"十三五" 期间的增速下降更加明显，其中江苏省和山东省的增速均为负，山东省的高新技术产业规模下降尤为明显。

进一步统计样本区间内每一年高新技术产业主营业务增速低于全国水平的省份数量、增速为负的省份数量，统计每一年山东省的增速是否低于全国平均水平。统计结果如图 2 - 20 所示，其中垂直条纹条形图标识了山东省增速低于全国平均增速的年份。

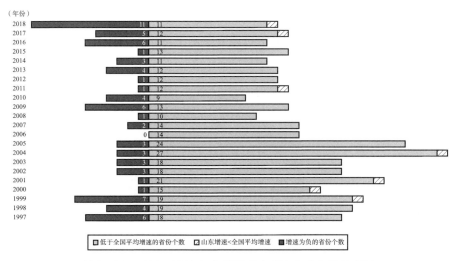

图 2 - 20　1997~2018 年高新技术主营业务收入增速低于

全国平均水平、增速为负的省份数量

1997~2018 年增速低于全国平均水平的省份数量较多的年份分别是 2004 年 27 个、2005 年 24 个、2001 年 21 个、1999 年 19 个、1998 年 19 个，其中山东省在 2004 年、2001 年、1999 年低于全国平均增速。"十三五"期间有高新技术产业主营业收入 3 年的统计数据，其中山东省有 2 年的增速为负。通过初步分析不难发现，在全国 31 个省份高新技术产业的波动中山东省较容易受到影响。

高新技术产业在工业体系中处在什么位置呢？运用高新技术产业主营业务收入占规模以上工业企业主营业务收入的比重进行初步考察。1995~2018 年高新技术产业比重如图 2-21 所示。

江苏省高新技术产业主营业务收入所占规模以上工业企业主营业收入的比重 1995 年为 7.0%，2010 年上涨到 17.75%，2018 年进一步上涨到 20.42%；广东省所占全国的比重 1995 年为 15.12%，2010 年上涨到 24.91%，2018 年进一步上涨到 34.47%；山东省所占全国的比重 1995 年为 3.95%，2010 年上涨到 6.15%，2018 年进一步上涨到 7.54%。全国的平均比重 1995 年为 7.31%，2010 年上涨到 10.67%，2018 年进一步上涨到 15.36%。在每一个时期，山东省的工业体系中高新技术产业的比重都明显低于江苏、广东两省，也明显低于全国平均比重。

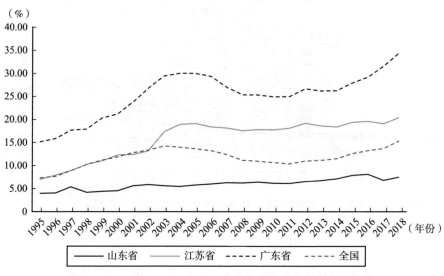

图 2 – 21　1995～2018 年高新技术产业主营业务收入占规模以上工业企业主营业务收入的比重

1995～2003 年江苏、广东两省以及全国的高新技术产业比重都明显上涨，然而山东省的高新技术产业比重却变化不大。2004～2011 年高新技术产业在全国的比重出现明显下降，其原因可能是工业部门非高新技术产业的相对快速上涨所致。与此对应，江苏、广东两省的高新技术产业比重也明显下降，广东省比江苏省的变化更明显。山东省只在 2010 年和 2011 年出现了非常微弱的下降。从 2012 年开始高新技术产业在全国工业体系中的比重又出现了新一轮上涨，山东省的这一产业结构调整则表现乏力。

总之，在产业结构方面，山东省的高新技术产业在工业体系中的比重明显偏低，即使在全国范围内的产业结构快速调整阶段，山东省的这一产业结构调整仍然表现乏力。

（四）创新：专利申请与新产品销售

从专利授权数量和新产品销售收入两个方面考察山东省相对于其他省

份通过创新驱动经济发展状况。2019 年排在前四位的省份分别是广东省、江苏省、浙江省和山东省。

31 个省份 1987~2019 年的专利授权数量堆积面积如图 2-22 所示。广东省 1987 年申请授权的专利数量在全国排第 16 位，1992 年排第 5 位，1993年第二位仅次于北京，1995 年开始位居全国第一并一直持续到 2008 年，2009 年被江苏省赶超退居全国第二并一直持续到 2015 年，2012~2014 年位居江苏和浙江之后。① 2016 年开始广东省申请授权的专利数量重新回到全国第一，与全国第二江苏省的差距在不断加大，"头部效应"明显。

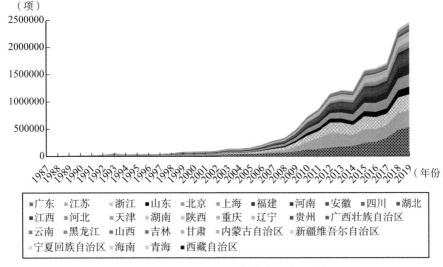

图 2-22 1987~2019 年分省份专利授权

资料来源：数据是根据国家统计局地区数据计算所得。

早在 1987 年江苏省的专利授权数量在全国排第 5 位，1987~2008 年一直在第 5 位~第 3 位之间徘徊，2009 年开始反超广东省成为全国第一并一直持续到 2015 年，最近几年一直稳居全国第二。

在前四位的省份中山东省是在样本时域内位次变化最小的省份。1987

———————

① 数据是根据国家统计局地区数据计算所得。

年山东省在全国排第6位，2019年排第4位；其间，山东省最高位次排全国第3（2001年），最低位次排全国第6。

专利申请授权数量与地区生产总值相比呈现出更为集中的区域聚集特征。以2019年为例，广东省的地区生产总值占全国的比重为10.93%，专利申请授权数量占全国的比重则高达21.46%；江苏省的地区生产总值占全国的比重为10.11%，专利申请授权数量占全国的比重为12.79%；浙江省的地区生产总值占全国的比重为6.33%，专利申请授权数量占全国的比重为11.61%。广东、江苏、浙江三省的地区生产总值占全国的比重为27.37%，专利申请授权数量比重高达45.86%。2019年专利授权与地区生产总值占全国比重的平行条形图如图2-23所示，专利申请授权数量与地区生产总值相比呈现出更为明显的"头部效应"与更加集中的区域聚集特征。2019年山东省的地区生产总值占全国的比重为7.21%，全国排第3位；专利申请授权数量占全国的比重为5.96%，全国排第4位。

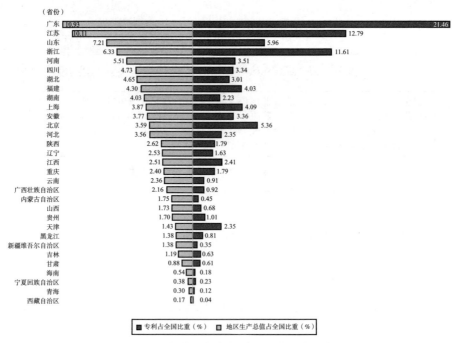

图2-23　2019年专利授权与地区生产总值占全国比重

新产品销售收入与专利申请授权数量相比呈现出相同的区域聚集特征。以 2019 年为例，广东省的新产品销售收入占全国的比重高达 20.26%；江苏省的新产品销售收入占全国的比重为 14.19%；浙江省的新产品销售收入占全国的比重为 12.31%。广东、江苏、浙江三省的比重高达 46.76%。2019 年新产品销售收入与地区生产总值占全国比重的平行条形图如图 2-24 所示，新产品销售收入与地区生产总值相比同样呈现出更为明显的"头部效应"与更加集中的区域聚集特征。2019 年山东省的新产品销售收入占全国的比重为 6.36%，全国排第 4 位。

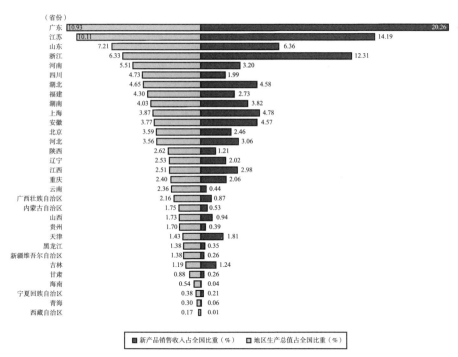

图 2-24　2019 年新产品销售收入与地区生产总值占全国比重

深入考察山东、江苏、广东三省专利授权数量与增速，并与全国的平均增速进行比较，1987～2019 年变化趋势如图 2-25 所示。1998 年以前广东省的专利授权数量年增速明显高于江苏省和山东省，2007～2012 年江苏省的年增速明显高于广东省和山东省。从趋势图来看，山东省的年增速与全国的平均增速更为接近，山东省并没有表现出明显快于全国平均增速的年份或时期，也没有表现出明显慢于全国平均增速的年份或时期。通过进一步统计这一时期32年的增速发现，其中有19年山东省专利授权数量的年增速慢于全国的平均增速。多数情况下，山东省专利授权数量的年增速慢于全国的平均增速；"十二五"与"十三五"期间这一特征更加明显。

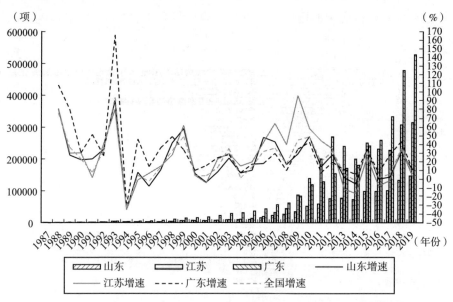

图 2－25　1987～2019 年山东、江苏、广东三省专利授权数量与增速

新产品销售状况一定程度上反映了企业研发的最终产业化，能更好地反映企业创新的市场绩效。进一步选择新产品销售收入的规模、年增速等指标考察山东省创新驱动经济发展的相对状况。山东、江苏、广东三省规模以上工业企业新产品销售收入，三省及全国的新产品销售收入年增速如图 2－26 所示。

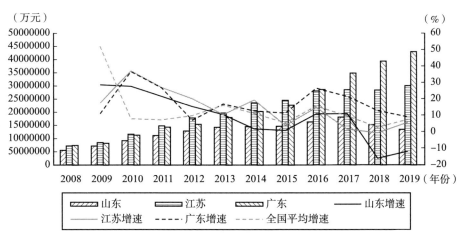

图 2 – 26　2008 ~ 2019 年山东、江苏、广东三省新产品销售收入与增速

　　山东、江苏、广东三省新产品销售收入的柱状图直观显示,广东省的新产品销售收入呈现较好的增长趋势,江苏省的增长放缓,山东省则在最近几年出现了新产品销售收入下降。广东省、江苏省与山东省之间的新产品销售收入差距在拉大。"十三五"期间广东省年增速明显高于江苏省、山东省,也高于全国平均水平。"十三五"期间江苏省年增速明显低于广东省,也低于全国平均水平。

　　三个省份中,山东省的新产品销售收入的增速是最低的。从 2013 年开始,山东省的增速明显低于全国平均水平,低于广东省和江苏的年增速,"十三五"后半程呈现负增长。

　　通过前文的分析不难发现,山东省"创新驱动发展"在样本时域内并没有表现出专利申请授权或者新产品销售收入等"合意"产出的相对增加。山东省"创新驱动发展"在样本时域内是否表现为"非合意"产出的相对下降呢?

　　研究山东、江苏、广东三省单位地区生产总值的废水排放及其增速,样本时域区间为 2004 ~ 2017 年,如图 2 – 27 所示。山东、江苏、广东三省单位地区生产总值的废水排放均呈现稳步下降的趋势。2004 年山东、江苏、广东三省单位地区生产总值的废水排放分别为 17.58 吨/万元、31.07

吨/万元、28.72 吨/万元，2017 年山东、江苏、广东三省分别为 6.88 吨/万元、6.70 吨/万元、9.83 吨/万元。总体而言，山东、江苏、广东三省单位地区生产总值的废水排放均出现了明显下降。就三省的单位地区生产总值废水排放下降的均值而言，广东省平均每年下降 7.77%，江苏省平均每年下降 11.05%，山东省平均每年下降 6.81%。全国平均每年下降9.07%。

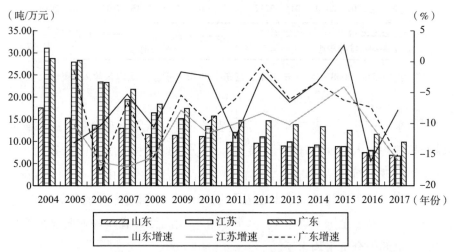

图 2-27　2004~2017 年山东、江苏、广东单位地区生产总值的废水排放与控制

山东省单位地区生产总值的废水排放出现了明显下降，但是下降速度低于江苏和广东两省，也低于全国平均下降速度。

第四节　本 章 小 结

本章首先回顾了"十三五"期间我国高质量发展的政策路径和山东省高质量发展的政策路径，总结了我国社会主义市场经济发展的质量演进规律：种类从无到有，从单一到多样；数量从少到多，从短缺到过剩；结构从失衡到均衡,从错配到优化;品质从低到高,从劣到优;四种结构矛盾凸显与调和;经济高质量发展呈现二重含义。

第三节初步分析了山东省的产业基础与开放环境。与江苏省、广东省进行比较,分析了山东省的三大产业结构与变化趋势。山东省第二产业的比重达到峰值是在2006年,占山东省地区生产总值的比重为57.76%,之后逐年下降。山东省第一产业的比重除了在2005年和2009年略有上升以外,其他年份均呈下降趋势。2004~2008年第三产业的比重处于最近20年的低位,5年比重的均值为32.80%,明显低于2000年的35.10%,之后持续上涨。第三产业的增速超过第二产业是在2009年,2015年第三产业的产值超过了第二产业。2009年以后,第三产业增速明显高于第一、第二产业,三大产业增速的波动幅度显著收窄。山东省的地区生产总值与广东省、江苏省的相对规模在"十三五"期间均呈现下降趋势。山东是农业大省,但是第一产业与广东省的相对规模优势在"十三五"明显缩小。第二产业与江苏省之间的差距在明显扩大。第三产业与广东省的差距有扩大趋势。

从"十一五"开始山东省货物贸易拉动经济增长相对较弱的局面开始有所改变,但是经过15年左右的调整依然没有改变山东省尚未充分利用国际市场的现状。山东省的相对进口规模明显高于相对出口规模。相对于服务省内货物出口而言山东省口岸服务省外货物出口的相对作用更大。山东省进口企业对于省内市场所需货物的进口相比较广东、江苏两省进口企业发挥的功能相对欠缺。

地区生产总值稳居全国第一位、第二位的广东省和江苏省的高新技术产业"头部效应"明显,远超其他省份。事实上,江苏省所占全国的比重1995年为11.48%,2010年上涨到21.71%,2018年比重为16.66%;广东省所占全国的比重1995年为24.43%,2010年上涨到28.13%,2018年进一步上涨到29.77%。

1995~2003年江苏、广东两省以及全国的高新技术产业比重都明显上涨,然而山东省的高新技术产业比重却变化不大。2004~2011年高新技术产业在全国的比重出现明显下降,其原因可能是工业部门非高新技术产业的相对快速上涨所致。与此对应，江苏、广东两省的高新技术产业比重也明显下降，广东省比江苏省的变化明显。山东省只在 2010 年和 2011 年出现了非常微弱的下降。从 2012 年开始高新技术产业在全国工业体系中的比重又出现了新一轮上涨，山东省的这一产业结构调整则表现乏力。总之，在产业结构方面，山东省的高新技术产业在工业体系中的比重明显偏低，即使在全国范围内的产业结构快速调整阶段，山东省的这一产业结构调整仍然表现乏力。

山东省专利授权数量的年增速慢于全国的平均增速，"十二五"与"十三五"期间这一特征更加明显。山东、江苏、广东三个省份相比较，山东省的新产品销售收入的增速是最低的。从 2013 年开始，山东省的增速明显低于全国平均水平，低于广东省和江苏的年增速，"十三五"后半程呈现负增长。山东省单位地区生产总值的废水排放出现了明显下降，但是下降速度低于江苏和广东两省，也低于全国平均下降速度。

第三章

"双循环" 新格局下的高质量发展机遇

首先梳理我国双循环发展思路，其次构建双循环新发展格局下的一个理论分析框架，基于投入产出表初步测度典型省份参与双循环的状况。进一步关注开放市场环境下的外贸发展与外资利用，分析双循环新发展格局与高质量发展背景下省域经济高质量发展遇到的挑战与存在的机遇。

第一节　双循环发展思路的一个分析框架

一、双循环发展思路

（一）双循环发展格局的顶层设计

"要深化供给侧结构性改革，充分发挥我国超大规模市场优势和内需潜力，构建国内国际双循环相互促进的新发展格局。"① 习近平总书记在2020年5月14日召开的中共中央政治局常务委员会会议上分析国内外新冠疫情防控形势，研究部署抓好常态化疫情防控措施落地见效，研究提升

---

① 中共中央政治局常务委员会召开会议 ［N］. 人民日报，2020 – 5 – 15.

产业链供应链稳定性和竞争力，指出了构建新发展格局的顶层设计。

"面向未来，我们要把满足国内需求作为发展的出发点和落脚点，加快构建完整的内需体系，大力推进科技创新及其他各方面创新，加快推进数字经济、智能制造、生命健康、新材料等战略性新兴产业，形成更多新的增长点、增长极，着力打通生产、分配、流通、消费各个环节，逐步形成以国内大循环为主体、国内国际双循环相互促进的新发展格局，培育新形势下我国参与国际合作和竞争新优势。"[①] 2020 年 5 月 23 日，习近平总书记在看望参加全国政协十三届三次会议的经济界委员时进一步明确了新发展格局的构建思路。

"当前经济形势仍然复杂严峻，不稳定性不确定性较大，我们遇到的很多问题是中长期的，必须从持久战的角度加以认识，加快形成以国内大循环为主体、国内国际双循环相互促进的新发展格局，建立疫情防控和经济社会发展工作中长期协调机制，坚持结构调整的战略方向，更多依靠科技创新，完善宏观调控跨周期设计和调节，实现稳增长和防风险长期均衡。"[②] 2020 年 7 月 30 日，习近平总书记在中共中央政治局会议上从全局、长期、战略角度阐释了双循环发展格局的必要性。

2020 年 7 月 21 日，习近平总书记在企业家座谈会上，在双循环发展格局下对企业家提出的要求是"努力成为新时代构建新发展格局、建设现代化经济体系、推动高质量发展的生力军"，要求企业家要"立足中国，放眼世界，提高把握国际市场动向和需求特点的能力，提高把握国际规则能力，提高国际市场开拓能力，提高防范国际市场风险能力，带动企业在更高水平的对外开放中实现更好发展，促进国内国际双循环。""……中国开放的大门不会关闭，只会越开越大。以国内大循环为主体，绝不是关起门来封闭运行，而是通过发挥内需潜力，使国内市场和国际市场更好联通，更好利用国际国内两个市场、两种资源，实现更加强劲可持续的发

---

① 坚持用全面辩证长远眼光分析经济形势　努力在危机中育新机于变局中开新局 [N]. 人民日报，2020 – 5 – 24.

② 中共中央政治局召开会议 [N]. 人民日报，2020 – 7 – 31.

展。"① 在同一次会议上习近平总书记进一步矫正了对双循环发展认识可能出现的误区，强调充分发挥国内超大规模市场优势，通过繁荣国内经济、畅通国内大循环为我国经济发展增添动力。

2020 年 8 月 24 日，习近平总书记在经济社会领域专家座谈会上指出，随着外部环境和我国发展所具有的要素禀赋的变化，市场和资源两头在外的国际大循环动能明显减弱，而我国内需潜力不断释放，国内大循环活力日益强劲，客观上有着此消彼长的态势。因此，要推动形成以国内大循环为主体、国内国际双循环相互促进的新发展格局。② 2020 年 9 月 22 日，习近平总书记在第七十五届联合国大会一般性辩论上发表重要讲话，指出中国"不追求一枝独秀，不搞你输我赢，也不会关起门来封闭运行，将逐步形成以国内大循环为主体、国内国际双循环相互促进的新发展格局，为中国经济发展开辟空间，为世界经济复苏和增长增添动力"。③ 2020 年 9 月 1 日，习近平总书记在中央全面深化改革委员会第十五次会议上指出"加快形成以国内大循环为主体、国内国际双循环相互促进的新发展格局，是根据我国发展阶段、环境、条件变化作出的战略决策，是事关全局的系统性深层次变革"。④

党的十九届五中全会通过的《中共中央关于制定国民经济和社会发展第十四个五年规划和二〇三五年远景目标的建议》提出，要加快构建以国内大循环为主体、国内国际双循环相互促进的新发展格局。

（二）双循环发展格局的意义与内涵

刘鹤指出，加快构建以国内大循环为主体、国内国际双循环相互促进的新发展格局，其经济意义在于：（1）以国内大循环为主体、国内国际双循环相互促进的新发展格局是适应我国经济发展阶段变化的主动选择。当

---

① 习近平. 在企业家座谈会上的讲话［N］. 人民日报，2020－7－22.

② 习近平. 在经济社会领域专家座谈会上的讲话［N］. 人民日报，2020－8－25.

③ 习近平. 在第七十五届联合国大会一般性辩论上的讲话［N］. 人民日报，2020－9－23.

④ 推动更深层次改革实行更高水平开放 为构建新发展格局提供强大动力［N/OL］. 人民日报，2020－9－2.

前我国经济发展阶段的特征是需求结构和生产函数发生重大变化，生产体系内部循环不畅和供求脱节现象显现，"卡脖子"问题突出，结构转换复杂性上升。（2）构建新发展格局是应对错综复杂的国际环境变化的战略举措。[①] 2008 年国际金融危机、贸易保护主义、新冠疫情等因素加速了世界市场萎缩，国际经济大循环动能弱化。努力打通国际循环的同时，进一步畅通国内大循环，提升经济发展的自主性、可持续性，增强韧性变得尤为迫切。（3）我国市场巨大潜力有待深入挖掘。根据世界银行的数据，按照 2010 年不变美元价格计算，我国的最终消费支出分别于 2006 年超过法国，2007 年超过英国，2009 年超过德国，2016 年超过日本，目前是仅次于美国的第二大最终消费支出经济体（见图 3 - 1）。1996～2019 年，全世界的最终消费支出平均年增长 2.80%，美国增长 2.48%，英国增长 2.32%，德国增长 1.22%，日本增长 0.99%，东亚与太平洋地区（不包括高收入国家和地区）增长 7.76%，中国的最终消费支出平均年增长 9.37%。1996～2019 年世界主要经济体最终消费支出平均年增速如图 3 - 2 所示。

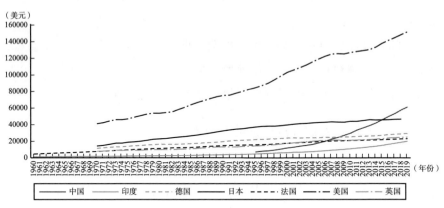

图 3 - 1 1960～2019 年世界主要国家最终消费支出（2010 年不变美元价格）

资料来源：数据是根据世界银行数据库数据计算所得。

---

① 刘鹤. 加快构建以国内大循环为主体、国内国际双循环相互促进的新发展格局［N/OL］. 人民时报，2020 - 11 - 25.

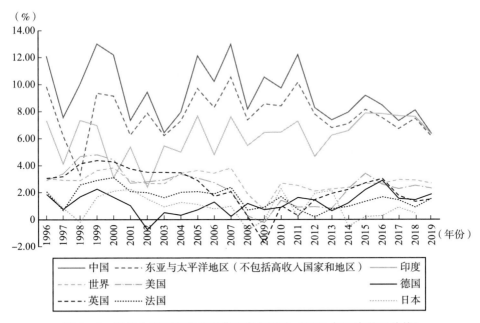

图3-2 世界主要国家最终消费支出年增速（2010年不变美元价格）

资料来源：数据是根据世界银行数据库数据计算所得。

黄奇帆（2020）认为，我国构建双循环发展新格局的背景，一是2008年全球金融危机发生以后，外需断崖式下跌给中国经济带来了冲击，危机之后国际市场增长放缓甚至萎缩；二是与一些国家的贸易摩擦逐步加剧；三是劳动力增长出现拐点；四是煤电油气运等要素成本也随着大进大出而逐步抬高；五是党的十八大以来新发展理念逐步深入人心。①

我国的商品出口规模于2002年超过英国，2003年超过法国，2004年超过日本，2007年超过美国，2009年超过德国成为世界第一出口大国，这一出口优势一直延续至今，与出口第二大国之间的差距不断加大。世界、中国和其他主要经济体的商品出口变化趋势如图3-3所示。从历史的大线条来看，对于中国而言，在不引起进口国贸易保护意识增强的前提

---

① 黄奇帆．"双循环"新发展格局是强国之路的必然选择［J］．清华金融评论，2020，83（10）：55-58．

下通过出口的规模扩张、开拓国际市场以促进国内经济增长的历史机遇期已成为过去。从世界经济发展的阶段特征来看，2008年以后大多数主要经济的出口增长明显换挡、变缓，同时世界市场的不确定性增加。这是打通国内大循环，国内国际循环共同促进经济增长的客观条件。

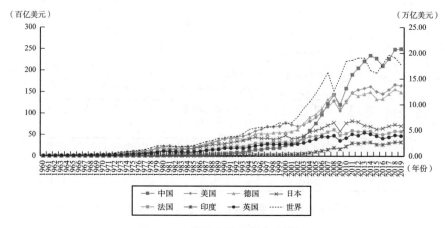

图 3 - 3　世界主要国家商品出口

注：中国、美国、德国、日本、法国、印度、英国的单位为百亿美元，世界的单位为万亿美元，现价美元。

　　外部市场环境的变化是我国构建新发展格局的原因之一，那么"三驾马车"中净出口在支出法计算的我国国内生产总值中占比多少呢？图 3 - 4 是 1990～2019 年我国支出法计算国内生产总值构成及变动。净出口在国内生产总值中所占比重均在 10% 以下，2007 年达到峰值 8.66%，之后逐年下降，2019 年的比重仅为 1.15%。与此对应，最终消费所占比重为 55.78%，资本形成总额所占比重为 43.07%。①

　　从贸易规模的角度理解我国构建新发展格局的必要性及其意义仅仅是非核心的外部因素之一；从贸易的角度更为重要的因素是贸易结构，具体而言是产业链发展"补短板"的迫切性。在我国高质量发展的战略背景和国际

① 数据是根据国家统计局年度数据计算所得。

民粹主义、单边主义与贸易保护主义的国际环境下,"卡脖子"给我国经济高质量发展带来的经济风险大大增加,构建双循环新发展格局更是现实要求。

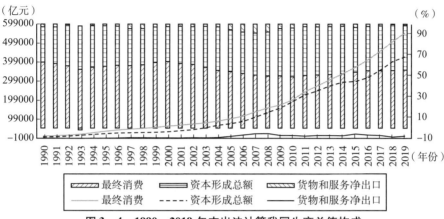

图3-4 1990～2019年支出法计算我国生产总值构成

外商直接投资作为流动性最强、对世界经济影响最广的一类生产要素,全球流动在2008年前后出现了明显变化。1970～2019年世界主要国家外国直接投资流入状况如图3-5所示。全世界外商直接投资流入规模如粗实线所示(数量轴为次坐标轴),总体呈上升趋势,2019年达到1.54

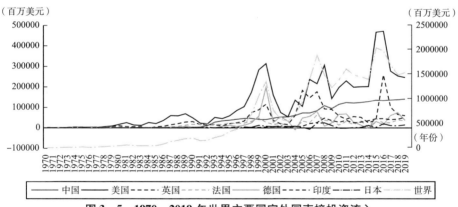

图3-5 1970～2019年世界主要国家外国直接投资流入

资料来源:数据是根据联合国贸发会议外资统计数据计算所得。

万亿美元，但是每当出现全球金融危机或重大不确定事件时全球直接投资规模就会大幅度下降，如 2009 年比 2007 年下降了 11.93%，2018 年比 2016 年下降了 24.62%，1998 年亚洲金融危机同样引起了全球直接投资的大幅度下降。美国、英国、德国等经济体同样出现了不同程度的下降。这意味着作为技术、管理等生产要素载体的直接投资即使对于营商环境良好的发达国家而言同样存在着很大的不确定性。

与发达国家相比，流入我国的直接投资稳步增加，波动性比流入发达国家的外资要低得多，2008 年以后我国成为第二大外资流入国，2020 年首次超过美国成为全球第一大外资流入国。"稳外资、稳外贸"是我国经济高质量发展的主要内涵之一，过去的外资利用在规模增长这一角度充分体现了高质量发展的内涵。当然，吸引与利用外资的结构与质量是另一个经济话题。

世界主要国家外国直接投资净流入变化如图 3 - 6 所示，全世界外商直接投资净流入规模如黑色虚线所示（数量标识在次坐标轴上），主要经济体的外商直接投资净流入规模标识在主坐标轴上。全球外资净流入受全

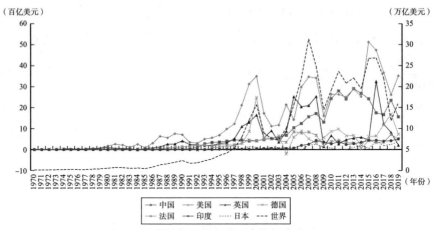

图 3 - 6　世界主要国家外国直接投资净流入

注：中国、美国、英国、德国、法国、印度、日本的单位为百亿美元，世界的单位为万亿美元，现价美元。

资料来源：数据是根据世界银行数据库数据计算所得。

球金融危机或重大不确定事件影响而出现的波动性与外商直接投资净流入规模一致。2008 年以后我国超过英国成为全球第二大外资净流入国。结合前文的分析结论,我国外资净流入的波动性主要是我国企业海外投资的波动性导致。

分阶段考察全球及主要经济体外资流入年增速的波动性。将 1970~2019 年划分为 1980~1999 年、2000~2019 年两个阶段进行考察。中国、美国、日本、英国、德国、法国、印度 7 个主要经济体和全球的外资流入年增速标准差如图 3-7 所示。

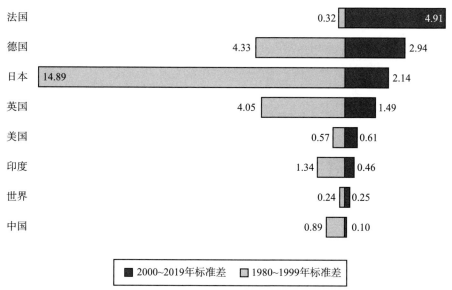

图 3-7 1980~2019 年世界主要国家外国直接投资流入年增速标准差

资料来源:数据是根据联合国贸发会议外资统计数据计算所得。

全球的年增速标准差值较低,1980~1999 年的标准差为 0.24,2000~2019 年的标准差为 0.25。中国的标准差分别为 0.89 和 0.10,中国 1980~1999 年的标准差高于法国和美国,低于其他 4 个国家。中国 2000~2019 年的标准差仅为 0.10,明显低于世界年增速的标准差,也低于其他主要 6 个经济体的标准差。

前后两个二十年相比，我国利用外资表现出更为稳健的特征，第二个二十年保持了更为稳定的规模增长。这可以解释为：（1）我国稳定的宏观经济增长和营商环境的持续改善；（2）"稳外资"政策效果显著。即使如此，我们还要关注外资结构、外资质量，尤其是外资对我国产业链与创新链是否有效发挥了"补链"功能与"强链"功能。

二、双循环战略背景下的分析框架

在已有的经验资料与统计数据中，投入产出表能较好地提供国际循环与国内循环的定量信息。投入产出表产生于 20 世纪 30 年代的美国，它是列昂惕夫（Leontief）在前人关于经济活动相互依存性的研究基础上首先提出并研究和编制的。我国经济理论界于 20 世纪 50 年代末 60 年代初开始研究投入产出技术，1974 年第一次编制 1973 年全国 61 种产品的实物型投入产出表，1987 年进行了第一次全国性的投入产出调查和编表工作。

投入产出表可全面系统地反映国民经济各部门之间的投入产出关系，揭示生产过程中各部门之间相互依存和相互制约的经济技术联系，同时也在一定程度上反映行业与国际国内市场的经济联系，地区投入产出表还系统地反映省内产业与省外国内市场的经济技术联系。一方面，它能告诉人们国民经济各部门作为供给方、作为产业链上游的产出情况，以及这些部门的产出是怎样分配给其他部门用于生产或怎样分配给居民和社会用于最终消费、流出到省外国内市场或出口到国外的；另一方面，它还能告诉人们，各部门作为需求方、作为产业链的下游又是怎样从其他部门取得中间投入，从省外国内市场、从国外市场获取产品。投入产出核算的功能不仅仅在于反映各个部门在生产过程中直接的、较为明显的经济技术联系，更重要的是它揭示出各部门之间间接的、较为隐蔽的，甚至被人忽视的经济技术联系。

以部门 i 为研究对象，从部门 i 投入的角度，国家投入产出表提供了如下经济技术信息：（1）部门 i 从其他部门获取中间投入的状况；（2）部门 i 的增加值，其中增加值又可以具体分为以劳动者报酬衡量的劳动消耗带来的增加值、以生产税衡量的公共服务消耗增加值、以固定资产折旧衡量的机器设备消耗增加值、以企业盈余衡量的上述投入以外的其他消耗增加值。包含这一类经济技术信息的标题在投入产出表中纵向排列,通过投入产出表的主栏展示。

同样以部门 i 为研究对象,从部门 i 使用的角度,国家投入产出表提供了如下经济技术信息:(1)部门 i 的产出提供给其他部门的用于生产的中间使用;(2)部门 i 的产出不直接参与国内生产的最终使用;(3)部门 i 的产出可以被替代的、从国外市场进口的同类产品。其中,不直接参与国内生产的最终使用又进一步分为流向家庭和政府的消费品、流向企业的资本品、流向国外市场的出口品,地区投入产出表还提供了流向省外国内市场的最终产品。包含这一类经济技术信息的标题在投入产出表中横向排列,通过投入产出表的宾栏展示。

需要强调的是,在投入产出表中中间使用和最终使用的划分标准是是否直接参与该地区对应部门的生产并一次性消耗。(1)该地区部门生产的产品如果出口,或者流向国内省外的地区,即使作为中间投入使用,由于没有参与该地区的生产,因此这一类使用被划归为最终使用;(2)该地区部门生产的产品如果参与该地区生产的方式是以资本品和库存的方式,由于不是直接的一次性消耗,因此这一类使用也被划归为最终使用。

基于前文的分析,结合我国省份投入产出表的结构特征和双循环发展新格局,以山东省为例,山东省投入产出表提供的较为隐蔽的经济技术联系被可视化为图 3 – 8 所示。

图 3 – 8 上半部分,对于山东省的行业 i 而言是各种"流入":两类细线箭头是行业 i 的生产投入,两个粗线箭头是行业 i 的产出替代。投入产出表主栏的第一个一级标题"中间投入"对应图 3 – 8 的"省内行业中间投入",主栏的第二个一级标题"增加值"对应图 3 – 8 的"省内要素投入"。投入产出表宾栏第三个一级标题"进口"对应图 3 – 8 的"进口"。投入产出表宾栏第四个一级标题"国内省外流入"对应图 3 – 8 的"国内省外流入"。

图 3 – 8 下半部分,对于山东省的行业 i 而言是各种"流出":两类细线箭头是行业 i 的产出在省内的使用,左边一类是在省内的中间使用,右

边一类是在省内的最终使用，分别对应投出产出表宾栏的第一个一级标题"中间使用"、第二个一级标题"最终使用"下的"最终消费支出"和"资本形成"两个二级标题。投入产出表宾栏第二个一级标题"最终使用"下的第三个二级标题"出口"对应图 3 – 8 的"出口"，第四个二级标题"国内省外流出"对应图 3 – 8 的"国内省外流出"。

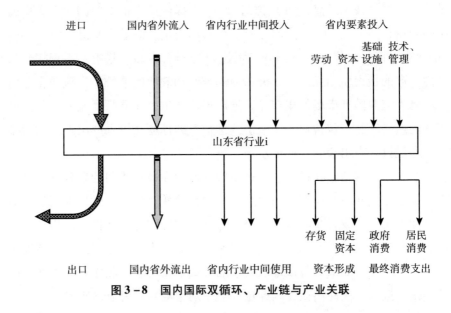

图 3 – 8　国内国际双循环、产业链与产业关联

就高质量发展而言，省域的行业 i 表现为四个方面：（1）投入一定的前提下合意产出增加（或者合意产出一定前提下投入的节约），即生产效率提高。（2）合意产出一定前提下非合意产出下降（或者非合意产出控制在一定水平上合意产出增加），即"三废"排放有效控制。（3）行业 i 产出的升级与进阶。（4）行业 i 抵御外部风险与稳步增长。

第二节　双循环视角下的国内与国外市场

对省域经济的分析不同于国家经济体，省域的国内循环包括省内市场和省外市场两个部分。在投入产出表经验资料支撑下这一节首先分析国内国外市场对产出的贡献,把江苏省和广东省的部门总产出构成、国际国内循环背景下的总产出构成与山东省进行比对。其次分析从需求端双循环嵌入和供给侧双循环嵌入考察山东省相对于江苏、广东两省的国内国际双循环部门参与度。

一、双循环的省域参与度

根据前文分析,在双循环视角下把部门产出的流向分为两大类:中间使用和最终使用。最终使用进一步分为四类:最终消费、资本形成、净出口、省外国内净流出。以上五类需求构成了双循环视角下部门产出的主要总需求。此外,统计误差体现在投入产出表宾栏第五个一级标题"其他"一列。

运用山东省、江苏省、广东省2012年和2017年的投入产出表,计算双循环视角下中间使用、最终消费、资本形成、净出口、国内省外净流出在部门产出中所占的比重。计算结果如图3-9所示。① 部门产出的诸项用途中比重最高的是中间使用。2012年广东省的比重为67.87%,江苏省的比重为68.29%,山东省的比重为71.31%;2017年广东省的比重为65.40%,江苏省的比重为66.87%,山东省的比重为72.39%。

部门产出中,山东省用于省内产业生产的中间投入比重明显高于江苏省和广东省,从投入产出表数据来看这种情况在过去的十几年里没有发生太大变化。

在双循环背景下,山东省部门净出口在部门总产出中所占比重由2012年的1.90%下降到2017年的0.66%,江苏省由2012年的3.77%下降到2017年的3.59%,广东省由2012年的5.29%下降到2017年的4.88%。三个省份通过外循环在规模上拉动经济增长对外部国际市场的依赖相对于国内市场的重要性下降。三个省份横向比较,山东省对外部市场的依赖明显低于江苏省和广东省。

---

① 数据是根据投入产出表数据(《中国地区投入产出表2017》《中国地区投入产出表2012》)计算所得。下同。

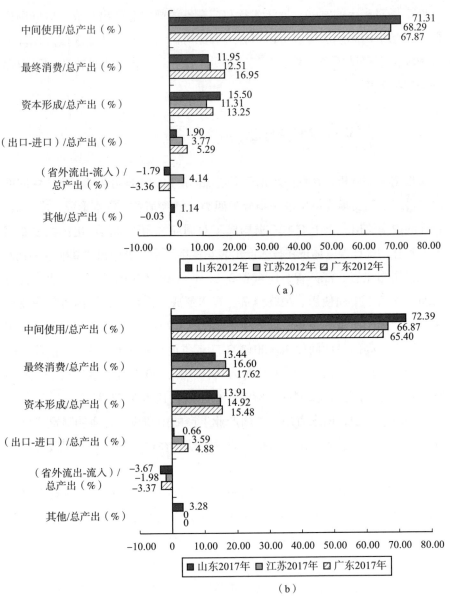

图 3-9　2012 年、2017 年山东省、江苏省与广东省部门总产出构成

资料来源：数据是根据投入产出表数据（《中国地区投入产出表 2017》《中国地区投入产出表 2012》）计算所得。下同。

在省域间分工与产业关联的国内循环背景下，山东省的国内省外净流出在总产出中所占比重 2012 年为 – 1.79%，2017 年为 – 3.67%；江苏省 2012 年为 4.14%，2017 年为 – 1.98%；广东省 2012 年为 – 3.36%，2017 年为 – 3.37%。比值为正意味着向国内省外净流出，负号意味着从国内省外净流入。三个省份均呈现出相同的变化趋势：从国内省外净流入相对于总产出增加，或者向国内省外净流出相对于总产出减少。山东省和广东省从国内省外净流入相对于总产出增加，江苏省则由净流出变为净流入。三个省份山东省的净流入占总产出的比重最高，这可以解释为山东省在国内循环中对国内省外市场的依赖程度最高。

　　单独考察流向国际市场的部门产出和流向国内省外市场的部门产出。2017 年山东、江苏、广东三省流向国际市场的部门产出、流向国内省外市场的部门产出所占总产出的比重如图 3 – 10（a）所示。为了比较说明，同时列示国际市场、国内省外市场流向山东、江苏、广东三省的产出占各自部门总产出的比重，如图 3 – 10（b）所示。

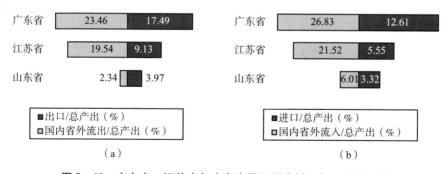

图 3 – 10　山东省、江苏省与广东省国际国内循环与总产出构成

　　从部门产出的需求端分析。广东省流向国外市场的出口占部门总产出的比重为 17.49%，江苏省比重为 9.13%，山东省比重为 3.97%。广东省流向国内省外市场的出口占部门总产出的比重为 23.46%，江苏省比重为 19.54%，山东省比重为 2.34%。从需求端规模上来看，江苏、广东两省对国内省外市场的依赖都高于对国外市场的依赖，而山东省对国内省外市场的依赖低于对国外市场的依赖。

从部门生产的供给侧进行分析。国内省外市场流入广东省的部门产出占部门总产出的 26.83%，从国外进口的比重为 12.61%。国内省外市场流入江苏省的部门产出占部门总产出的 21.52%，从国外进口的比重为 5.55%。国内省外市场流入山东省的部门产出占部门总产出的 6.01%，从国外进口的比重为 3.32%。从供给侧供给规模的角度，山东、江苏、广东三个省份对国内省外市场的依赖明显大于对国外市场的依赖，山东省不论参与省域间分工还是参与国际分工的程度都明显低于江苏、广东两省。

二、双循环的部门参与度

（一）需求端的双循环嵌入

省份各部门产出除了在省份内部参与经济内循环以外，还流向国内省外的地区参与国内经济循环，流向国际市场参与国际经济循环。

首先，分析部门通过需求端在国际循环中的嵌入。选择投入产出表中农林牧渔产品和服务到其他制造产品和废品废料共 22 个部门，包括了第一产业和第二产业的采掘业与制造业[①]。用部门出口所占部门总产出的比重衡量部门通过需求端在国际循环中的嵌入情况，将 2017 年江苏省的投入产出表所得计算结果与 2017 年山东省投入产出表所得计算结果进行比较。计算结果如图 3-11 所示。

山东省除了食品和烟草部门其他 16 个制造业部门的出口占总产出比重均低于江苏省。17 个制造业部门中山东省比重最高的是纺织服装鞋帽皮革羽绒及其制品，比重为 13.39%，江苏省该部门的比重高达 40.81%，在所有 17 个制造业部门中比重也是最高；山东省比重最低的是石油、炼焦产品和核燃料加工品，比重为 0.21%，江苏省该部门的比重为 1.69%，

---

① 服务业部门与公用事业部门与本书所选择的制造业各部门存在不同的运行机制：对外开放程度与市场准入。因此本书主要以制造业各部门为研究对象，农林牧渔业与采掘业由于其基础性地位作为对照会在相应的分析环节呈现。

在所有 17 个制造业部门中比重也是最低的。从比重极值对应的部门和不同部门比重的大小关系来看,山东省和江苏省通过需求端嵌入外循环所呈现的部门间差异比较相似。

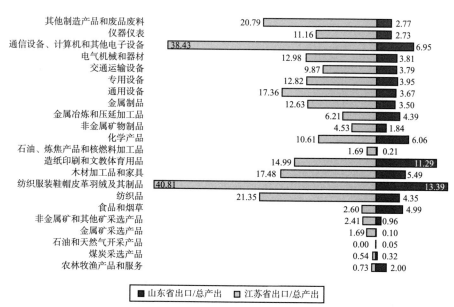

图 3 - 11 山东省与江苏省主要部门需求端的国际循环嵌入

通过比较同一个部门的出口所占总产出比重在山东和江苏两省之间呈现的大小关系不难发现部门间的一个共同特征:山东省的部门出口所占总产出比重普遍低于江苏省。这在一定程度上反映了山东省通过需求端嵌入国际循环的程度要比江苏省低得多。

其次,分析部门通过需求端在国内循环中的嵌入。同样选择投入产出表中农林牧渔产品和服务到其他制造产品和废品废料共 22 个部门。用部门国内省外流出所占部门总产出的比重衡量部门通过需求端在国内循环中的嵌入情况,将 2017 年江苏省的投入产出表所得计算结果与 2017 年山东省投入产出表所得计算结果进行比较。计算结果如图 3 - 12 所示。

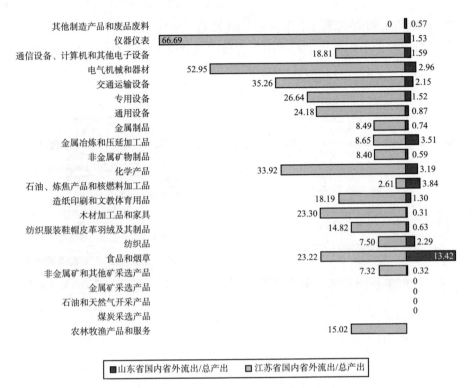

图3-12　山东省与江苏省主要部门需求端的国内循环嵌入

山东省除了石油、炼焦产品和核燃料加工品和其他制造产品和废品废料两个部门以外，其他15个制造业部门的国内省外流出占总产出比重均低于江苏省。17个制造业部门中山东省比重最高的食品和烟草，比重为13.42%，江苏省该部门的比重23.22%。江苏省比重最高的是仪器仪表，比重高达66.69%。山东省比重最低的木材加工和家具，比重为0.31%，江苏省该部门的比重高达23.3%。除其他制造产品和废品废料部门外，江苏省比重最低的是石油、炼焦产品和核燃料加工品部门，比重为2.61%。

从比重极值所对应的部门和不同部门比重的大小关系来看，山东省和江苏省通过需求端嵌入内循环所呈现的部门间差异较大。总体而言，江苏省比山东省有更高的内循环嵌入程度，江苏省参与省域间的国内分工比山东省更深入。

（二）供给侧的双循环嵌入

各类产出由国际市场流入省内各部门，省内各部门通过供给侧嵌入参与国际经济循环；各类产出还会由国内省外市场流入省内各部门，即省内各部门通过供给侧嵌入参与国内经济循环。

同样选择投入产出表中农林牧渔产品和服务到其他制造产品和废品废料共22个部门，包括了第一产业和第二产业的采掘业与制造业。2017年山东省与江苏省的22个部门进口占总产出的比重如图3－13所示。个别部门存在奇异值，比如江苏省的金属矿采选部门、石油和天然气开采部门，山东省的石油和天然气开采部门。出于图形在奇异值状态下的可读性考虑，把非奇异值样本的条形图相应放大。图3－13的上半部分是奇异值样本与非奇异值样本同比例显示的平行条形图，下半部分是奇异值样本的条形图截断处理、非奇异值样本同比例放大的平行条形图。

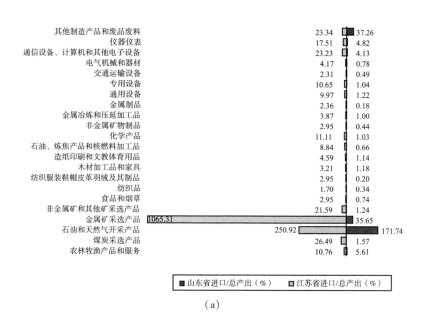

（a）

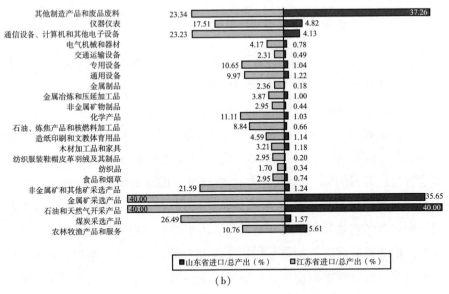

（b）

图3-13 山东省与江苏省主要部门供给侧的国际循环嵌入

先分析采掘业，江苏省的采掘业进口占总产出的比重都非常高，金属矿采选部门、石油和天然气开采部门的进口规模均远远超过了总产出规模。投入产出表行的等量关系是：总产出＝中间使用合计＋最终使用合计－进口－国内省外流入＋其他，最终使用合计＝最终消费合计＋资本形成总额合计＋出口＋国内省外流出。

$$\frac{进口}{总产出}=\frac{进口}{\begin{array}{c}中间使用合计+最终消费合计+资本形成总额合计\\+出口+国内省外流出-进口-国内省外流入+其他\end{array}}$$

$$=\frac{1}{\frac{\begin{array}{c}中间使用合计+最终消费合计+资本形成总额合计\\+出口+国内省外流出-国内省外流入+其他\end{array}}{进口}-1}$$

上述比值高的部门往往满足三个特征：（1）省内的下游部门对该部门的中间投入需求主要通过进口满足；（2）省内最终消费对该部门的中间投入需求主要通过进口满足；（3）该部门对国内省外和国际市场的流出规模较小。也就是说省内的需求主要通过进口满足，由省内提供的所占比重较小。不论是企业的生产对该部门的需求还是家庭、政府的消费对该部门的需求，主要通过国际循环由国际市场提供。

除了国际循环，还存在国内循环，即各类产出还会由国内省外市场流入省内各部门。用国内省外流入占总产出的比重衡量主要部门供给侧的国内循环嵌入，其可视化信息呈现在图3－14。

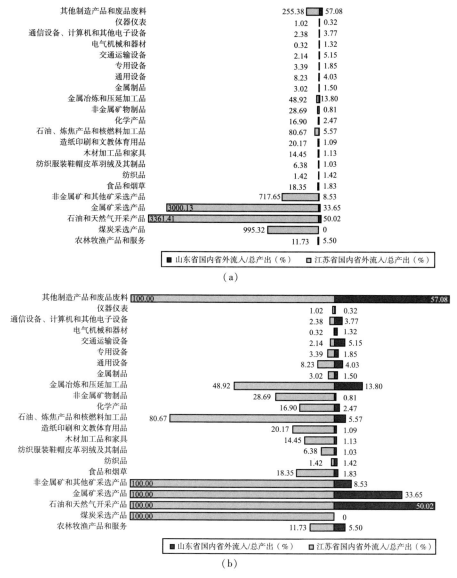

（a）

（b）

图3－14 山东省与江苏省主要部门供给侧的国内循环嵌入

采掘业依然是比重较高的部门。江苏省的金属矿采选部门、石油和天然气开采部门比重高达 3000.13% 和 3361.41%，山东省的对应比重分别为 33.65% 和 50.02%。山东省的其他采掘业比重也明显低于江苏省。以油和天然气开采部门为例，山东省的石油和天然气开采部门提供的中间使用规模为 247.48 亿元，江苏省的石油和天然气开采部门提供的中间使用规模为 188.23 亿元，山东省的 247.48 亿元大部分是由省内石油和天然气开采部门提供，江苏省的 188.23 亿元大部分是由其他省份和国际市场提供。

山东省大部分部门的国内省外流入所占总产值比重明显低于江苏省，这说明山东省通过供给侧嵌入参与国内经济循环的程度较低。

第三节 外贸发展与外资利用的省际比较分析

外资与外贸是开放环境下资源通过国际市场进行跨国配置的两种主要方式，也是双循环新发展格局下高质量发展的两个重要途径。稳外资、稳外贸在高质量发展战略背景下具有更丰富的内涵。本章节分别分析山东、江苏、广东三省高质量发展导向的外贸发展与外资利用。

一、外贸发展的省际比较分析

（一）出口规模与外贸依存

以 2019 年为例，山东省的进出口规模为 2962.85 亿美元，江苏省 6294.70 亿美元，广东省 10365.78 亿美元，山东、江苏、广东之间的规模差距非常明显。[①] 1997～2019 年三省的进出口规模变化如图 3－15 所示，规模数量标识在次坐标轴。

---

① 数据是根据《山东统计年鉴》《广东统计年鉴》《江苏统计年鉴》相应年份数据计算所得。

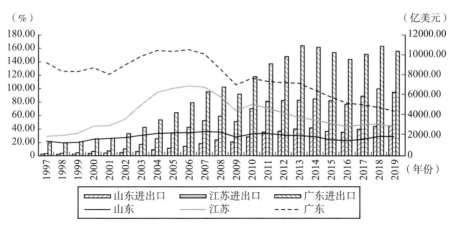

图 3－15　1997～2019 年山东、江苏、广东三省贸易规模与贸易依存度

资料来源：数据是根据《山东统计年鉴》《广东统计年鉴》《江苏统计年鉴》相应年份数据计算所得。

通过前文的分析我们知道山东、江苏、广东之间的经济规模亦存在差异。考察进出口规模所占当年地区生产总值的比重，即外贸依存度，涉及汇率换算的环节采用当年美元汇率中间价格。以上数据均来自历年《中国统计年鉴》。1997～2019 年山东、江苏、广东三省的外贸依存度变化如图 3－15 所示。广东和江苏都经历了外贸依存度先上升后下降的过程，两省的外贸依存度最大值都出现在 2006 年，广东省 158.07%，江苏省 104.13%，之后逐步下降，2019 年分别下降到 66.41% 和 43.58%。

山东省的外贸依存度最大值出现在 2007 年，为 35.51%，之后呈波动式缓慢下降趋势，2019 年为 28.76%。即使山东省的外贸依存度最大值也小于江苏、广东两省下降到 2019 年的较小值。山东省经济的外向型特征明显弱于江苏和广东，这和前文基于投入产出分析所得到的结论一致。山东、江苏、广东三省外贸依存度的下降趋势是我国于 2020 年上半年提出构建国内国际双循环新发展格局的客观背景和现实基础。对于山东而言，在外贸依存度下降趋势与国内国际双循环新发展格局的宏观背景下，如何实现经济高质量发展是值得深入探讨的学术话题。

（二）贸易方式

2001 年加入 WTO 之后到 2008 年之前，山东、江苏、广东三省的加工贸易出口规模都呈现快速上涨，山东、广东两省的加工贸易出口规模在商品出口中所占比重则呈下降趋势，江苏省的比重先上升后下降。这说明加入 WTO 之后山东、江苏、广东三省的加工贸易与一般贸易都出现了快速增长，后者比前者增长得更快。

如图 3 - 16 所示，广东省加工贸易出口规模于 2012 年达到最大值3248.78 亿美元，江苏省出现在 2011 年 1721.91 亿美元，山东省出现在2011 年 558.10 亿美元。之后广东省的加工贸易出口规模快速地波动下降，2019 年规模为 2166.73 亿美元；江苏省和山东省呈波动式缓慢下降，2019年分别为 1495.15 亿美元和 410.12 亿美元。2019 年广东、江苏、山东三省的加工贸易出口在商品出口中所占比重分别为 34.42%、37.87% 和 25.40%。

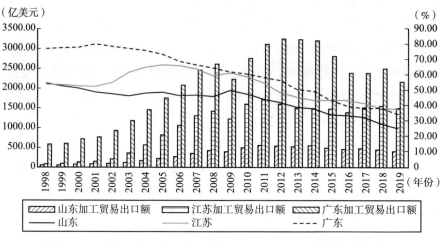

图 3 - 16　1998～2019 年山东、江苏、广东三省加工贸易规模及比重

加工贸易给山东省带来的附加值如何？用加工贸易的出口额相比较进口额得到的增值率作为加工贸易给山东省带来的附加值近似衡量指标，同时将江苏省和广东省与山东省进行对比。考虑到进料加工、来料加工的进

口投入与出口产成品之间存在时滞,进一步选择加工贸易进口额与出口额滞后 1 年再一次计算。两种计算结果如图 3 - 17 所示。加工贸易进口额相对于加工贸易出口额滞后 1 期的增值率波动性明显高于同期进出口额计算得到的增值率,但是两者在 1998~2019 年的规律性还是非常明显的。

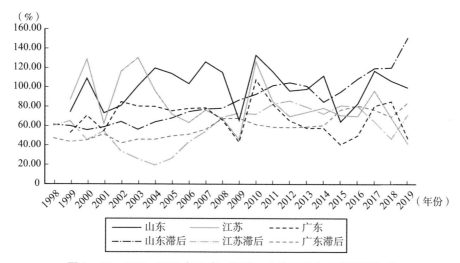

图 3 - 17 1998~2019 年山东、江苏、广东三省加工贸易增值率

山东省的加工贸易增值率明显高于江苏省和广东省,加工贸易增值率呈上升趋势,并且增值率的增速也明显高于江苏省和广东省。结合前文得到的山东省加工贸易相对于江苏、广东两省比重低、规模小的特征与变化趋势可以得出一个研究假说:相对于广东省和江苏省而言,山东省的加工贸易调整变化符合我国高质量发展的方向。至于加工贸易调整的"黑箱":加工贸易结构与加工环节的产业链与附加值内涵,需要更加深入细致地分析。

"十三五"期间山东省的加工贸易增值率均值为 124.89% ,滞后一期计算得到的增值率均值为 101.57% ;与此对比,广东省的增值率均值为 77.93% ,滞后一期计算得到的增值率均值为 65.77% ,江苏省分别为 65.89% 和 69.13% ,如图 3 - 18 所示。

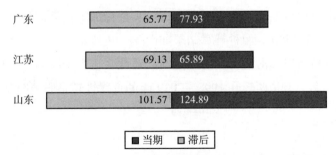

图 3-18　山东、江苏、广东三省加工贸易增值率"十三五"期间均值

加工贸易主要分为进料加工和来料加工，就出口市场和需求端而言来料加工比进料加工具有更强的社会关联交易特征。把加工贸易增值率分为来料加工和进料加工进行比较研究。两类加工贸易的当期进出口增值率如图 3-19 所示。

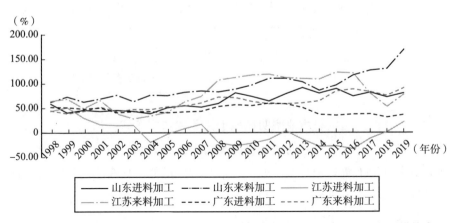

图 3-19　1998～2019 年山东、江苏、广东三省进料加工与来料加工贸易增值率

山东、江苏、广东三省的进料加工增值率（见图 3-19 粗线条）均高于来料加工增值率（见图 3-19 细线条）。2008～2016 年江苏省的两类增值率差别较大，来料加工贸易的增值率呈明显的周期波动特征。广东省的进料加工贸易增值率呈波动时缓慢上涨，来料加工贸易增值率在"十二五"和"十三五"期间呈波动式下降趋势。山东省的来料加工贸易增值

率"十二五"之前呈缓慢上涨,"十二五"和"十三五"期间没有明显变化,进料加工贸易增值率从 2014 年以后快速上涨。

总体而言,进料加工贸易的增值率高于来料加工贸易,山东省的进料加工贸易增值率增速快于来料加工贸易,山东省的进料加工贸易增值率和来料加工贸易增值率均高于江苏省和广东省。

(三) 进出口商品结构

机电产品和高新技术产品因其在对外贸易中的重要性而被单独进行归类统计。两类产品均内涵丰富、种类繁多。国民经济行业分类将机电设备分为通用机械类、通用电工类、通用和专用仪器仪表类、专用设备类四大类。

通用机械类包括机械制造设备(金属切削机床、锻压机械、铸造机械等),起重设备(电动葫芦、装卸机、各种起重机、电梯等),农、林、牧、渔机械设备(拖拉机、收割机、各种农副产品加工机械等),泵、风机、通风采吸设备,环境保护设备,木工设备,交通运输设备等。通用电工类包括电站设备、工业锅炉、工业汽轮机、电机、电动工具、电气自动化控制装置、电炉、电焊机、电工专用设备、电工测试设备、日用电器(电冰箱、空调、微波炉、洗衣机等)等。通用和专用仪器仪表类包括自动化仪表、电工仪表、专业仪器仪表(气象仪器仪表、地震仪器仪表、教学仪器、医疗仪器等)、成分分析仪表、光学仪器、实验仪器等。

根据《中国高新技术产品目录 2006》,高新技术产品共涉及 11 个领域:(1) 电子信息;(2) 软件;(3) 航空航天;(4) 光机电一体化;(5) 生物、医药和医疗器械;(6) 新材料;(7) 新能源与高效节能;(8) 环境保护;(9) 地球、空间与海洋;(10) 核应用技术;(11) 农业。《中国高新技术统计年鉴》中的高新技术产业包括:医药制造业、电子及通信设备制造业、计算机及办公设备制造业、医疗仪器设备及仪器仪表制造业、信息化学品制造业。高新技术产品的特点是:技术含量高;前期研发投入的资金多、时间较长,推广难度大;一旦研发成功,具有高于一般的经济效益和社会效益;在短期内不会被替代或超越。

机电产品和高新技术产品具有较长的产业链、较高的附加值，对提升出口竞争力和提升经济增长质量具有重要的战略意义。山东、江苏、广东三省的机电产品出口金额在商品出口总额中所占比重变动如图 3 - 20 所示，高新技术产品出口金额在商品出口总额中所占比重变动如图 3 - 20 所示。山东的机电产品出口所占比重明显低于江苏、广东两省，2019 年两省的出口所占比重约为 70%，山东省的出口所占比重为 37.39%。山东的高新技术产品出口所占比重也明显低于江苏、广东两省，2019 年两省的出口所占比重分别为 34.84% 和 38.51%，山东省的出口所占比重仅为 8.26%。

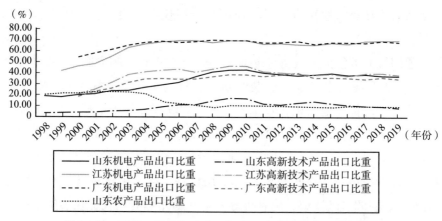

图 3 - 20　1998 ~ 2019 年山东、江苏、广东三省出口商品结构

"十三五"期间，江苏、广东两省的机电产品出口所占比重基本稳定在 68% 左右，山东省稳定在 38% 左右。"十三五"期间，江苏省的高新技术产品出口所占比重基本稳定在 38% 左右，广东省稳定在 35% 左右；山东省的均值是 9.64%，并逐年下降。

再来看进口。广东省的机电产品和高新技术产品进口额所占比重总体呈上涨趋势，上涨得越来越缓慢。江苏省从 2008 年以后两大类商品的进口额所占比重总体没有太大变化。山东省的两类商品进口比重 2008 年以后总体呈波动下降趋势，"十三五"期间则逐年下降。如图 3 - 21 所示，"十三五"期间，广东省和江苏省的机电产品年进口额所占商品进口总额比重的均值分别为 67.95% 和 62.53%，山东省的均值为 21.91%；广东省和江苏省的高新技术产品年进口额所占商品进口总额比重的均值分别为 53.87% 和 43.88%，山东省的均值为 12.16%。

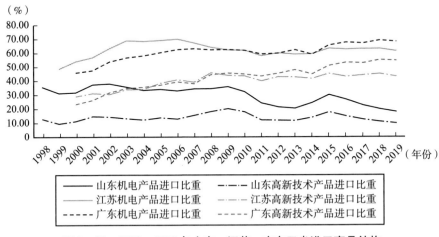

（%）

图 3-21 1998~2019 年山东、江苏、广东三省进口商品结构

"十三五"期间，山东省的高新技术产品出口额所占商品出口额的比重每年下降幅度为 0.79%，即第 t 年的比重比第 t-1 年的比重低 0.79%；进口比重相应变化则为 1.70%。

二、外资利用的省际比较分析

（一）社会固定资产投资中的外资

首先在较为宏大的背景下研究山东省的外资利用，即全社会固定资产投资资金来源构成。全社会固定资产投资是以货币形式表现的建造和购置固定资产的资源投入，经济资源通过投资转化成各类社会固定资产，社会固定资产是社会生产力的"硬件"部分。就其内涵而言，社会固定资产投资包括房产、建筑物、机器、机械、运输工具，以及企业用于基本建设、更新改造、大修理和其他固定资产投资等。按投资活动主体类型可分为国有、集体、个体、联营、股份制、外商和港澳台商及其他等固定资产投资。

全社会固定资产投资中的外资规模变化如图3-22所示。将山东省的外资规模变化与江苏省、广东省和全国的外资规模进行横向比较，全国外资规模数量标识在次坐标轴。2003～2017年四个样本个体的外资规模均呈先上升后下降趋势，大约在2008年达到峰值，山东省的峰值出现在2010年。根据国家统计局提供的信息，从2011年起，城镇固定资产投资数据发布口径改为固定资产投资（不含农户），固定资产投资（不含农户）等于原口径的城镇固定资产投资加上农村企事业组织的项目投资。从图3-22中可以看出，统计口径的变化不影响我们对社会固定资产投资中的外资规模变化趋势的判断。

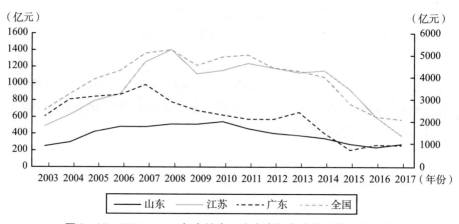

图3-22　2003～2017年全社会固定资产投资中的外资规模变化

资料来源：数据是根据国家统计局地区数据计算所得。

全社会固定资产投资的资金来源主要分为：国家预算内资金、国内贷款、利用外资、其他资金、自筹资金。外资在几类主要的资金来源中所占的比重如何？图3-23呈现了山东、江苏、广东与全国的外资在各自社会固定资产投资的资金来源总金额中所占的比重及其变化趋势，均呈持续下

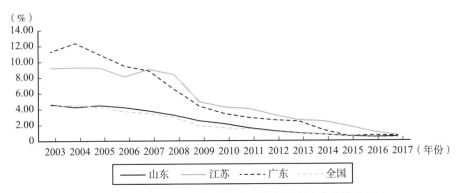

图 3 – 23　2003 ~ 2017 年全社会固定资产投资中外资比重

资料来源：数据是根据国家统计局地区数据计算所得。

降趋势。山东省的比重及其下降趋势与全国的平均水平基本一致。江苏省和广东省的比重下降速度比山东省和全国平均水平要快得多。这是流向固定资产领域的各类金融资源在经济发展过程中不断调整、优化的结果。广东省从 2004 年的峰值 12.35% 下降到 2017 年的 0.61%；广东省从 2003 年的 9.28% 下降到 2017 年的 0.66%；山东省从 2003 年的 4.61% 下降到 2017 年的 0.50%。

固定资产投资的资金来源体现了政府与市场在流向固定资产领域的金融资源配置方面的各自定位与功能，体现了国内与国外两类资源的综合利用，体现了企业自有资源与外部金融资源的综合利用。

2011 ~ 2017 年 5 类来源的资金规模平均年增速如图 3 – 24 所示。国家预算内资金增速最快，其中广东省的平均年增速为 21.57%，江苏省 8.59%，全国平均 4.41%，山东省低于全国平均为 3.38%。流向固定资产投资的国内贷款，除了广东省以外，山东省、江苏省和全国平均水平均出现了不同程度的下降。自筹资金，广东省平均年增速为 – 1.38%，江苏省 0.48%，山东省与全国均为 0.32%。

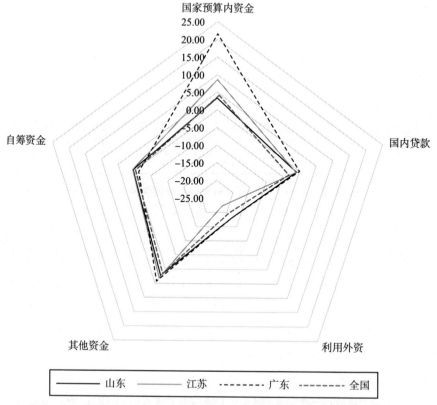

国家预算内资金

图 3 - 24　2011 ~ 2017 年全社会固定资产投资中资金来源年均增速 （%）

　　流向固定资产投资的外资下降最为明显，也最为普遍。全国平均每年下降 19.70%，江苏省平均每年下降 22.21%，广东省下降 17.84%，山东省下降 17.86%。图 3 - 24 直观地反映了流向固定资产领域的 5 类资金来源的非均衡变化特征。

　　山东省流向固定资产领域的 5 类资金来源结构的变化特征如何？图 3 - 25 呈现了山东省 2003 ~ 2017 年全社会固定资产投资 5 类资金来源的比重及其变化趋势。固定资产投资主要依赖自筹资金，2003 年占比 67.53%，2017 年占比 74.07%；其次是其他资金，2003 年占比 11.72%，2017 年占比 12.74%；国内贷款 2003 年占比 14.16%，2017 年占比 10.30%；国家预算资金 2003 年占比 1.99%，2017 年占比 2.40%。

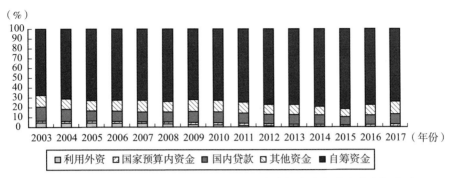

图 3 – 25   2003～2017 年山东省全社会固定资产投资中各类资金来源比重

2003 年外资占比 4.61%，之后总体逐年下降，2017 年外资占比 0.50%。就规模而言，外资在全社会固定资产投资中发挥的作用非常微弱。

社会固定资产投资中的外资可以总结如下：外资规模呈先上升后下降趋势，山东省的峰值出现在 2010 年。外资在社会固定资产投资的资金来源总金额中所占的比重呈持续下降趋势；山东省的比重及其下降趋势与全国的平均水平基本一致。流向固定资产投资的外资下降最为明显，也最为普遍。就规模而言，外资在全社会固定资产投资中发挥的作用非常微弱。

（二）工业领域的外资

前文在全社会固定资产投资资金来源这一较为宏大的背景下研究山东省的外资利用。接下来进一步考察工业领域的外资。

工业企业的资本金是指在建设总投资中，由投资者认缴的出资额；是出资者出资、企业长期占有和永久使用的自有资本。企业资本金的表现形式可以是货币，也可以是实物、工业产权、非专利技术、土地使用权等作价出资。企业资本金按照来源主要分为国家资本金、集体资本金、法人资本金、个人资本金、港澳台资本金和外商资本金。港澳台资本金和外商资本金反映了在建设总投资中外部市场投资者通过出资方式对企业投资建设和后续生产经营的参与状况。港澳台资本金和外商资本金在工业企业的资本金中的比重反映了外部市场投资者对国内企业的参与程度。

山东省大中型工业企业按照来源划分的各类资本金规模在 2003～2017

年的变化如图 3 - 26 所示。从整体的规模来看，从大到小依次为法人资本金、国家资本金、个人资本金、外商资本金、港澳台资本金、集体资本金。2017 年大中型企业的外商资本金和港澳台资本金占到资本金总额的比重分别是 8.58% 和 2.95%。①

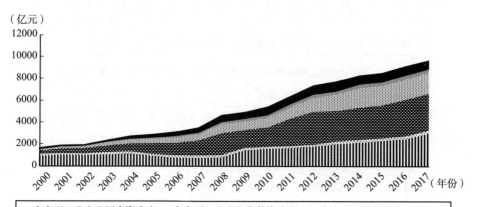

图 3 - 26 2000 ~ 2017 年山东省大中型企业各类资本金规模

资料来源：数据是根据国家统计局地区数据计算所得。

2011 ~ 2017 年 6 类资本金中首先个人资本金增速最快，平均每年增长 12.20%；其次是企业法人资本金，平均每年增长 10.34%。国家资本金和集体资本金分别增长 9.60% 和 7.02%。外商资本金和港澳台资本金平均每年分别增长 0.94% 和 4.74%。

根据国家统计局的说明，从 2011 年开始，工业企业年报规模划分按照《统计上大中小微型企业划分办法》执行。大中型工业企业为从业人员 300 人及以上并且主营业务收入在 2000 万元及以上的工业企业。通过对图 3 - 27 简单分析不难发现，即使考虑到统计口径的调整上述分析结论也不会发生变化。

---

① 数据是根据国家统计局地区数据计算所得。

在山东省的工业领域，作为两类资本金来源的港澳台资本金和外商资本金其在实收资本中的地位如何？图 3-27 描述了山东省大中型企业两类资本金在实收资本中的比重及其变化趋势；为了对比分析，把江苏省大中型企业两类资本金在实收资本中的比重在图 3-27 的左半部分用平行条形图表示。

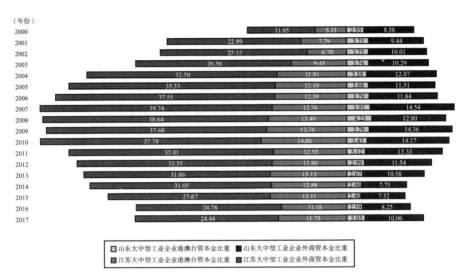

图 3-27　2000～2017 年山东、江苏大中型企业港澳台资本金
和外商资本金比重（单位：%）

资料来源：数据是根据国家统计局地区数据计算所得。

山东省外商资本的比重峰值出现在 2007 年为 14.54%，港澳台资本比重峰值出现在 2008 年为 4.25%。之后外商资本的比重下降趋势明显，2017 年下降到 10.06%；港澳台资本比重呈波动式缓慢下降，2017 年下降到 3.05%。直观比较就能发现，江苏省的港澳台资本金和外商资本金比重明显高于山东省。

从大中型企业实收资本的角度分析山东省工业领域利用外资的状况，可以总结如下：从各类资本金的规模来看，从大到小依次为法人资本金、国家资本金、个人资本金、外商资本金、港澳台资本金、集体资本金。山东省的外商资本金和港澳台资本金年增速明显慢于企业法人资本和个人资本。山东省的外商资本金和港澳台资本金比重明显低于江苏省。山东省外商资本金和港澳台资本金的比重呈下降趋势。

(三) 外资企业出口与绩效

前文分析了港澳台资本金、外商资本金在山东省大中型企业实收资本中的地位，初步反映了山东省利用外资的大致概况。除此之外，从企业所有制类型构成的角度也可以进一步深入了解外资参与山东省工业生产与经济增长的状况，并且进一步研究外资企业在山东省出口中的地位。

规模以上工业企业按照所有制类型可以分为国有控股工业企业、私营工业企业、外商及港澳台商投资工业企业等几类。其中，外商及港澳台商投资工业企业在规模以上工业企业中所占的比重可以进一步反映外资参与山东省工业生产与经济增长的状况。

外商及港澳台商投资企业在规模以上工业企业中所占比重如图 3－28 所示，其中上图是资产比重，下图是单位数比重。二者的变化趋势与前文分析的港澳台商资本金比重和外商资本金比重的变化趋势一致，均呈先上升后下降。这印证了前后结论的稳健性。

广东省的外商及港澳台商投资企业资产在规模以上工业总资产中的比重与单位数在规模以上工业单位数中的比重均在 2004 年以后呈快速下降趋势，江苏省在 2011 年以后呈快速下降趋势。2000 年以后，山东省的两类比重先上升后下降，但是外商及港澳台商投资企业资产比重在"十三五"出现了明显增加，单位数比重在 2019 年出现小幅增加。山东省外商及港澳台商投资企业的两类比重均明显低于广东省和江苏省，也低于全国的平均比重。

山东省的出口规模中外资企业扮演何种角色？依然选择规模以上工业企业作为研究对象，考察其中的外商及港澳台商投资企业出口在该领域出口规模中的比重。选择的统计指标是出口交货值。出口交货值是指工业企业交给外贸部门委托出口或自营出口，用外汇价格结算的产品价值之和。出口交货值是企业的主要经济指标之一，是衡量工业企业生产的产品进入国际市场的一个重要指标。对于出口活动的测度与衡量主要来自两个环节：一是企业自身的统计与申报；二是海关进出口记录与统计。出口交货值属于前者。

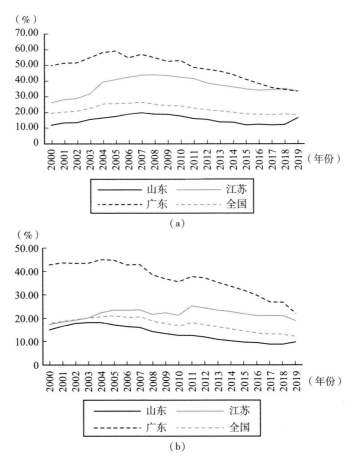

**图 3 – 28　2000～2019 年外商及港澳台商投资企业在规模
以上工业企业中资产比重、单位数比重**

资料来源：数据是根据国家统计局地区数据计算所得。

山东省外商及港澳台商投资企业出口交货值在规模以上工业企业出口交货值中的比重如图 3 – 29 所示。为了深入分析，将江苏、广东两省的比重和全国的平均比重与山东省进行比较。就全国而言，规模以上工业企业出口交货值中外商及港澳台商投资企业出口占到 60%～70%；山东省低于全国平均水平，在 40%～60%；山东省也明显低于江东、广东两省。2009 年以后包括山东省在内规模以上工业企业出口交货值中外商及港澳台商投资企业出口所占比重普遍持续降低。其原因主要是外商及港澳台商投资企业与本土企业出口规模增速均放缓，"十三五"期间甚至出现下降。2010～2016 年，江苏、广东两省规模以上工业出口交货值年增速平均每年下降的幅度分别是 3.97% 和 2.81%，外商及港澳台商投资企业分别是 4.26% 和 3.74%；山东省的规模以上工业下降为 2.41%，外商及港澳台商投资企业下降为 1.91%。

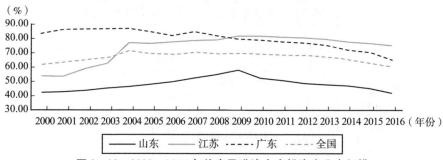

图 3 – 29　2000～2016 年外商及港澳台商投资企业在规模
以上工业企业中出口交货值比重

资料来源：数据是根据国家统计局地区数据计算而得。

山东省对国内循环、国际循环整体的参与度较低，山东省的外商及港澳台商投资企业对国内循环和国际循环的参与度也相对较低。

接下来比较山东省外商及港澳台商投资企业与规模以上工业企业的出口导向，比较山东省外商及港澳台商投资企业与江苏省外商及港澳台商投资企业的出口导向，用出口交货值在销售产值中所占比重衡量出口导向。通过图 3 – 30 和图 3 – 31 进行直观对比分析。

2000～2016 年，规模以上工业企业的出口导向与外商及港澳台商投资企业的出口导向均呈明显的下降趋势，前者从 13.99% 下降到 5.79%，后者从 42.23% 下降到 18.18%。山东省外商及港澳台商投资企业的出口导向明显高于规模以上工业企业整体的出口导向。与本土企业相比，外资企业具有更强的国际产业关联与市场关联。总体而言，山东省外商及港澳台商投资企业的出口导向是规模以上工业企业的大约 3 倍。

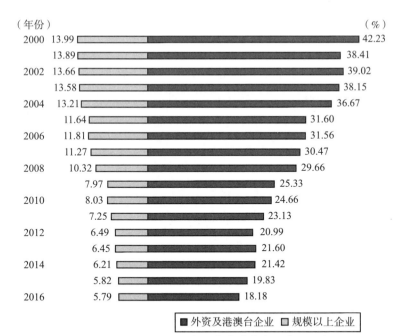

图 3 – 30 2000~2016 年山东省外资企业出口导向

资料来源：数据是根据国家统计局地区数据计算而得。

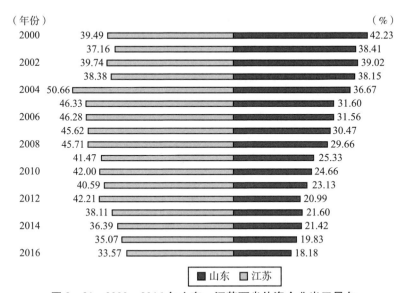

图 3 – 31 2000~2016 年山东、江苏两省外资企业出口导向

资料来源：数据是根据国家统计局地区数据计算而得。

　　山东省外商及港澳台商投资企业的出口导向与江苏省的对比如图 3 – 31 所示。二者在"十一五"和"十二五"期间均呈下降趋势，但是山东省外商及港澳台商投资企业的出口导向明显低于江苏省，比如 2006 年江苏省为 46.28%，山东省为 31.56%；2016 年江苏省为 33.57%，山东省为 18.18%。平均而言，江苏省外商及港澳台商投资企业的出口导向是山东省的约 1.75 倍。

　　在出口规模增速放缓，出口导向明显下降的背后山东省外商及港澳台商投资企业的经营绩效如何呢？接下来考察外商及港澳台商投资企业的资本利润率，即企业利润总额与企业总资产的比值，该指标可以较为准确地反映单位资产的盈利能力。研究的样本范围是规模以上工业企业。2000 ~ 2019 年山东省外商及港澳台商投资企业的资本利润率如图 3 – 32 所示。为了对比，同时也为了发现更为一般性的资本利润率变化规律，把山东省与江苏省、广东省进行横向比较，把外商及港澳台商投资企业与规模以上工业企业进行比较。

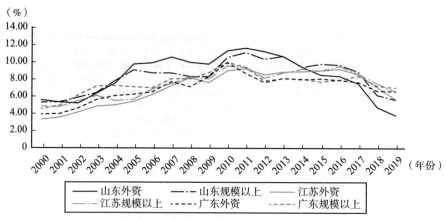

图 3 – 32　2000 ~ 2019 年外商及港澳台商投资企业、规模以上工业企业的资产利润率
资料来源：数据是根据国家统计局地区数据计算而得。

　　不论是规模以上工业企业还是外商及港澳台商投资企业其资本利润率均呈现出一致的变化规律，即先上升后下降的倒"U"形变化趋势。2010

年前后达到峰值，之后分别呈不同幅度的下降。

横向比较差别还是比较明显。2004～2015 年，大约"十一五""十二五"期间山东省的规模以上工业企业和外商及港澳台商投资企业资本利润率均高于广东省和江苏省，并且山东省的规模以上工业企业利润率高于外商及港澳台商投资企业。二者在"十三五"期间快速下降，以致低于广东省和江苏省的相应指标；外商及港澳台商投资企业资本利润率比规模以上工业企业平均资本利润率下降得快，"十三五"期间前者始终低于后者。

第四节　本章小结

首先梳理我国提出国内国际双循环新发展格局的背景和其内涵，结合党中央在新冠疫情出现后全球经济百年未有之变局背景下对我国经济高质量发展的研判，结合长跨度的世界经济经验数据呈现的规律特征，剖析我国国内国际双循环新发展格局的内涵。

进一步构建了国内国际双循环新发展格局下高质量发展的理论分析框架。本书认为，省域高质量发展表现为四个方面：（1）投入一定的前提下合意产出增加（或者合意产出一定前提下投入的节约），即生产效率提高。（2）合意产出一定前提下非合意产出下降（或者非合意产出控制在一定水平上合意产出增加），即"三废"排放有效控制。（3）行业产出的升级与进阶。（4）行业抵御外部风险与稳步增长。

考虑到省域经济的分析范式不同于国家经济体，省域的国内循环包括省内市场和国内省外市场两个部分。在投入产出表经验资料支撑下本章第二节分析国内国外市场对产出的贡献，把江苏省和广东省的部门总产出构成、国际国内循环背景下的总产出构成与山东省进行比对。最后从需求端双循环嵌入和供给侧双循环嵌入考察山东省相对于江苏、广东两省的国际国内双循环部门参与度。从供给侧供给规模的角度，山东、江苏、广东三个省份对国内省外市场的依赖明显大于对国外市场的依赖，山东省不论参与省域间分工还是参与国际分工的程度都明显低于江苏、广东两省。山东省和江苏省通过需求端嵌入内循环所呈现的部门间差异较大。总体而言，山东省比江苏省的内循环嵌入程度低，山东省大部分部门的国内省外流入所占总产值比重明显低于江苏省，山东省的国内分工参与比江苏省低。

外资与外贸是开放环境下资源通过国际市场进行跨国配置的两种主要方式，也是双循环新发展格局下高质量发展的两个重要途径。第三节分析了高质量发展导向的外贸发展与外资利用。山东省经济的外向型特征明显弱于江苏和广东，三个省份的外贸依存度在"十一五""十二五""十三五"期间呈下降趋势。山东、江苏、广东三省外贸依存度的下降趋势是我国于 2020 年上半年提出构建国内国际双循环新发展格局的客观背景和现实基础。对于山东而言，在外贸依存度下降趋势与国内国际双循环新发展格局的宏观背景下，如何实现经济高质量发展是值得深入探讨的学术话题。通过对加工贸易的统计分析发现：进料加工贸易的增值率高于来料加工贸易；山东省的进料加工贸易增值率增速快于来料加工贸易；山东省的进料加工贸易增值率和来料加工贸易增值率均高于江苏省和广东省。"十三五"期间，山东省的高新技术产品出口额所占商品出口额的比重每年下降幅度为 0.79%，即后一年比重与前一年比重的差是 0.79%；进口比重的相应变化则为 1.70%。

从社会固定资产投资中的外资来源和大中型企业实收资本的角度分别考察外资利用，得到结论如下：（1）外资规模呈先上升后下降趋势。（2）外资在社会固定资产投资的资金来源总金额中所占的比重呈持续下降趋势。（3）流向固定资产投资的外资下降最为明显，也最为普遍。（4）就规模而言，外资在全社会固定资产投资中发挥的作用非常微弱。

从大中型企业实收资本的角度分析工业领域利用外资的状况，可以总结如下：（1）从各类资本金的规模来看，从大到小依次为法人资本金、国家资本金、个人资本金、外商资本金、港澳台资本金、集体资本金。（2）外商资本金和港澳台资本金年增速明显慢于企业法人资本和个人资本。（3）山东省的外商资本金和港澳台资本金比重明显低于江苏省。

最后分析了外商及港澳台商投资企业与规模以上工业企业的出口导向，比较山东省外商及港澳台商投资企业与江苏省外商及港澳台商投资企业的出口导向。与江苏、广东两省的同类企业相比，山东省的外商及港澳台商投资企业对于国内循环和国际循环的参与度也相对较低。与本土企业相比，外资企业具有更强的国际产业关联与市场关联。山东省外商及港澳台商投资企业的出口导向是规模以上工业企业的大约3倍。江苏省外商及港澳台商投资企业的出口导向是山东省的约1.75倍。

在经营绩效方面，不论是规模以上工业企业还是外商及港澳台商投资企业其资本利润率均呈现出一致的变化规律，即先上升后下降的倒"U"形变化趋势。2010年前后达到峰值，之后分别呈不同幅度的下降。"十三五"期间，规模以上工业企业整体的平均资本利润率与外商及港澳台商投资企业的资本利润率都快速下降；外商及港澳台商投资企业资本利润率比规模以上工业企业平均资本利润率下降得快，"十三五"期间前者始终低于后者。

第四章

开放市场产出质量升级的事实

首先，在理论上分析数量与质量在效用函数中呈现的替代与互补关系，借鉴出口产品质量的主流测算方法，构建企业产出质量的一种新测算方法。其次，从省域经济质量效益的角度测算中国加入 WTO 以来的出口产品质量，分析其总体走势、变化特征及变化规律。最后，研究不同贸易方式、不同技术密集度产品的出口质量变化趋势，探讨出口产品质量变动的原因。

第一节　微观质量测度方法与测度指标

为了积极适应经济发展新常态，深化供给侧结构性改革，探索促进新旧动能接续转换的发展方式和体制机制，山东省政府于 2018 年 2 月印发了《山东新旧动能转换重大工程实施规划》，把产业智慧化、智慧产业化、跨界融合化和品牌高端化作为山东省新旧动能转换的主攻方向，确立了"四新"经济增加值占比年均提高 1.5 个百分点的具体目标，到 2022 年实现全省质量效益全面提高。山东省的新旧动能转换分为两个层面，一方面是已有的存量产业如何实现转型升级，另一方面是以存量产业为基础培育新产业、新模式和新业态。山东省的产出质量升级具有一定的典型性。

一、一个理论基础

国内对高质量发展和经济增长质量研究的相关文献分为两大类。第一类，通过构建由细分指标体系构成的经济发展质量指数进而展开的宏观经济质量研究。第二类，通过构建和测度产品质量指标、产出质量等级指标进而展开的微观经济质量研究。与本章相关的主要是第二类文献，这一类文献提供了较为丰富的微观质量研究结论，目前主要集中在对中国进出口产品质量的相关问题研究。施炳展（2013）测算了中国在 2000～2006 年出口产品质量的变化，发现本土企业出口产品质量总体呈下降趋势，外资企业出口产品质量总体呈上升趋势。与之相反，张杰等（2014）对中国本土企业、外资企业出口产品质量测度的变化趋势均一致。魏浩和林薛栋（2017）发现中国出口产品质量在 2000～2009 年呈上升趋势，全球经济危机使我国中等质量产品出口进一步下降，高质量产品出口相对上升。余淼杰和张睿（2017）的结论是集体企业出口产品质量在 2000～2006 年先下降后上升，民营企业则先上升后下降，制造业出口质量水平总体呈上升趋势。王雅琦等（2018）研究了 2005～2010 年的出口产品质量变化，发现中国制造业出口产品质量总体先上升后下降。贺梅和王燕梅（2019）将研究的样本区间扩展为 2000～2013 年，同样发现中国的出口产品质量先上升后下降。

（一）价格内生、质量与数量完全替代

对于同一类产品而言，在同一市场环境下，商品价格越高说明该产品的质量越高。

假设消费者选择两类商品，一类是质量同质商品 Y，另一类是质量异质商品 X，消费量分别为 y 和 x，X 的质量等级是 λ，X 的质量和数量以 λx 形式进入效用函数（施炳展，曾祥菲，2015）。X 的价格是 p_X，Y 的价格是 p_Y，假设 p_X 内生于产品质量等级 λ：$p_X = p_X(\lambda)$。消费者有关 x、λ、y 的消费决策选择可描述如下：

$$\max_{x,\lambda,y} U = f(\lambda x,\ y) \qquad\qquad (4-1)$$

$$s.\,t.\ \ p_X(\lambda)x + p_Y y = E \qquad\qquad (4-2)$$

构建拉格朗日函数，对 x、λ 的一阶导数条件联立可以得到：

$$dp_X(\lambda)/d\lambda = p_X(\lambda)/\lambda \qquad\qquad (4-3)$$

进一步整理可以得到：

$$(dp_X/p_X)/(d\lambda/\lambda) = 1 \qquad\qquad (4-4)$$

其中，$(dp_X/p_X)/(d\lambda/\lambda)$ 可以定义为质量异质商品需求价格的质量等级弹性。其经济含义是，商品的质量等级上升1%，消费者愿意支付的价格也上升1%。

这种结论呈现的函数关系主要来源于数量 x 与质量 λ 满足消费者效用方面是完全相互替代的（见图4-1）。例如，20元一件的 T 恤衫可以穿1个夏季，60元一件的 T 恤衫可以穿3个夏季；1件60元的 T 恤衫在穿着用途方面可以替代3件20元的 T 恤衫。

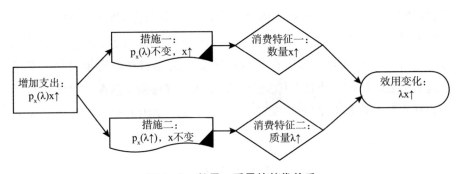

图4-1　数量、质量的替代关系

从消费选择决策的角度，上述分析过程可以解释为：最优消费状态下，增加质量消费 Δλ（质量变化幅度为 Δλ/λ），减少数量消费 Δx（数量变化幅度为 Δx/x），数量消费减少带来消费支出的节约等于质量消费的提高所需的支出增加；反之则不是。数量消费减少带来消费支出的节约为 $\Delta x \times pX(\lambda)$，质量消费的提高所需的支出增加量为 $\Delta\lambda \times [dpX/d\lambda] \times x$，其中 $\Delta\lambda \times [dpX/d\lambda]$ 是质量提高所带来的价格增加量。这种数量、质量之间的调整过程是在消费支出不变的前提下完成的，因此 $\Delta x \times pX(\lambda) + \Delta\lambda \times [dpX/d\lambda] \times x = 0$。

（二）价格内生、质量与数量不完全替代

假设质量 λ 和数量 x 对消费者效用的贡献满足柯布 – 道格拉斯效用形式，消费者的效用函数的嵌套形式变为：$U = f(\lambda^{\alpha}x^{\beta}, y)$。$\beta$ 相对 α 越大说明数量在消费过程中发挥更大的作用，α 相对 β 越大说明质量在提高效用方面发挥更大的作用。对于质量同质性特征较为明显的商品而言，消费者主要通过数量提高效用，因此这一类商品的效用函数往往满足 $\beta > \alpha$。对于质量异质特征明显的商品而言，消费质量的提高给消费者带来效用的改变比消费数量的影响更明显，因此这一类商品的效用函数往往满足 $\alpha > \beta$，如表 4 – 1 所示。

表 4 – 1 数量与质量之间的替代关系

相对重要性	α、β 相对大小	同一时点	不同时点
数量相对重要	$\beta > \alpha$	价格竞争型的同质商品	新产品刚出现，或者技术集成较低
质量相对重要	$\alpha > \beta$	质量竞争型的异质商品	上市时间长，或者技术集成度高
完全替代	$\alpha = \beta$	质量主要体现为产品寿命的异质商品	体现质量的指标没有改变

消费者有关 x、λ、y 的消费决策选择可描述如下：

$$\max_{x,\lambda,y} U = f(\lambda^{\alpha}x^{\beta}, y) \qquad (4-5)$$

$$s.t. \quad p_X(\lambda)x + p_Y y = E \qquad (4-6)$$

构建拉格朗日函数，对 x、λ 的一阶导数条件联立可以得到：

$$(dp_X/p_X)/(d\lambda/\lambda) = \alpha/\beta \qquad (4-7)$$

$(dp_X/p_X)/(d\lambda/\lambda)$ 作为质量异质商品需求价格的质量等级弹性。其经济含义是，商品的质量等级上升 1%，消费者愿意支付的价格上升 α/β 个百分点。通过 α 和 β 的相对取值大小可以恰当描述同一种商品的质量和

数量在消费者效用中的相对重要性，因此与现实情形更为吻合。

从消费选择决策的角度，上述分析过程可以解释为：最优消费状态下，增加质量消费 $\alpha(d\lambda/\lambda)$，减少数量消费 $\beta(dx/x)$，数量消费减少节约的支出 $\beta(dp_X/p_X)$ 恰好可以用于质量消费的增加；反之则反是。

（三）价格与消费支出内生

消费者变得更富有以后往往会选择消费升级，这主要表现为购买更高质量等级的商品。于是，消费支出 E 会增加。消费支出 E 的变化很明显和消费质量升级有关，即 $E = E(\lambda)$。考虑质量异质商品 X 价格的内生性、消费支出 E 的内生性，消费者有关 x、λ、y、E 的消费决策选择可描述如下：

$$\max_{x,\lambda,y} U = f(\lambda^{\alpha} x^{\beta},\ y) \tag{4-8}$$

$$s.t.\ \ p_X(\lambda)x + p_Y y = E(\lambda) \tag{4-9}$$

构建拉格朗日函数，对 x、λ 的一阶导数条件联立可以得到：

$$\frac{\dfrac{dE}{E}}{\dfrac{d\lambda}{\lambda}} = \left[\frac{\dfrac{dp_X}{p_X}}{\dfrac{d\lambda}{\lambda}} - \frac{\alpha}{\beta}\right] \times \frac{xp_X}{E} \tag{4-10}$$

$(dE/E)/(d\lambda/\lambda)$ 表示消费支出变化的商品质量等级弹性；$(dp_X/p_X)/(d\lambda/\lambda)$ 表示质量异质商品消费价格变化的商品质量等级弹性；α/β 衡量在消费升级前异质商品的质量和数量在消费中的相对重要性；xp_X/E 是质量异质商品消费支出在消费总支出中所占的比重。上述理论分析结论可以解释如下：

（1）质量异质商品价格的商品质量等级弹性越大，消费者进行消费升级时总消费支出增加越明显 $[(dp_X/p_X)/(d\lambda/\lambda)\uparrow \to (dE/E)/(d\lambda/\lambda)\uparrow]$。

（2）消费升级前，如果消费者购买的质量异质商品质量等级较低，消费者进行消费升级时总消费支出增加越明显 $[\alpha/\beta\downarrow \to (dE/E)/(d\lambda/\lambda)\uparrow]$。

（3）质量异质商品消费支出在消费总支出中所占的比重越高，消费者进行消费升级时总消费支出增加越明显 $[xp_X/E\uparrow \to (dE/E)/(d\lambda/\lambda)\uparrow]$。

二、测度方法与测度指标

（一）企业产出的微观质量指标

与以出口产品质量为主要研究对象的文献有所不同，本章侧重研究工业企业的产出质量水平，因此以企业产出整体作为研究对象。皮凯蒂和赛斯（Piketty & Saez，2006）利用美国政府提供的税收数据反推出美国的居民收入，由此研究收入不平等的问题。借鉴皮凯蒂和赛斯（Piketty & Saez，2006）的研究思路，结合我国工业企业统计数据的指标构成，我们根据企业不含税的售货价款、含税购货价款、进项税、销项税等财务会计指标，较为准确、合理地推算出企业在特定年份内净产出占投入相对比重的测度指标以衡量企业总体产出质量状况。在相关指标的财务会计含义基础上，该指标定义如式（4-11）所示，其示意如图4-2所示。

$$\mathrm{Qual} \equiv \frac{P_O - (P_I - T_I)}{P_I - T_I} \qquad (4-11)$$

P_I 是含税购货价款，即企业购进货物所支付的货款。T_I 是进项税额。

$T_I = \dfrac{P_I t_I}{1 + t_I}$，$t_I$ 为进项税的增值税税率。销项税额 $T_O = P_O t_O$，P_O 是不含税的售货价款，即企业销售加工后货物所收到的货款。t_O 是销项税的增值税税率。增值税税额 $\Delta T = T_O - T_I$。

图4-2 企业产出质量指标测算

将进项税额和销项税额代入增值税额表达式，得到含税购货价格的函数表达式（4-12）。

$$P_I = (P_0 t_0 - \Delta T) \times \frac{1 + t_I}{t_I} \qquad (4-12)$$

由进项税额得到不含税的购货价款 $P_I - T_I = P_I / (1 + t_I) = (P_0 t_0 - \Delta T)/t_I$，将 $P_I - T_I$ 和含税购货价格的函数表达式代入定义式（4-11）得到产出质量指标的推论形式（4-13），作为后文实证研究测度企业产出质量等级的依据。

$$Qual = \frac{P_0 t_I}{P_0 t_0 - \Delta T} - 1 \qquad (4-13)$$

（二）出口产品质量指标

出口产品的质量水平被认为是一个国家或地区经济发展水平的重要标志，也标志着一个国家或地区的产业和企业在国际市场上的竞争力（余淼杰和张睿，2017）。在以往相关的文献研究中，出现了四种测算产品质量的代表方法：单价法、特定产品特征法、需求信息回归推断法（Khandelwal et al.，2013）、供给需求信息加总测算法（Feenstra & Romalis，2014）。

许多学者对中国出口产品质量做了测度和分析，得到的结论却不尽相同。施炳展（2013）、施炳展和邵文波（2014）发现中国企业出口产品质量在2000~2006年呈上升趋势；李坤望等（2014）的研究却得到了相反结论；张杰等（2014）则发现中国出口产品质量在2000~2006年呈现先降后升的"U"形走势。

借鉴上述学者的研究思路，本章以整体外部市场作为研究对象，用不变替代弹性条件下的质量异质商品效用函数来描述第i种商品的出口规模 x_i、产品质量 λ_i 与外部市场效用水平 "U" 之间的函数关系。支出约束条件下效用最大化表述为式（4-14）和式（4-15）：

$$\max U = \left[\sum (\lambda_i x_i)^{\frac{\sigma-1}{\sigma}} \right]^{\frac{\sigma}{\sigma-1}} \qquad (4-14)$$

$$\text{s. t.} \quad \sum p_i x_i = E \qquad (4-15)$$

其中，p_i 表示商品i的出口价格，E表示外部市场购买商品i的总体支出，

$i \in \Omega$，Ω 表示质量异质产品集合。效用函数在约束条件下一阶条件求解并进一步整理得到：

$$x_i = \frac{1}{p_i} \left(\frac{\lambda_i}{p_i} \right)^{\sigma-1} \frac{E}{P} \qquad (4-16)$$

其中，$P \equiv \sum (p_i / \lambda_i)^{1-\sigma}$，$P$ 为质量异质产品价格指数。对式（4-16）两端取自然对数得到：

$$\ln x_i = \ln E - \ln P - \sigma \ln p_i + (\sigma-1) \ln \lambda_i \qquad (4-17)$$

本书在实证研究中将第 t 年向外部市场出口产品 i 作为研究的样本个体，理论分析中的 x_i 在实证研究中用产品 i 的出口数量 exp_qua_{it} 衡量，p_i 在实证研究中用产品 i 的出口平均价格 exp_pri_{it} 衡量，$\ln E$ 作为外部市场特征、$\ln P$ 作为质量异质产品价格指数在实证研究中用时间固定效应加以控制。衡量出口产品质量的变量 $\ln \lambda_i$ 在实证研究中作为残差项处理（施炳展和曾祥菲，2015），进一步考虑到不同年份的出口规模、产品质量、外部市场特征、质量异质产品价格指数等变量随时间的变化特征后引入时间下标 t，$\ln \lambda_{it}$ 可表示为 $(\sigma-1) \ln \lambda_{it} = \ln x_{it} - (\ln E_t - \ln P_t) + \sigma \ln p_{it}$。在面板数据实证研究中 $(\sigma-1) \ln \lambda_{it}$ 为个体随时间而改变的扰动项 e_{it}。需求信息回归推断法对其经济含义的解释是，给定价格 p_{it}、目标市场支出规模 E_t、总体价格指数 P_t 等因素的条件下，在 t 年出口的商品 i 出口量越大则质量越好。

回归估计后得到第 i 类产品在第 t 年出口的产品质量估计值 $\hat{e}_{it}$。后文的经验数据处理方便起见，令 $\hat{e}_{it} = qual_{it}$。根据式（4-18）把 $qual_{it}$ 标准化处理，得到第 i 类产品在特定时期内的相对质量指标 $cqual_{it}$：

$$cqual_{it} = \frac{qual_{it} - \min_t \{qual_{it}\}}{\max_t \{qual_{it}\} - \min_t \{qual_{it}\}} \qquad (4-18)$$

以第 i 类产品在第 t 年的出口规模 exp_vol_{it} 在该年份出口总规模 $\sum exp\_vol_{it}$ 中所占比重为权重，根据式（4-19）计算第 t 年出口商品的整体质量 $acqual_t$。

$$\mathrm{acqual}_t = \sum_i \left(\frac{\mathrm{exp\_vol}_{it}}{\sum_i \mathrm{exp\_vol}_{it}} \times \mathrm{cqual}_{it} \right) \qquad (4-19)$$

第二节　事实描述与统计分析

以山东省为例，从经济质量效益的角度，本章节拟测算中国加入 WTO 以来前 16 年的出口产品质量，分析其总体走势、变化特征及变化规律。

一、数据整理与清洗

本章节实证研究的经验数据来自国研网国际贸易数据库，所研究的出口质量的贸易数据涵盖从第四类到第二十二类、第 16 章到第 99 章的四位码商品，共 1104 个个体，时间跨度从 2002 年到 2017 年。以 2017 年为例，1104 个四位码商品的出口额为 1465.67 亿美元，占 2017 年总出口的 99.3%①。2002～2017 年的时间跨度涵盖了中国加入世界贸易组织（WTO）后关税减让和市场对外开放的最初阶段，涵盖了 2008 年国际金融危机后外部环境的变化与广东、江苏、浙江等国内主要省份产业转型升级的阶段。因此，在本书所选的个体集合与样本区间可以结合国内外环境为深入地分析出口产品的质量变化提供准确的资料支撑。

先对原始数据浏览观察，初步发现个别样本存在变量数值缺失和重复值现象。通过计算商品出口价格和出口规模的变化率，以该指标为标准，通过比较发现存在较为明显的奇异样本。就商品的出口数量与出口价格这两个变量的变动而言，如果某一年份的出口数量和出口价格是上一年的 10

①　山东省 2017 年的货物出口总额 9965.4 亿元，该数据来自《2017 年山东省国民经济和社会发展统计公报》，2017 年人民币兑美元汇率年平均价是 1 美元 = 6.7518 元，汇率数据来自国家统计局网站。

倍以上或者0.1倍以下，本书认为其增长或下降超出了合理的变化范围，将该年度的数据视为奇异值。结合前文的分析对样本数据进行清洗处理，处理过程和处理后剩余的样本数量和个体数量如表4-2所示。

表4-2　　　　　　　　　　　数据清洗与处理

步骤	样本剔除与保留	样本数量	个体数量
1	2002~2017年商品贸易方式的堆栈数据	348053	1104
2	将贸易方式reshape后面板数据的观测值	17233	1104
3	剔除贸易数量和贸易金额数据重复值、缺失值后的观测值	15866	1104
4	保留2002~2017年均有统计数据的个体以得到均衡面板	12944	809
5	一般贸易方式剔除奇异样本后的观测值	15374	1072
6	来料加工贸易方式剔除奇异样本后的观测值	5656	670
7	进料加工贸易方式剔除奇异样本后的观测值	8475	811

二、整体出口质量

通过对代表性产品的出口质量初步估计结果发现，2008年的金融危机对估计结果残差项的影响出现在2009年的估计结果中。因此在实证方程中加入年份虚拟变量控制金融危机的突变影响。

以出口金额比重作为权重，计算平衡面板数据集合内所有商品出口质量的加权平均值，如图4-3（a）所示。考虑到出口规模变化幅度较大的商品可能会影响到估计结果的稳健性，因此进一步以出口金额比重作为权重，计算平衡面板数据集合内出口规模变化较小的（0.1~10）所有商品出口质量的加权平均值，如图4-3（b）所示。混合估计结果显示，2008年之前产品出口总体质量呈上升趋势，2008年、2009年出现明显下降，2010年之后产品出口总体质量又呈现上升趋势。

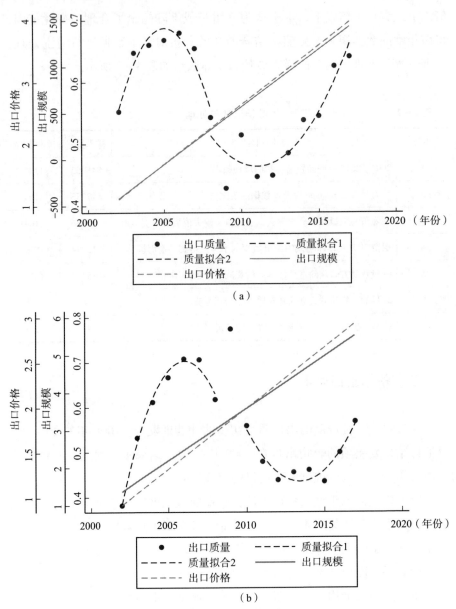

（a）

（b）

图 4 - 3 2000～2020 年出口产品整体质量变化趋势

资料来源：数据是根据国研网国际贸易数据库数据计算所得。

进一步控制商品种类的个体固定效应、时间固定效应，分别用面板数据的个体固定效应模型、双固定效应模型和随机系数模型进行估计，不同年份出口产品质量总体指标的散点图和变动趋势的拟合曲线如图 4 - 4 （a）所示。

估计结果显示，运用不同模型的估计结果呈现的变动趋势变化较大。个体固定效应估计结果呈总体增加趋势；双固定效应模型和随机系数模型的估计结果呈明显的波动变化，总体提升并不明显。考虑到时间固定效应会低估出口产品质量的变化趋势，因此个体固定效应模型估计结果可能更接近产品出口质量总体变化的实际情况。

图 4 - 4 （b）描述了个体固定效应模型的出口质量估计结果、出口价格、出口规模三者的变化趋势。2010 ~ 2013 年出口平均价格和出口都出现了明显上涨，之后则明显下降。

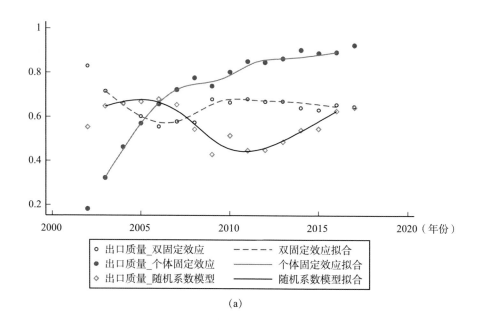

（a）

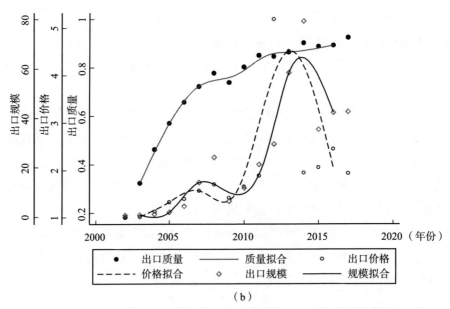

（b）

图 4 - 4　2000 ~ 2020 年基于不同面板数据模型估计得到的出口产品整体质量变化趋势

　　面板数据模型的选择遵循如下法则与步骤：在固定效应模型的估计结果基础上通过 F 检验确定估计模型在固定效应模型和混合估计模型之间的选择；用豪斯曼检验和过度识别检验确定在固定效应模型和随机效应模型之间的选择；在双固定效应和个体固定效应估计结果基础上用 LR 检验诊断时间固定效应的显著性。对于整体出口经验数据的估计，通过上述法则与步骤最终选择双固定效应模型进行出口质量的残差估计。

　　基于式（4 - 19）得到 2002 ~ 2017 年整体出口质量变化趋势如图 4 - 5（a）所示。拟合直线斜率为 - 0.0029，t 值为 - 0.82，2002 ~ 2017 年整体出口质量并没有明显改善，实际上这段时期整体出口质量平均每年下降了 1.02%。中国加入 WTO 后有近 4000 种重要税目的基础税率采用最惠国税率，这些税目的平均税率在加入时为 17.3%，到 2005 年下降到 10%，2010 年进一步下降到 9.8%；工业品平均税率从 2002 年的 11.7% 下降到 2005 年的 9.5%，2010 年进一步下降到 8.9%。总体来看，关税和非关税贸易壁垒的降低所带来的外部市场竞争并没有促进出口产品质量的提升。

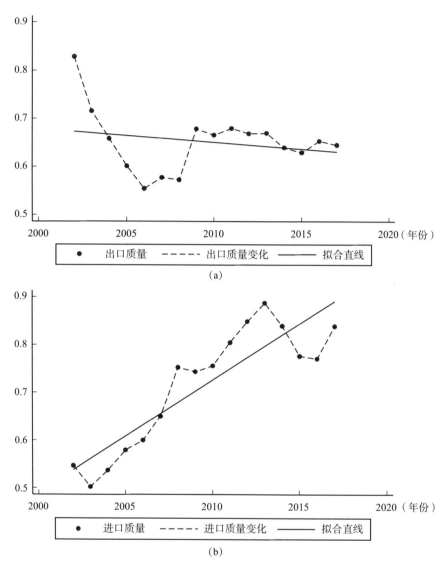

图 4－5　**2000～2020 年商品整体出口质量、进口质量变化**

本书将 2002～2017 年划分为三个阶段考察，即 2002～2005 年、2006～2010 年、2011～2017 年，这三个阶段分别对应"十五""十一五""十二五"及"十三五"初期。加入 WTO 后关税和非关税壁垒快速减让的几年内，出口产品质量以年均 10. 16% 的速度快速下降。2006～2010 年是加入 WTO 后出口产品质量相对快速上涨的几年，年均上涨 4.65%。进入"十二五"以后，出口质量以年均 0.86% 的速度缓慢下降。不同阶段进出口整体质量年均增速如表 4-3 所示。

表 4-3   2002~2017 年进出口整体质量年均增速

项目	2002~2017 年	2002~2005 年	2006~2010 年	2011~2017 年
出口质量增速	-1.02%	-10.16%	4.65%	-0.86%
进口质量增速	3.19%	1.95%	5.94%	0.69%

注：2002~2017 年的进出口整体质量年均增速的计算方法如下：考虑到整体波动性，以 2002 年、2003 年和 2004 年的整体进出口质量均值分别作为进出口总体质量的期初值，以 2015 年、2016 年和 2017 年的整体进出口质量均值作为期末值，计算期初值和期末值之间 13 年的年均增速。

选择总体进口质量的变化作对比，用同样的方法得到的整体进口质量变化如图 4-5（b）所示，2002~2017 年进口产品质量以年均 3.19% 的速度增长，并且在 2011 年以前增长较为明显。

第三节   贸易方式、技术密集度与出口质量

一、不同贸易方式的出口产品质量

一般贸易一直是最主要的贸易方式，2002 年一般贸易出口规模为 94.7 亿美元，2017 年增长到 936 亿美元。进料加工贸易规模始终排在第二位，2002 年进料加工贸易出口规模为 62.1 亿美元，2017 年增长到 407 亿美元。来料加工装配贸易规模则排在第二位，2002 年来料加工装配贸易出口规模为 32 亿美元，2017 年增长到 65.2 亿美元。2017 年这三种贸易

方式的出口规模占到总出口的 95.8%。^① 2002～2017 年不同贸易方式的出口规模变化如图 4 − 6（a）所示。在本节所研究的这 16 年间，出口规模增长最明显的是一般贸易，一般贸易出口规模所占总出口比重从 2002 年的 49.84% 增长到 2017 年的 63.67%。加工贸易比重出现了不同程度下降，进料加工贸易比重从 2002 年的 32.68% 下降到 2017 年的 27.69%，来料加工装配贸易比重从 2002 年的 16.84% 下降到 2017 年的 4.44%。三种主要贸易方式中，一般贸易出口平均每年增长 16.5%，快于总出口 14.61% 的增速；而进料加工装配平均每年增长 13.35%，来料加工贸易平均每年增长 4.86%，加工贸易增速慢于总出口。

所考察的 5 种贸易方式中只有占比重最高的一般贸易方式的出口质量出现了小幅下降，平均每年下降 0.76%，其他 4 种贸易方式的出口质量均出现不同程度的上涨，并且加工贸易的出口质量上涨通过了显著性检验，进料加工比来料加工上涨明显，如图 4 − 7（a）所示。

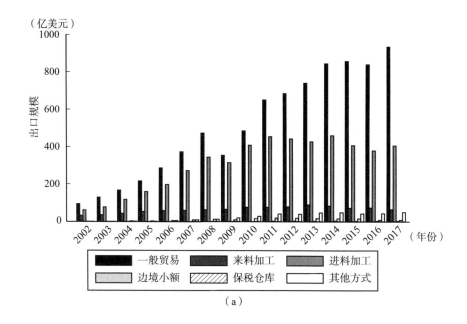

（a）

---

①　数据是根据国研网国际贸易数据库数据计算所得。下同。

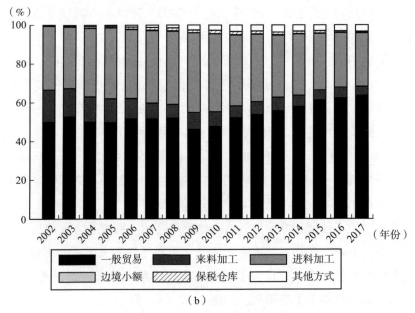

（b）

图 4－6　2002～2017 年不同贸易方式的出口规模、出口比重

资料来源：数据是根据国研网国际贸易数据库数据计算所得。

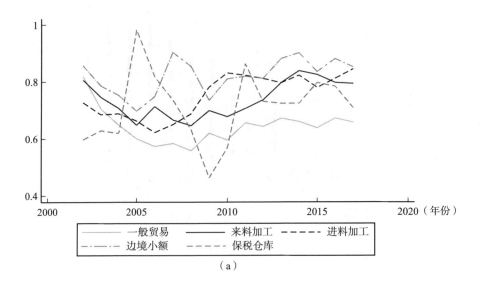

（a）

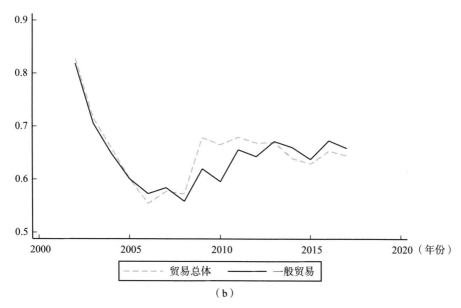

（b）

图 4 – 7 2000～2020 年不同贸易方式的出口质量变化

分阶段来看，在市场开放较快的 2002～2005 年，3 种主要贸易方式的产品出口质量均出现下降，一般贸易年均下降 9.81%，进料加工下降 3.04%，来料加工下降 7.01%。"十一五"期间，占出口比重最高的一般贸易和进料加工出口质量都出现上涨，进料加工年均上涨 7.49%，一般贸易年均仅上涨 0.97%。"十二五"和"十三五"前两年，一般贸易年均仅上涨 0.08%，进料加工年均上涨 0.44%，来料加工年均上涨 1.98%，如表 4 –4 所示。

表 4 –4 2000～2017 年不同贸易方式出口质量年均增速与拟合直线斜率

	2002～2017 年	2002～2005 年	2006～2010 年	2011～2017 年	拟合直线斜率
一般贸易	– 0.76%	– 9.81%	0.97%	0.08%	– 0.0017（– 0.50）
来料加工	0.52%	– 7.01%	– 1.27%	1.98%	0.0068（2.17）
进料加工	1.15%	– 3.04%	7.49%	0.44%	0.0123（4.67）
边境小额	0.53%	– 6.68%	2.04%	0.64%	0.0064（2.10）
保税仓库	1.67%	18.03%	– 8.72%	– 3.24%	0.0050（0.72）

注：2002～2017 年的不同贸易方式出口质量年均增速的计算方法与上文相同。括号中为 t 值。

二、不同技术含量产品的出口质量

本书研究的产品质量主要沿着同一种产品在不同时期变化的时间维度，试图揭示产品质量升级的走向与差异。从进出口的角度研究产业升级的国内外文献相当一部分主要集中在进出口产品的技术结构调整这一领域。拉尔（Lall，2000）对产品技术特征的分类方式被很多文献所采用，杨汝岱（2008）进一步把初级产品和资源性产品归纳为资源密集型产品。结合本书的研究对象特征，我们把所研究的 1104 个四位码商品分为资源密集型、低技术、中技术和高技术四类，分类口径与拉尔（Lall，2000）、杨汝岱（2008）一致。

2002 年低技术和中技术两类产品出口占到总出口的 76.3%，2017 年为 78.5%。2006 年以前低技术产品出口规模高于中技术产品，2006 年以后中技术出口规模超过低技术产品。不同技术类型产品的出口规模与出口比重变化如图 4-8 所示。2008 年的金融危机造成了四类产品出口规模的不同幅度下降，其中中技术产品下降了 21%，下降最为明显，低技术产品下降了 16%。[①] 通过分析不同技术类型产品的出口规模与出口比重变化，不难发现以下特征：（1）出口以中技术产品和低技术产品为主；（2）中技术产品出口比重和出口增速都高于其他三类产品；（3）国际金融危机后高技术产品出口增长缓慢，最近几年出口规模出现下降趋势。

如图 4-9 所示，四类技术商品中只有中技术产品的出口质量出现了明显上涨，2002~2017 年平均每年上涨 0.66%，并且这一变化趋势通过了显著性检验，拟合直线斜率的 t 值为 2.55。资源密集型产品、低技术产品和高技术产品的出口质量略有下降，但是总体下降趋势不明显。因此，前文得到的中技术产品相比较其他三类产品出口上涨较快的现象，可以解释为中技术产品出口质量相对较明显的改善，提高了这类产品的出口竞争力和出口比重。

---

① 数据是根据国研网国际贸易数据库数据计算所得。

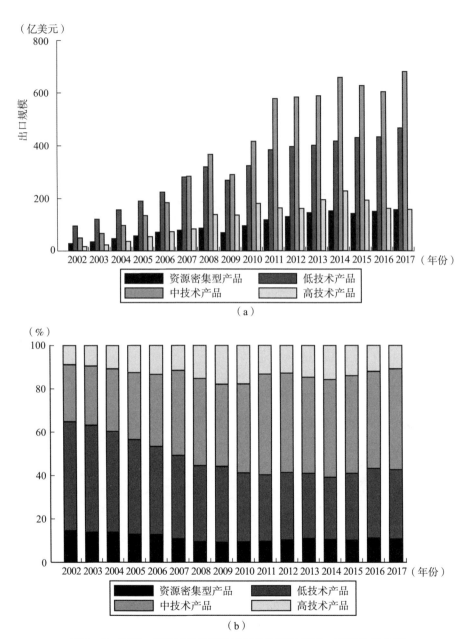

图 4 - 8   2002 ~ 2017 年不同技术产品的出口规模、出口比重变化

资料来源：数据是根据国研网国际贸易数据库数据计算所得。

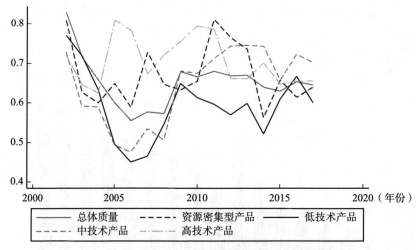

图 4-9　2000~2020 年不同技术产品的出口质量变化

中技术和高技术产品不同贸易方式的出口质量变化如图 4-10 所示。中技术产品出口质量在 2008 年金融危机之前出现了明显下降，一般贸易方式出口质量下降快于加工贸易。2008 年金融危机之后中技术产品出口质

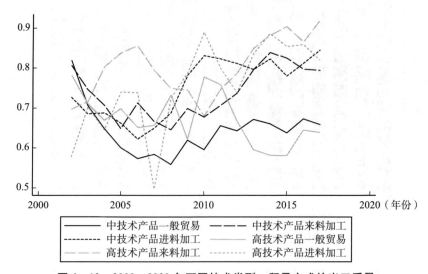

图 4-10　2000~2020 年不同技术类型、贸易方式的出口质量

量出现了上升，加工贸易方式出口质量高于一般贸易。高技术产品不同贸易方式的出口质量变化在"十二五"期间表现出截然相反的两种趋势。具体而言，高技术产品一般贸易方式的出口质量明显下降，加工贸易方式的出口质量则显著提升。总体而言，2008 年金融危机对中技术产品不同贸易方式出口质量变化趋势的影响都非常明显，"十二五"时期高技术产品的一般贸易和加工贸易在出口质量方面表现出截然相反的趋势。

分阶段而言，在市场开放较快的 2002 ～ 2005 年，中技术产品和低技术产品的出口质量平均每年分别下降 12.21% 和 13.65%，快于整体出口质量的下降。高技术产品出口质量反而出现了改善。"十一五"期间，出口的这四类商品其出口质量均出现了不同程度的上涨，年均增速最快的是中技术产品，平均每年增长 9.12%，其次是低技术产品，平均每年增长 8%。"十二五"和"十三五"前两年，只有低技术产品出口质量出现小幅上涨，其他三类均出现不同程度下降，资源密集型产品和高技术产品下降较为明显，如表 4 - 5 所示。

表 4 - 5　　　　　　不同技术产品出口质量年均增速与拟合直线斜率

	2002 ～ 2017 年	2002 ～ 2005 年	2006 ～ 2010 年	2011 ～ 2017 年	拟合直线斜率
总体质量	- 1.02%	- 10.16%	4.65%	- 0.86%	- 0.0029（ - 0.82）
资源密集	- 0.49%	- 7.07%	2.70%	- 3.87%	- 0.0017（ - 0.39）
低技术	- 0.95%	- 13.65%	8.00%	0.10%	- 0.0023（ - 0.49）
中技术	0.66%	- 12.21%	9.12%	- 0.26%	0.0115（2.55）
高技术	- 0.14%	3.90%	0.39%	- 2.97%	- 0.0034（ - 1.01）

注：2002 ～ 2017 年的不同技术产品出口质量年均增速的计算方法如上文相同。括号中为 t 值。

中技术产品和高技术产品在新旧动能转换重大工程实施中更加重要。就出口规模而言，中技术产品出口增速最快并且占到出口的半壁江山，而高技术产品出口近几年不增反降。就出口的产品质量而言，"十二五"期间和"十三五"前两年中技术产品和高技术产品出口质量均出现不同程度下降。中技术产品和高技术产品通过哪些贸易方式实现了出口质量的提升？哪些贸易方式的出口质量出现了下降呢？

进一步分类的估计结果表明，一般贸易方式出口的中技术产品质量和高技术产品质量都出现了不同程度的下降，一般贸易方式出口的中技术产品质量平均每年下降 0.75%，高技术产品质量平均每年下降 1.13%。然而加工贸易方式出口的这两类产品质量都出现了不同程度的改善，并且加工贸易的出口质量提升都较为显著。分阶段来看，在市场开放较快的 2002 ~ 2005 年，一般贸易方式出口的这两类产品质量都出现明显下降，中技术产品平均每年下降 9.81%，高技术产品平均每年下降 3.7%。"十二五"期间和"十三五"前两年，一般贸易方式出口的中技术产品质量没有出现明显上涨，而一般贸易方式出口的高技术产品质量则以 2.83% 的速度下降。"十二五"期间一般贸易方式出口的高技术产品质量下降最为明显，"十三五"前两年出现了小幅上涨，但是质量水平明显低于加工贸易，如表 4 - 6 所示。

表 4 - 6　　　　2002 ~ 2017 年不同技术类型、贸易方式的产品出口
质量年均增速与拟合直线斜率

	2002 ~ 2017 年	2002 ~ 2005 年	2006 ~ 2010 年	2011 ~ 2017 年	拟合直线斜率
中技术、一般贸易	- 0.75%	- 9.81%	0.97%	0.08%	- 0.0017（- 0.50）
中技术、来料加工	0.52%	- 7.01%	- 1.26%	1.98%	0.0068（2.17）
中技术、进料加工	1.15%	- 3.04%	7.49%	0.44%	0.0123（4.67）
高技术、一般贸易	- 1.13%	- 3.70%	4.54%	- 2.83%	- 0.0075（- 2.46）
高技术、来料加工	1.50%	6.32%	- 5.60%	3.51%	0.0098（2.97）
高技术、进料加工	2.13%	8.61%	4.77%	0.41%	0.0169（3.95）

注：2002 ~ 2017 年的不同技术产品出口质量年均增速的计算方法与上文相同。括号中为 t 值。

用同一类产品的一般贸易出口质量分别除以两类加工贸易的出口质

量，以分析一般贸易出口质量与加工贸易出口质量的相对差距。2002～
2017 年中技术产品、高技术产品的两种贸易模式出口质量差距的变化如
图 4 – 11 所示，三个时期均值差距的变化如图 4 – 12 所示。总体来看，
一般贸易出口质量与加工贸易出口质量的差距在所考察的时期内在加
大。加入 WTO 初期，两类出口方式的质量水平非常接近。到 2017 年，
中技术产品和高技术产品一般贸易出口的质量水平仅是各自进料加工出
口质量水平的 78%。

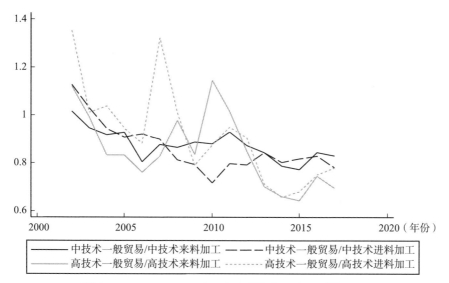

图 4 – 11　2000～2020 年一般贸易与加工贸易质量之比

平均而言，2002～2005 年中技术产品一般贸易出口的质量水平与进料
加工出口质量水平相当，2006～2010 年前者是后者的 83%，2011～2017
年进一步下降到 81%。2002～2005 年高技术产品一般贸易出口的质量水
平是进料加工出口质量水平的 1.09 倍，2006～2010 年基本相当，2011～
2017 年进一步下降到 78%。也就说，中技术产品和高技术产品的一般贸
易出口质量都低于加工贸易，但是高技术产品的差距更大。

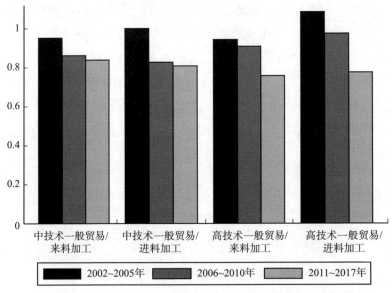

图 4 - 12　2002 ~ 2017 年一般贸易与加工贸易质量之比的均值

三、出口产品质量快速下降的原因

综合前文的分析不难发现，出口产品的总体质量在 2002 ~ 2006 年呈快速下降趋势，低技术产品和中技术产品主导着这种变化趋势。接下来首先选择中技术产品分析出口产品的总体质量在 2002 ~ 2006 年快速下降的原因。

采用分类回归的方法，将 477 种四位码商品分为 3 类：产品质量明显提高的商品、明显下降的商品和基本保持不变的商品，对应的四位码商品种类分别为 57 类、105 类和 315 类。2002 ~ 2006 年出口质量下降的商品种类所占比重为 22.01%，出口质量上升的商品种类仅占 11.95%。57 类出口质量明显提升的商品出口金额所占中技术产品出口金额的比重，从 2002 年的 2.92% 增加到 2006 年的 12.38%，105 类出口质量明显下降的商品出口金额比重从 2002 年的 51.59% 下降到 2006 年的 30.78%。在这期间，尽管质量下降的 105 类商品出口金额比重有所下降，但是仍然明显高于质量提升的 57 类商品出口金额比重，因此质量下降的 105 类商品主导着中技术产品整体的出口质量变化，如表 4 - 7 所示。

表 4 - 7　　　　　　2002 ~ 2006 年中技术产品的统计指标

指标		质量提升	质量下跌	质量不变
产品种类		57	105	315
年均变化幅度		0.1562 (27.65) ***	- 0.1345 (- 38.35) ***	0.0037 (0.83)
质量均值		0.0312	0.3044	0.2404
质量加权平均		0.3403	0.7124	0.4606
质量加权最大值		0.6622	0.9828	0.5075
质量加权最小值		0.0083	0.4739	0.4261
质量加权标准差		0.2418	0.1802	0.0314
50% 分位数		0.3604	0.5024	—
25% 分位数		0.0846	0.5024	—
75% 分位数		0.6050	0.9156	—
50% 分位数的商品	2002 年出口比重	0.0292	0.5159	0.4549
	2003 年出口比重	0.0398	0.4626	0.4976
	2004 年出口比重	0.0615	0.4065	0.5320
	2005 年出口比重	0.0876	0.3496	0.5628
	2006 年出口比重	0.1238	0.3078	0.5684

注：*** 表示 1% 的统计显著性水平。

2002 ~ 2006 年出口质量下降的 105 类商品中出口比重较高的几种产品编码：8609、8504、8418、8716、7307。进一步选择商品代码为 8504 的商品［变压器、静止式变流器（如整流器）及电感］深入分析其出口到不同地区的商品平均价格变动，分析其以不同方式出口的商品平均价格变动。

图 4 - 13 描述了变压器、静止式变流器（如整流器）及电感（商品代码 8504）出口到不同地区的出口数量比重结构。从图 4 - 13 中不难发现，92% 以上的变压器、静止式变流器（如整流器）及电感都出口到亚洲

国家和地区，2002 年的比重高达 99.39%，2017 年依然高达 94.63%。排在第二位和第三位的分别是欧洲、拉丁美洲，2017 年的出口数量比重分别为 3.60% 和 0.98%。因此，研究变压器、静止式变流器（如整流器）及电感出口到亚洲其他国家和地区的情况基本上就代表了这种产品的总体出口情况。

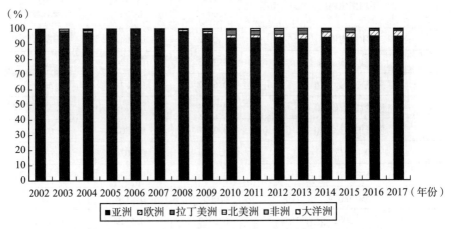

图 4-13 2002~2017 年变压器、静止式变流器（如整流器）
及电感（8504）的地区出口比重

进一步考察变压器、静止式变流器（如整流器）及电感出口到不同地区的平均出口价格变动趋势。如图 4-14 所示，总体的出口平均价格、出口到亚洲其他国家和地区的平均价格大小标识在主坐标轴，出口到欧洲和拉丁美洲平均价格的大小标识在次坐标轴。

出口到欧洲、拉丁美洲的变压器、静止式变流器（如整流器）及电感平均价格在 2008 年、2009 年前后出现了明显上涨，其主要原因可能是出口的商品结构出现了短期内的调整。整体的出口平均价格与出口到亚洲其他国家和地区的平均价格变化比较平稳，2002~2010 年呈总体上涨趋势，2011~2017 年呈总体下降趋势，2011~2013 年的下降趋势比较明显。平均价格的这种变化趋势与对其出口产品质量的估计结果一致。

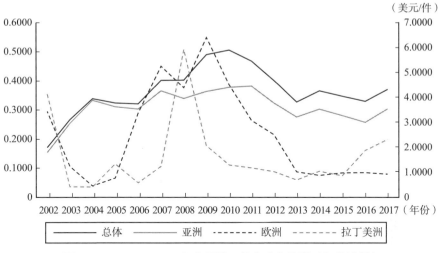

图4－14　2002～2017年变压器、静止式变流器（如整流器）

及电感（8504）的出口平均价格

接下来分不同的贸易方式研究变压器、静止式变流器（如整流器）及电感的出口数量比重。一般贸易方式、来料加工、进料加工3种主要贸易方式出口的比重及其变化如图4－15所示。一般贸易方式的数量出口比重

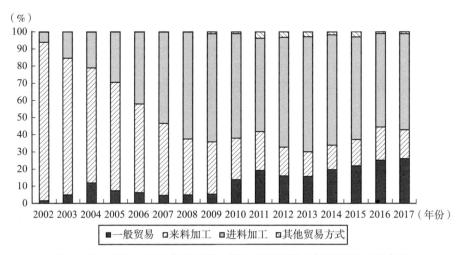

图4－15　2002～2017年变压器、静止式变流器（如整流器）及电感

（8504）的分贸易方式出口比重

呈波动上涨趋势，从 2002 年的 1.59% 上涨到 2017 年的 26.13%。来料加工贸易方式的数量出口比重呈快速下降趋势，从 2002 年的 92.31% 下降到 2017 年的 16.77%。同样作为加工贸易的进料加工贸易方式的数量出口比重则从 2002 年的 6.05% 上涨到 2017 年的 55.97%。因此，加工贸易在变压器、静止式变流器（如整流器）及电感的出口中占绝对优势。

在前文的基础上进一步研究一般贸易方式、来料加工、进料加工三种贸易方式的平均出口价格。变压器、静止式变流器（如整流器）及电感分贸易方式的平均出口价格如图 4 - 16 所示。

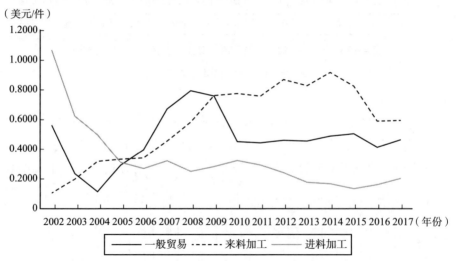

图 4 - 16　2002 ~ 2017 年变压器、静止式变流器（如整流器）
及电感不同贸易方式的出口平均价格

资料来源：数据是根据国研网国际贸易数据库数据计算而得。

一般贸易方式的平均出口价格从 2008 年最高点 0.79 美元/件下降到 2010 年的 0.45 美元/件，之后基本保持稳定。来料加工从 2002 年的 0.11 美元/件上涨到 2014 年的 0.92 美元/件，2017 年下降到 0.59 美元/件。出口数量占主导地位的进料加工贸易其平均出口价格从 2002 年的 0.62 美元/件持续下降到 2015 年的 0.13 美元/件，2016 年和 2017 年出现了小幅上涨。

前文对不同地区出口的数量比重研究结论表明，出口到亚洲的变压器、静止式变流器（如整流器）及电感占此类产品出口的比重在92%以上。接下来重点选择对亚洲出口的不同贸易方式比重、不同贸易方式平均出口价格进行研究。两类指标的变化趋势如图4-17所示。

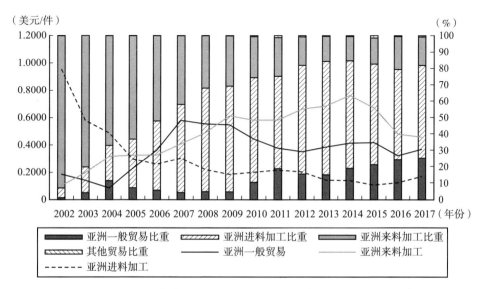

图4-17 2002~2017年出口到亚洲不同贸易方式的出口平均价格及数量比重

资料来源：数据是根据国研网国际贸易数据库数据计算而得。

一般贸易方式出口到亚洲的变压器、静止式变流器（如整流器）及电感占该类商品出口的数量比重从2002年的1.21%上涨到2017年的17.18%；平均出口价格从2002年的0.19美元/件上涨到2007年的0.58美元/件，2017年下降到0.37美元/件。

来料加工贸易方式出口到亚洲的变压器、静止式变流器（如整流器）及电感占该类商品出口的数量比重从2002年的92.86%下降到2017年的17.35%；平均出口价格从2002年的0.10美元/件上涨到2014年的0.76美元/件，2017年下降到0.46美元/件。

　　进料加工贸易方式出口到亚洲的变压器、静止式变流器（如整流器）及电感占该类商品出口的数量比重从 2002 年的 5.89% 上涨到 2017 年的 56.53%；平均出口价格从 2002 年的 0.96 美元/件下降到 2015 年的 0.11 美元/件，2017 年上涨到 0.17 美元/件。

　　考虑到欧洲大部分都是发达国家市场，因此可能与亚洲市场呈现出不同的出口特征。借鉴前文对亚洲出口的分析思路进一步研究出口到欧洲的变压器、静止式变流器（如整流器）及电感的分贸易方式的规模比重、分贸易方式的出口平均价格。两类指标的大小及变化特征如图 4-18 所示。

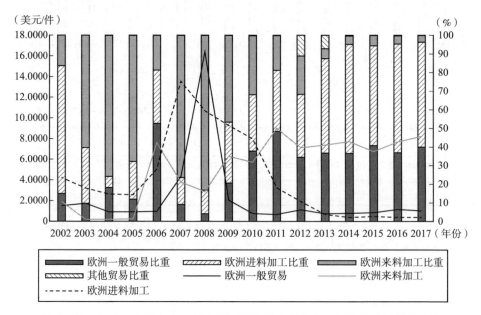

图 4-18　2002~2017 年出口到欧洲不同贸易方式的出口平均价格及数量比重

　　2008 年前后不同贸易方式的比重及平均价格变化幅度较大，但是凭理论直觉这并不是出口产品质量变化所导致的。2009 年以后两类指标的变化规律特征较为明显。一般贸易方式的出口平均价格较为平稳，这与出口到亚洲地区的特点一致；但是，以一般贸易方式出口到欧洲的比重要明显高于出口到亚洲的比重。出口到欧洲的依然以进料加工占主导，并且进料加工的平均出口价格最低。来料加工的平均出口价格基本保持稳定，但是三种主要的贸易方式中来料加工所占比重最低。

通过前文的分析不难发现，一般贸易方式、来料加工贸易方式、进料加工贸易方式中一般贸易方式的出口比重有所增加，但是来料加工贸易方式的出口比重占主导。进料加工贸易方式的出口质量基本上决定了变压器、静止式变流器（如整流器）及电感这一类商品的整体出口质量。然而，三类贸易方式的平均出口价格相比较，进料加工贸易方式的平均出口价格最低。

上述三类贸易方式中进料加工贸易方式比其他两种更容易帮助本土企业参与到全球价值链分工。因此，通过对变压器、静止式变流器（如整流器）及电感这一类商品的出口状况的深入分析，可以对出口产品质量下降的原因做出初步判断：部分本土企业参与全球价值链分工通过低端锁定效应降低了本土企业的出口产品质量。

进一步，通过2016年海关数据研究了变压器、静止式变流器（如整流器）及电感这一类商品的出口企业情况。一般贸易方式出口企业中出口频率较高的企业，查询到了青岛云路新能源有限公司。加工贸易企业中出口频率较高的企业，查询到了青岛三和电子有限公司。青岛云路新能源科技有限公司是中航工业沈阳黎明公司与青岛云路新能源科技有限公司合资的央企控股民营企业。而青岛三和电子有限公司由韩国三和电子工业株式会社于2001年兴建的一家独资企业。加工贸易领域的外资企业比本土企业更易于参与全球价值分工。

第四节　本章小结

本章首先在理论上分析了数量与质量在消费效用函数中呈现的替代与互补关系，然后构建了分别用来衡量出口产品质量、企业产出质量的两种方法。第二节从省域经济质量效益的角度，测算中国加入WTO以来的前16年间出口产品的质量，分析其总体走势、变化特征及变化规律。第三节进一步分析了不同贸易方式、不同技术密集度的产出出口质量变化趋势，并深入分析了出口产品质量变动的原因。

2002～2017 年出口的产品整体质量平均每年下降 1.02%，加入 WTO 后关税和非关税壁垒快速减让的前 4 年内出口产品质量下降较快，"十一五"期间小幅上涨，"十二五"及"十三五"前两年缓慢下降。一般贸易方式出口的产品质量平均每年下降 0.76%，其他贸易方式的出口质量均出现不同程度的上涨，加工贸易的出口质量上涨显著，其中进料加工出口质量上涨尤为明显。加入 WTO 后市场开放的冲击下，一般贸易和加工贸易方式的产品出口质量均出现下降，一般贸易年均下降幅度更大。"十一五"期间一般贸易和进料加工出口质量都出现上涨，后者上涨明显。"十二五"和"十三五"前两年，一般贸易出口质量几乎保持不变，进料加工年均仅上涨 0.44%，来料加工年均上涨 1.98%。

在这 16 年间，资源密集型、低技术型、中技术型和高技术型等四类商品中只有中技术产品的出口质量出现了明显上涨。在市场开放较快的 2002～2005 年，中技术产品和低技术产品的出口质量平均每年分别下降 12.21% 和 13.65%，快于整体出口质量的下降。"十一五"期间，这四类商品质量均出现了不同程度的上涨，中技术产品增速最快，其次是低技术产品。"十二五"和"十三五"前两年，只有低技术产品出口质量出现小幅上涨，其他三类均出现不同程度下降。

一般贸易方式出口的中技术产品和高技术产品都出现了不同程度的出口质量下降，加工贸易方式出口的中技术产品和高技术产品都出现了不同程度的出口质量上升。"十二五"期间一般贸易方式出口的高技术产品出口质量下降明显，"十三五"前两年出现了小幅上涨，但是质量水平明显低于加工贸易出口的高技术产品质量水平。

上述三类贸易方式中进料加工贸易方式比其他两种更容易帮助本土企业参与到全球价值链分工。因此，通过对出口比重较高的变压器、静止式变流器（如整流器）及电感这一类商品的出口状况进行微观分析，可以对出口产品质量下降的原因做出初步判断：部分本土企业参与全球价值链分工通过低端锁定效应降低了本土企业的出口产品质量。加工贸易领域的外资企业比本土企业更易于参与全球价值分工。

为有效利用外部市场助力新旧动能转换，山东省的出口产品质量变动的经验事实告诉我们：（1）加强在国内市场构建和完善高端制造业供应商合作网络，逐步转变经济质量升级过于依赖加工贸易以及国际市场的现实。（2）利用好国际需求的同时，将供给侧改革向深化国内、省内的上游价值链倾斜，通过高端出口带动国内尤其是省内的供应商向高端发展。（3）出台差异化产业政策，加大对高技术产品研发与生产企业的技术改造及创新发展的鼓励与扶持。（4）由省直机关选派人员组成的高质量发展服务队要深入企业了解产品升级换代和出口环节面临的制度政策障碍，切实完善相关的制度保障。（5）为重点发展行业搭建外部市场信息共享平台，为中、高技术产品生产与出口企业提供外部资源支持，帮助企业最终建立和完善国际市场风险响应机制、提高国际市场风险抵御能力。

第五章

进入期质量选择机制的
理论研究与实证检验

随着我国社会从温饱进入小康，各行业的生产呈现出越来越明显的产出质量异质特征。这也是供给侧结构性改革与经济高质量发展共同呈现的一个经济发展脉络——产出质量的改进与升级。质量改进与升级的手段是技术创新，引导质量创新方向的是市场需求。本章选择制造业领域质量异质特征最为明显的汽车行业进行理论研究，运用汽车行业外资企业进入中国市场的经验数据进行实证检验，以探寻企业进入开放市场环节质量选择的市场机制。

第一节　国内外研究现状

企业进入国际市场的方式总体上无外乎邓宁在国际生产折衷理论（OLI）分析范式中概括的许可、出口与直接投资三种方式。企业是否选择进入国际市场以及选择哪一种方式进入国际市场，既与外部的经济与市场环境有关，又与企业的技术水平、生产效率、生产与销售规模、市场定位等自身因素有关。综合已有文献对企业进入东道国市场方式的研究，单从方式选择的角度可以划分为三类。第一类是企业选择股权方式还是非股权方式进入国际市场；第二类是企业选择绿地投资的股权获取方式还是跨国并购的股权获取方式进入国际市场；第三类是在股权比重方面选择独资方式还是合资方式进入国际市场。

一、股权与非股权市场进入方式

最重要的一支文献是分析企业进入国际市场在出口、许可与直接投资三种方式之间的选择。在邓宁的 OLI 分析范式基础上，国内外学者们引入企业异质性、委托代理的信息不完全性等因素使得新研究范式更具有现实解释力。赫尔普曼等（Helpman et al.，2004）和格罗斯曼等（Grossman et al.，2006）从企业异质的角度考察跨国公司进入东道国选择出口还是直接投资。阿诺德和胡辛格（Arnold & Hussinger，2010）用德国1996～2002 年制造业数据检验了企业异质特征对企业的国际市场进入方式选择的影响。西山彻和山口（Nishiyamaa & Yamaguchi，2010）根据企业的异质性，把成功进入的企业划分为再进口企业、外商直接投资（FDI）企业、出口企业和国内企业。

奥尔登斯基（Oldenski，2009）认为对制造业的分析范式不适用于对服务业企业的国际市场进入方式选择的解释，并从任务单元的角度提出新的观点：与消费者沟通的成本与非常规任务在生产任务所占的比重是影响服务业企业选择直接投资的主要因素，基于美国经济分析局对美国跨国公司调查数据的经验研究结论支持了其观点。安东尼和卡兹（Anthony & Kaz，2018）研究了企业在国外市场上的"比邻生产"（propinquity of production）带来的生产成本不确定性与需求不确定性的交互作用对企业选择市场进入方式的影响。田存志和熊性美（2001）把出口到国际市场且由当地企业代理销售的进入方式称作契约投资，通过构建理论模型研究了信息不完全条件下企业在出口与直接投资之间进行选择的问题。契约投资是企业最初进入国际市场的方式选择之一。莫拉什（Morasch，2019）则认为，如果市场结构是寡头垄断而非垄断竞争，那么选择和当地企业建立战略联盟的进入方式比出口或者直接投资更可行。

二、绿地投资与跨国并购市场进入方式

第二支文献是从企业进入国际市场是否依托当地企业为平台的角度，研究进入方式在绿地投资（新设投资）与跨国并购之间的选择。这一类文献数量众多。玛图（Mattoo，2004）认为跨国公司在绿地投资和跨国并购之间的选择受技术转移、市场竞争等因素的影响。赫尔曼和达塔（Herrmann & Datta，2006）考察了企业 CEO 的经验对跨国并购和绿地投资两种方式之间选择的影响。邓（Deng，2006）认为中国企业的海外市场进入方式选择并购而不是绿地投资，是出于战略资源寻求的目的。杜阿尔特和苏亚雷斯（López – Duartel & Vidal – Suárez，2010）认为母国和东道国之间的文化距离、语言差异、东道国政治风险等外部不确定影响着企业的国际市场进入方式。

韩永辉等（2022）的研究结论表明，双边外交关系的增进对于中国企业跨国并购的意愿和成功率提高均有显著的促进效应，相较于联合声明和联合新闻公报，联合公报对企业并购意愿的促进效应更强，外交等级的提升对海外并购具有显著促进作用。杨栋旭和于津平（2022）运用 2005 ~ 2017 年中国企业对外投资数据研究发现，随着国际市场投资壁垒减少，中国企业更倾向于选择合资股权结构和跨国并购模式进入。李俊成和李建军（2022）认为"一带一路"倡议对企业海外投资增量的促进作用主要集中在企业的绿地投资中，但亦对现存的跨国并购项目发挥了"稳定器"的积极作用。苏二豆和薛军（2022）考察了中国企业对外直接投资模式的选择与之前中国实施大规模服务业开放政策之间的关系，计量分析表明，服务业外资开放对企业 OFDI 模式的选择效应主要体现在知识溢出吸收能力较强、地处服务业发展水平高的省份、东道国为高贸易自由度国家的企业中，服务业开放程度越大，企业跨国并购强度也越大，同时绿地投资强度越小。葛顺奇等（2022）探讨了企业知识资本和东道国技术禀赋间的交互作用，研究发现，企业知识资本越少，越倾向于进行战略性资产获取型投资，从而偏好更有效的跨国并购模式；企业知识资本越多，越注重在国

际投资中充分利用其知识资本优势，因而选择以绿地投资的模式进入海外市场。

三、独资和合资市场进入方式

这一支文献又可以分为两类，一类是企业的国际市场进入阶段的股权比重选择，另一类是企业在国际市场上经营持续期股权比重的调整。早期的研究分为两种理论观点，一种是交易成本理论，另一种是议价理论。王进猛和沈志渔（2010）根据南京地区 2003～2007 年 2108 家外资企业面板数据的经验研究得到的结论是，独资企业比合资企业的交易成本大约平均低 20%，验证了交易成本理论在跨国公司进入方式研究中的合理性。薛求知和韩冰洁（2008）运用 19 个新兴市场国家的 745 家跨国公司子公司样本数据研究发现，产业层面感知腐败程度越高企业越倾向于选择持股比例较低的进入模式，战略动机为效率导向型的企业比战略动机为市场导向的企业在股权比重选择方面对当地政府腐败程度更敏感。崔和蒋（Cui & Jiang，2009）通过对中国企业的问卷调查发现，当企业在国际市场选择全球战略、面对更为激烈的竞争、以资源寻求作为战略动机时选择独资方式，当企业以市场导向作为战略动机时选择合资进入。伯恩哈德和萨拜娜（Bernhard & Sabina，2010）的研究结论表明，跨国公司选择全部控股还是部分控股受高层管理团队的国籍多元化和国际经验的影响。林润辉等（2019）对 2003～2015 年中国企业海外并购经验数据进行研究发现，高管团队越年轻化、国际化经验水平越高、具有生产型职能背景的高管人员越多，越倾向于选择控股并购方式。

华民、蒋舒（2002）认为跨国公司在中国的发展所呈现的"独资化"趋势有其逻辑上的必然性。这一类研究还包括卢昌崇等（2003）、李维安和李宝权（2003）、沈磊等（2005）、蒋珊（2008）。

四、文献述评

以上提到的三类研究视角中，后两类是对第一类研究视角的细化，确切地说是对直接投资进入方式的进一步细化。现实情形是，即使已经通过直接投资方式进入东道国的跨国公司在以后的经营过程中仍然还会选择其他的进入方式，比如还会选择出口的方式。这种不同进入方式同时采用的情形对于产业链在国家间分割的跨国公司（既包括垂直一体化的跨国公司，又包括水平一体化的跨国公司）非常普遍。但是这种情形下，跨国公司对东道国出口的往往是中间产品，而在东道国当地投资生产的往往是最终产品（如垂直一体化的跨国公司）。然而，现实中还有一种情形跨国公司也是采用出口和直接投资混合进入的方式，这就是差异化最终产品进入海外细分目标市场的方式选择。

企业异质理论用企业生产效率的差异解释企业进入海外市场的方式选择：只服务国内市场、出口还是对外直接投资。新新贸易理论从企业异质角度解释企业的出口决策。具有代表性的文献是梅里兹（Melitz, 2003）和伯纳德等（Bernard et al., 2003）。赫尔普曼等（Helpman et al., 2004）和格罗斯曼等（Grossman et al., 2006）把新新贸易理论的企业异质视角应用到对企业选择出口还是 FDI 的解释。赫尔普曼等（Helpman et al., 2004）认为出口和 FDI 都需要投入沉没成本，FDI 的沉没成本更高，最低生产效率的企业会退出市场，随着生产效率的提高企业会依次选择只服务国内市场、出口和 FDI。赫尔普曼等（Helpman et al., 2004）基于美国企业层面数据的经验检验支持了其理论分析的结论。阿诺德和胡辛格（Arnold & Hussinger, 2010）用德国 1996~2002 年的制造业跨国公司数据进行了经验研究，其结论进一步支持了企业异质理论的观点。洪联英和罗能生（2007）使用企业异质贸易理论框架考察了中国企业国际化进程中的发展路径及其策略问题。

企业往往不是生产单一产品，而是某一大类（同一部门产品）的系列产品。即使系列产品中的某一种细分类型，往往又有款式、颜色等之划分，这一方面取决于产品本身的特征，另一方面取决于消费者的偏好。不同企业的市场定位不同，其生产的产品所属系类产品中的位置也不同，如有高端、中端、低端之分；有的企业产品范围较宽，有的企业产品范围较窄。出口还是通过直接投资当地生产最终不是对企业而言，而是针对企业生产的产品本身，这一点对于产品范围较宽的企业更为明显。因此，企业海外市场进入方式的考察需要进一步深入到产品类型的任务单元和企业的目标市场定位。鉴于此，本章从产品质量异质的角度考察企业国际市场进入方式的选择，揭示市场进入或退出的质量选择机制。

第二节　质量选择的经验事实与理论分析

一、经验事实

不同品牌、车型的汽车价格数据来源于汽车之家网站。其中大部分车型能够明确区分是否通过出口的方式进入中国市场。对于不能确定是通过出口还是直接投资（FDI）的方式进入中国市场的车型，我们通过汽车导购资讯网进一步确认其产地。为了不至于混淆，我们把外国汽车企业在中国的合资品牌作为外国品牌处理。下文提到的外国品牌是剔除自主品牌之外的所有汽车品牌，包括在中国市场的合资和独资品牌。

（一）出口还是直接投资（FDI）

汽车之家网站提供的在中国市场上可以购买到的外国品牌和自主品牌汽车共 81 种，1797 个细分车型[①]。考虑到我们研究的重点是外国企业进入中国市场的方式是通过出口还是直接投资（FDI），所以我们不考虑中国自主品牌的汽车。剔除掉自主品牌还剩下 53 个外国品牌，共 1299 个细

---

① 资料来源：汽车之家网站。

分车型。所有外国品牌车型中，价格最低的是长安铃木奥拓标准型，价格3.28万元；最高的是布嘉迪威航 16.4，价格 2500 万元。所有进口车中，价格最低的一款是铃木吉姆尼 1.3MT，价格为 13.88 万元。所有在中国生产的外国品牌车型中，价格最高的一款是一汽丰田兰德酷路泽 4.7VX – R AT，价格为 111 万元。

价格在 0 ~ 10 万元（含 10 万元）之间的外国品牌车型共 196 种，全部在中国当地生产。价格在 10 万 ~ 20 万元（含 20 万元）之间的外国品牌车型共 434 种，其中的 20 种通过出口的方式进入中国市场，出口所占比重为 4.61%。价格在 20 万 ~ 30 万元（含 30 万元）之间的外国品牌车型共 206 种，其中的 74 种通过出口进入中国市场，出口所占比重 35.92%。以 10 万元为价格区间跨度，价格在 30 万元以上的外国品牌汽车通过出口进入中国市场的车型所占比重都在 50% 以上[1]。随着价格上涨，出口所占比重呈递增的趋势。价格在 120 万元以上的外国品牌汽车全部通过出口的方式进入中国市场。在不同价格区间上的外国品牌汽车车型数量、出口车型数量如图 5 – 1 所示，其中浅灰色的柱形图表示车型数量，深灰色的柱形图表示出口的车型数量。在不同价格区间上的外国品牌汽车出口的车型所占比重如图 5 – 2 所示。

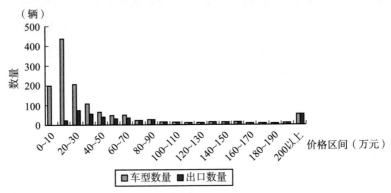

图 5 – 1　车型数量和出口的车型数量

资料来源：数据是根据汽车之家网站和汽车导购资讯网站整理、计算所得。

---

[1]　资料来源：汽车导购资讯网站。

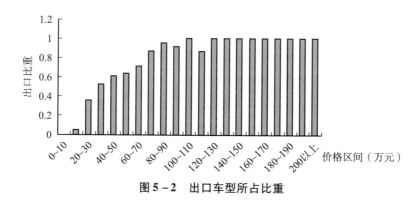

图 5 - 2　出口车型所占比重

随着汽车质量的提高，外国汽车厂商越来越倾向于通过出口的方式进入中国市场，而对于价格在 30 万元以下的汽车多数采取直接投资（FDI）的方式进入中国市场。

（二）厂商数量

中国市场上外国汽车厂商数量共 53 家（包括合资）。产品价格在 10 万元（含 10 万元）以下的外国厂家共有 17 家，这 17 家厂商全部通过 FDI 方式进入中国市场。产品价格在 10 万~20 万元（含 20 万元）之间的外国厂商共有 22 家，其中有 6 家通过出口的方式进入中国市场。产品价格在 20 万~30 万元（含 30 万元）之间的外国厂商有 29 家，这一区间的外国厂家数量最多，其中有 16 家通过出口方式进入中国市场。产品价格在 30 万~40 万元（含 40 万元）之间的外国厂商 27 家，其中 19 家通过出口进入中国市场，这一价格区间的厂商数量开始下降，但是出口厂商数量却最多。随着价格水平的上升，中国市场上外国的汽车厂商数量进一步下降，其中通过出口进入中国的外国汽车厂商数量也开始下降。随着汽车价格上升，中国市场上外国汽车厂商数量、出口厂商数量和直接投资（FDI）厂商数量变动如图 5 - 3、图 5 - 4 所示。

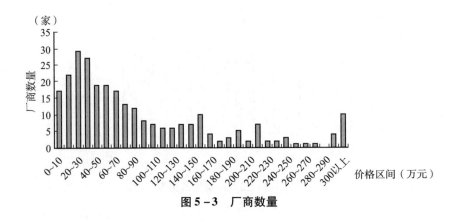

图 5 - 3　厂商数量

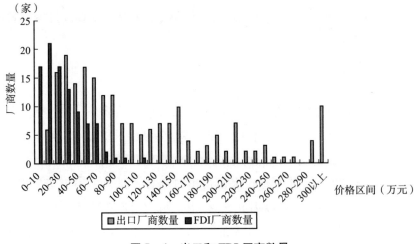

图 5 - 4　出口和 FDI 厂商数量

随着汽车价格从 3. 28 万 ~ 2500 万元增加，不论是厂商总体数量还是出口厂商数量都先上升后下降。价格在 10 万元以下的汽车厂商均选择 FDI 方式进入中国市场。价格上升到 13. 88 万元时，首先通过出口进入中国市场的是日本铃木，出口车型是铃木吉姆尼 1. 3MT。价格进一步上升，起亚、菲亚特、现代、马自达等厂商纷纷通过出口进入中国市场。同一家厂商通过直接投资（FDI）进入中国市场的同时也选择出口的方式。这种厂商的产品跨度相对较大。其中市场上售量较大、较常见的车型通过直接投资（FDI）方式在中国生产，而售量较少的车型则通过出口进入中国市场。以马自达为例，马自达6在中国当地生产，而马自达5则是通过出口进入中国。产品跨度较小的厂商选择出口的方式。以菲亚特和雷诺为例。10万～20万元之间的菲亚特只有菲亚特朋多和菲亚特领雅，两款车型均通过出口进入中国。该价格区间的雷诺车只有雷诺梅甘娜，也是选择出口的方式。对于产品跨度较大的厂商，其生产的高端轿车主要通过进口进入中国市场。如奥迪A8L、宝马6系列、宝马7系列、宝马X系列、宝马Z系列、奔驰CLK、奔驰CLS、大众辉腾、大众途锐等。这些厂商的中低端汽车主要在中国本土生产。把产品定位在高端市场的厂商只选择通过出口进入中国市场，如阿斯顿·马丁、保时捷、宾利、布嘉迪、法拉利、捷豹、兰博基尼、玛莎拉蒂、迈巴赫、威兹曼等。生产价格在50万元以上汽车的厂商绝大多数都选择出口的方式。

（三）统计分析结论

通过前文的统计分析，我们可以得出如下结论。

（1）价格较低的外国品牌汽车主要是通过直接投资（FDI）的方式进入中国市场，价格较高的外国品牌汽车主要通过出口的方式进入中国市场。

（2）在中国当地生产的外国品牌车型数量和出口到中国市场的车型数量随着价格上升都呈现出先增加后减少的趋势，当地生产的车型数量最值对应的价格小于出口车型数量最值对应的价格，也就是说前者在后者的左侧。

（3）对中国进行直接投资（FDI）的外国汽车厂商在中国主要生产价格相对较低的汽车，而对中国出口的外国汽车厂商大多都是高端汽车生产商。对于产品价格跨度较大的厂商，其低价位的汽车选择在中国当地生产，高价位的汽车选择出口的方式。

（4）中国市场上的外国汽车厂商数量主要集中在90万元以下的价格区间内，最值出现在20万～30万元之间。总体而言，高端市场上汽车厂商数量较少，中低端市场上汽车厂商数量较多。直接投资（FDI）厂商数量和出口厂商数量随着价格上升总体上均呈现出先上升后下降的趋势，前者很快衰减到 0，后者呈现出拖尾特征。前者的最值在后者最值的左侧。

二、一个理论模型

根据前面的统计分析并结合汽车行业的特点，这一部分通过构建一个理论模型从消费者异质需求的角度解释厂商的是通过出口还是通过直接投资（FDI）进入海外市场，并进一步考察影响进入方式的因素和市场均衡状态。

（一）模型假定

同一个部门的产品之间存在差异，这种差异主要表现在产品的质量上，如同一类商品有高端、中端和低端之分。不妨假设每一个部门内部不同企业之间产品质量的差异是连续的。一个潜在的厂商进入市场会降低在位厂商的市场份额，从而降低对这种产品价格的边际成本加成。可以假设第一个进入厂商的产品价格等于边际成本的加成，$p(\omega) = c/(1 - 1/\varepsilon)$。参考伯纳德等（Bernard et al., 2003），ω 表示产品的差异。c 是生产 1 单位产品的边际成本，ε 是需求的价格弹性。本书首先分析市场上只有一家厂商时该厂商进入的方式选择，对于多家厂商竞争的均衡状态本书在后文做进一步分析。假设边际成本 $c = Aq_u(\omega)$，$q_u(\omega)$ 是异质性产品的质量，A 是技术参数，设为常数。对于固定成本和贸易成本的假设与赫尔普曼等（Helpman et al., 2004）相同。如果是通过出口进入国外市场，厂商要承担两部分成本。一部分是贸易成本，假设贸易成本满足冰山成本模型，运到海外市场 1 单位的商品需要的贸易成本为 $\tau - 1$，$\tau > 1$。τ 越大说明关税、非关税壁垒和运输成本等越高。另一部分是在海外市场建立营销网络的固定成本 f_{EX}。如果是通过 FDI 进入海外市场，厂商可以节约贸易成本，但是需要承担在东道国建立工厂和营销网络的固定成本 f_I。f_I 包含两部分，一部分是工厂固定成本 f_P，另一部分是构建分销渠道的固定成本 f_{EX}。所以，$f_I > f_{EX}$。

假设消费者效用满足 C－D 效用函数形式。特定时期内一个消费者只购买一定数量的异质产品，为了方便分析，不妨假设特定时期内同时一个消费者只购买一件异质产品①。异质产品给消费者带来的效用大小不是取决于这种产品的数量，而是其质量水平，质量越好给消费者带来的效用越高。购买高质量的产品需要支付更高的价格。而其他产品是同质的，带给消费者效用的大小则取决于消费数量。效用函数满足：

$$U(q_u(\omega), X) = (q_u(\omega))^\beta X^{1-\beta} \qquad (5-1)$$

消费者的预算约束：

$$p(\omega) + p_X X = W \qquad (5-2)$$

其中，$p(\omega) = Aq_u(\omega)/(1-1/\varepsilon)$，是异质产品的价格；$p_X$、$X$ 是同质商品的价格和需求量；W 是消费者收入。

预算约束条件下的效用最大化，可得到：

$$p(\omega) = \beta W \qquad (5-3)$$

消费者的收入用于购买异质产品的部分为 βW，$0 < \beta < 1$。

消费者购买低质量还是高质量的产品受其收入水平的限制。低收入的消费者不会购买高质量的产品。同类产品对于消费者而言其基本功用是一样的，而高质量的商品能给消费者带来更大的效用，所以在高收入的消费者既能买得起低质量的产品又能买得起高质量的产品的情况下，高收入的消费者会选择购买高质量的商品。

根据帕累托的研究结论，国家的财富在人群中的分布满足幂次定律分布，即帕累托分布。数量为 n 的人口，少数人群拥有社会的多数财富。所以越是高端产品需求量越少，随着产品质量的提高其需求量逐渐减少。消费者的收入 W 的概率密度函数：

$$pr(W) = \begin{cases} 0 & \text{if } W \leqslant W_{min} \\ \dfrac{kW_{min}^k}{W^{k+1}} & \text{if } W > W_{min} \end{cases} \qquad (5-4)$$

---

① 对于像汽车一样的异质产品而言，消费者在一定时期内往往只消费一件或一定数量的产品。收入水平越高的消费者往往购买越优质的产品，而不是表现出随着收入增加对这类产品需求数量的增加。

其中，W_{min}是 n 个人中的最低收入，k 是正的分布参数，k 越大说明消费者的收入差异越大。

（二）理论模型

消费者购买异质产品的预算约束 $\beta W = p(\omega)$，所以消费者所能购买的产品质量为：

$$q_u(\omega) = \frac{(\varepsilon - 1)\beta W}{\varepsilon A} \tag{5-5}$$

对于质量水平为 $q_u(\omega)$ 的商品，其特定的目标消费群体的收入是 $W(\omega)$。便于分析，不妨假设收入在区间 $[W(\omega), W(\omega) + e]$ 的消费者都会购买质量为 $q_u(\omega)$ 的产品。e 是很小的正数，表示对于某一特定质量水平产品的目标消费者收入跨度。购买产品质量为 $q_u(\omega)$ 的消费者数量等于对这种质量水平产品的需求量 $q(\omega)$：

$$q(\omega) = n \int_{W(\omega)}^{W(\omega)+e} \frac{kW_{min}^k}{x^{k+1}} dx \tag{5-6}$$

一家厂商在出口还是直接投资（FDI）之间进行选择，主要取决于这两种方式的利润大小。

出口厂商的利润函数：

$$\pi_{EX} = p(\omega) \frac{q(\omega)}{\tau} - cq(\omega) - f_{EX} \tag{5-7}$$

对外直接投资的厂商利润函数：

$$\pi_I = p(\omega)q(\omega) - cq(\omega) - f_I \tag{5-8}$$

由式（5-1），产品的质量水平和消费者的收入水平是一一对应的，所以产品的质量差异空间 Ω 和消费者的收入差异空间 Ψ 也是一一对应的，其中，$\omega \in \Omega$，$W \in \Psi$。产品质量为 $q(\omega) + \Delta q(\omega)$ 时，购买这种产品的消费者的收入水平应该为：

$$W(\omega)' = \frac{\varepsilon A q_u(\omega)}{(\varepsilon - 1)\beta} + \frac{\varepsilon A \Delta q_u(\omega)}{(\varepsilon - 1)\beta} = W(\omega) + \Delta W(\omega) \tag{5-9}$$

其中，ΔW 满足 $\Delta W > e$。如果一家厂商生产的产品范围为 $[q_u(\omega), q_u(\omega) + \Delta q_u(\omega)]$，由式（5-3）和式（5-4）分别得到出口和对外直接投资两

种方式下的利润函数。

$$\pi_{EX} = \int_{q_u(\omega)}^{q_u(\omega)+\Delta q_u(\omega)} p(\omega)\frac{q(\omega)}{\tau}d\omega - \int_{q_u(\omega)}^{q_u(\omega)+\Delta q_u(\omega)} cq(\omega)d\omega - f_{EX}$$

$$(5-10)$$

$$\pi_I = \int_{q_u(\omega)}^{q_u(\omega)+\Delta q_u(\omega)} p(\omega)q(\omega)d\omega - \int_{q_u(\omega)}^{q_u(\omega)+\Delta q_u(\omega)} cq(\omega)d\omega - f_I \quad (5-11)$$

把利润函数转换成解释变量为消费者收入水平的函数:

$$\pi_{EX} = \int_{W}^{W+\Delta W}\frac{\beta xn}{\tau}\int_{W}^{W+e}\frac{kW_{min}^k}{x^{k+1}}dxdx - \int_{W}^{W+\Delta W}\frac{(\varepsilon-1)\beta xn}{\varepsilon}\int_{W}^{W+e}\frac{kW_{min}^k}{x^{k+1}}dxdx - f_{EX}$$

$$(5-12)$$

$$\pi_I = \int_{W}^{W+\Delta W}\beta xn\int_{E}^{E+e}\frac{kW_{min}^k}{x^{k+1}}dxdx - \int_{W}^{W+\Delta W}\frac{(\varepsilon-1)\beta xn}{\varepsilon}\int_{W}^{W+e}\frac{kW_{min}^k}{x^{k+1}}dxdx - f_I$$

$$(5-13)$$

式 (5-12) 和式 (5-13) 中的 x 表示的是消费者收入水平 W 的积分变量。$n\int_{W}^{W+e}\frac{kW_{min}^k}{x^{k+1}}dx$ 表示某一特定质量水平产品的需求量,该质量水平在厂商的产品质量空间 $\left[\frac{(\varepsilon-1)\beta W}{\varepsilon A}, \frac{(\varepsilon-1)\beta(W+\Delta W)}{\varepsilon A}\right]$ 之内。$\int_{W}^{W+\Delta W}\beta xn\int_{E}^{E+e}\frac{kW_{min}^k}{x^{k+1}}dxdx$ 表示一个厂商所生产的全部系列产品给该厂商带来的总收入。如果这些产品是通过出口进入目标市场的,那么这些产品的 $\tau-1$ 部分将作为贸易成本损耗掉。

式 (5-12) 和式 (5-13) 整理得:

$$\pi_{EX} = \left(\frac{1}{\tau} - \frac{\varepsilon-1}{\varepsilon}\right)\beta nW_{min}^k\int_{W}^{W+\Delta W}x\left(\frac{1}{x^k} - \frac{1}{(x+e)^k}\right)dx - f_{EX}$$

$$(5-14)$$

$$\pi_I = \frac{1}{\varepsilon}\beta nW_{min}^k\int_{W}^{W+\Delta W}x\left(\frac{1}{x^k} - \frac{1}{(x+e)^k}\right)dx - f_I \quad (5-15)$$

三、模拟结果

利润函数不是收入水平的线性函数,贸易成本、企业的产品范围等外生参数的变动对厂商利润的影响不能完全通过函数表达式直观得到①。下面通过数值模拟的方法分析各因素变动对厂商利润函数的影响。

（一）利润与进入方式

消费者购买异质产品的支出比重 β 是常数，β 介于 0 和 1 之间。图 5 – 5 中横轴是消费者的收入水平，纵轴是厂商利润，实线是 FDI 方式的利润曲线，虚线是出口方式的利润曲线。厂商的利润取决于两个因素，一个是单位产品的利润，另一个是产品的销售量。厂商单位产品的利润是 $p/\varepsilon = \beta W/\varepsilon$，需求的价格弹性不变时，单位产品的利润和消费者的收入成正比，即和产品的质量水平成正比。根据前面的假设，产品的销售量等于细分市场目标消费者群体的数量，随着收入增加这种群体的消费者数量是递减的，并且呈指数衰减。这两种因素合力的结果是，随着厂商不断提高其产品质量，边际利润呈指数衰减趋势（见图 5 – 5）。

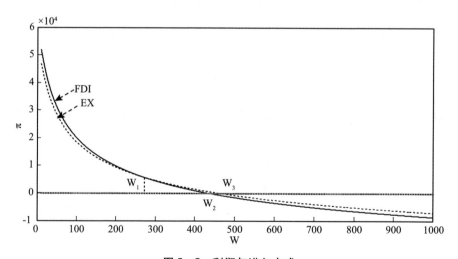

图 5 – 5　利润与进入方式

---

① $\int_{W}^{W+\Delta W} x\left(\dfrac{1}{x^k} - \dfrac{1}{(x+e)^k}\right)dx = \dfrac{(W+\Delta W)^{2-k} - W^{2-k}}{2-k} - \dfrac{(W+e+\Delta W)^{2-k} - (W+e)^{2-k}}{2-k} + \dfrac{e(W+e+\Delta W)^{1-k} - e(W+e)^{1-k}}{1-k}$，$k \neq 1$ 且 $k \neq 2$ 时。

当厂商把产品定位在低端市场时，该市场上目标消费者是一个庞大的群体。如果选择通过出口进入市场，贸易成本造成的总损耗大于放弃直接投资（FDI）而节约的工厂固定成本 f_P。所以，这个时候出口的利润小于直接投资（FDI）的利润。随着厂商市场定位的提高，其目标市场的消费者群体数量迅速下降，通过出口造成的总损耗也迅速下降。当厂商把目标市场定位在消费者收入水平为 W_1 的时候，出口造成的贸易损耗等于直接投资（FDI）所支付的工厂固定成本，W_1 是两条利润曲线交点对应的收入水平。厂商进一步提高其市场定位，出口贸易损耗小于工厂固定成本。随着市场定位的不断提高和消费者数量的减少，直接投资（FDI）率先达到零利润的状态，即厂商选择收入水平为 W_2 的消费者为目标市场。但是如果厂商选择出口，目标市场为 W_2 时其利润是大于零的。因为此时厂商只需要支付在海外市场建立营销网络的成本 f_{EX}，不需要支付 f_P。当高端产品只有收入在 W_3 以上的消费者群体才能购买时，即使选择出口，厂商也仍会亏损，W_3 是出口利润为 0 时的收入水平。购买非常高端产品的消费者实在太少了，尽管单位产品的利润很可观，但是仍然不能够抵补建立营销网络的固定投入。W_1、W_2、W_3 满足 $W_1 < W_2 < W_3$。所以，$W < W_1$ 时，$\pi_{FDI} > \pi_{EX}$，厂商会选择 FDI；$W_1 < W < W_3$ 时，$\pi_{FDI} < \pi_{EX}$，厂商会选择出口；$W > W_3$ 时，厂商既不出口也不直接投资（FDI）。直接投资（FDI）、出口和既不直接投资（FDI）也不出口对应的厂商产品质量空间分别是 $\left[\dfrac{(\varepsilon-1)\beta W_{min}}{\varepsilon A}, \dfrac{(\varepsilon-1)\beta W_1}{\varepsilon A}\right]$、$\left(\dfrac{(\varepsilon-1)\beta W_1}{\varepsilon A}, \dfrac{(\varepsilon-1)\beta W_3}{\varepsilon A}\right]$ 和 $\left(\dfrac{(\varepsilon-1)\beta W_3}{\varepsilon A}, \infty\right)$。

（二）外生参数变动

1. 贸易成本

不妨假设起初贸易成本为 τ_2，贸易成本下降到 τ_1，$\tau_1 < \tau_2$。图 5-5 给出了贸易成本为 τ_2 时两种方式的利润曲线。图 5-6 给出贸易成本由 τ_2 下降到 τ_1 时利润曲线的变动。贸易成本下降，一方面使得原本出口的产品

利润上升，另一方面使得原本不会出口的部分产品开始出口了。这一部分产品相对是高端产品，产品质量略高于 $\dfrac{(\varepsilon-1)\beta W_3}{\varepsilon A}$，目标消费者的数量较少，在贸易成本较高的情形下即使出口也没有利润。但是贸易成本的下降把这一部分产品的利润提高到大于 0。海外市场消费者能够购买到进口产品的最优质量由 $\dfrac{(\varepsilon-1)\beta W_3}{\varepsilon A}$ 提高到了 $\dfrac{(\varepsilon-1)\beta W_4}{\varepsilon A}$，其中，$W_4$ 是当 $\tau=\tau_1$ 时 $\pi_{EX}=0$ 的解，$W_4>W_3$。

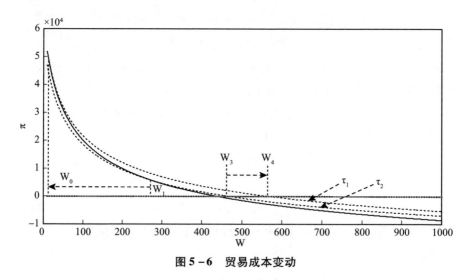

图 5 − 6　贸易成本变动

贸易成本下降不会影响到直接投资（FDI）的利润。但是由于出口更加有利了，所以更多的产品会选择出口。以直接投资（FDI）方式进入海外市场的产品质量范围是 $\Big[\dfrac{(\varepsilon-1)\beta W_{min}}{\varepsilon A},\ \dfrac{(\varepsilon-1)\beta W_0}{\varepsilon A}\Big]$，其中，$W_0$ 是当 $\tau=\tau_1$ 时 $\pi_{EX}=\pi_I$ 的解，$W_0<W_1$。出口的产品质量范围扩大到 $\Big(\dfrac{(\varepsilon-1)\beta W_0}{\varepsilon A},\ \dfrac{(\varepsilon-1)\beta W_4}{\varepsilon A}\Big]$。

2. 产品范围

厂商的产品细分种类增加，单个厂商的产品范围由最初的 $\Big[\dfrac{(\varepsilon-1)\beta W}{\varepsilon A},$

$\left. \dfrac{(\varepsilon-1)\beta W+\Delta W_1}{\varepsilon A} \right]$ 增加为 $\left[\dfrac{(\varepsilon-1)\beta W}{\varepsilon A}, \dfrac{(\varepsilon-1)\beta W+\Delta W_2}{\varepsilon A} \right]$，其中，$\Delta W_1 <$ ΔW_2。初始状态下出口厂商能在海外市场上销售产品的最高品质是 $\dfrac{(\varepsilon-1)\beta W_3}{\varepsilon A}$，生产这种高端产品恰好使得厂商的净利润为 0。但是，如果厂商能够在原有固定投入的基础上把产品的最高品质边界提高 $\dfrac{(\varepsilon-1)\beta W_3+\Delta W_2-\Delta W_1}{\varepsilon A}$，新增加的这部分产品毛利润就是厂商的净利润。对于生产中低端产品的厂商而言，在保证固定投入不变的前提下增加产品的种类对其利润的影响与生产高端产品的厂商是一样的。厂商的目标消费者群体由 $[W, W+\Delta W_1]$ 增加为 $[W, W+\Delta W_2]$。单个厂商产品细分种类变动前后的利润曲线如图 5 -7 所示。

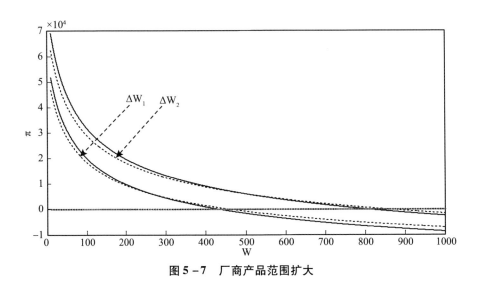

图 5 -7　厂商产品范围扩大

3. 边际成本加成内生

前面的分析是在消费者对不同质量水平的异质产品需求弹性相同的前提下进行的，即厂商对不同质量水平的异质产品价格的边际成本加成相同。而现实情况是，厂商往往对低端的异质产品边际成本加成较小，而对于高端的产品边际成本加成较大。在这一部分，我们放松边际成本加成不变的假设，假设边际成本加成随着目标消费者的收入水平增加而增加①。

图 5-8 给出了边际成本加成随着异质产品质量水平增加而增加的利润曲线，同时给出边际成本加成不变的利润曲线作为对照。不论出口还是直接投资（FDI），厂商提供异质产品的利润曲线都随着产品质量水平的增加先上升后下降。也就是说，在产品质量差异空间上有一个质量水平能给厂商带来最大利润。产品质量低于这一临界水平时，随着质量水平增加厂商利润增加；产品质量高于这一临界水平时，随着质量水平增加厂商利润下降。之所以出现这种变动趋势，是因为厂商的利润取决于两方面，一是单位产品的边际成本加成，二是产品的需求量。单位产品的边际成本加成随着产品质量的提高而增加，而产品的需求量则随着产品质量的提高而下降。当产品质量水平很低时，尽管产品的需求量很大，但是单位产品的

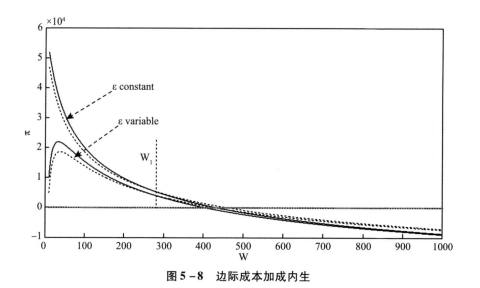

图 5-8　边际成本加成内生

---

① 假设，边际成本加成不变时 $p(\omega) = c/(1 - 1/\varepsilon_0)$；边际成本加成内生时，$p(\omega) = c/[1 - 1/(W_{min}/W + \varepsilon_0)]$。边际成本加成不变时，消费者对所有异质产品的需求弹性都是 ε_0，边际成本加成是 $1/(1 - 1/\varepsilon_0)$。边际成本加成内生，消费者对异质产品的需求弹性是 $W_{min}/W + \varepsilon_0$，$W_{min}/W + \varepsilon_0 \in (1 + \varepsilon_0, \varepsilon_0)$，边际成本加成的范围是 $\{1/(1 - 1/\varepsilon_0), 1/[1 - 1/(\varepsilon_0 + 1)]\}$。

边际成本加成很低，所以厂商的利润不高。当产品的质量水平很高时，单位产品的边际成本加成很高，但是产品的需求量很小，所以厂商的利润仍然不高。最大利润的厂商是提供中端产品的厂商。这与我们对现实经济现象的直觉颇为一致。

假设出口和直接投资（FDI）无差异的异质产品目标消费者收入水平为 W_1，W_1 仍然是 $\pi_{EX} = \pi_1$ 的解。生产质量水平为 $\dfrac{(\varepsilon-1)\beta W_1}{\varepsilon A}$ 的厂商[①]不论选择出口还是直接投资（FDI）进入东道国市场都会获得相同的利润。产品质量水平低于 $\dfrac{(\varepsilon-1)\beta W_1}{\varepsilon A}$ 的厂商直接投资（FDI）比出口会获得更多的利润，厂商会选择直接投资（FDI）。产品质量水平高于 $\dfrac{(\varepsilon-1)\beta W_1}{\varepsilon A}$ 的厂商出口比直接投资（FDI）会获得更多的利润，厂商会选择出口。这一点与前面的分析结论一致。边际成本加成内生不会影响出口利润曲线和直接投资（FDI）利润曲线的交点所对应的目标消费者收入水平。因为随着产品质量水平的下降单位产品的边际成本加成下降，所以对于边际成本加成不变条件下出口利润恰好为零、质量水平为 $\dfrac{(\varepsilon-1)\beta W_3}{\varepsilon A}$ 的高端产品其利润变为负。出口和直接投资（FDI）的利润曲线与横轴的交点向左移动[②]。出口的差异产品范围减少，直接投资（FDI）产品范围是否减少取决于边际成本加成下降的速度。如果出口利润曲线与横轴的交点向左移动没有达到 W_1，通过直接投资（FDI）的产品范围不会减少；如果出口利润曲线与横轴的交点向左移动达到 W_1 的左侧，通过直接投资（FDI）的产品范围开始减少，国外厂商进入东道国的方式只会选择直接投资（FDI）。

---

①　厂商生产质量为 $(\varepsilon-1)\beta W_1/\varepsilon A$ 产品的需求弹性 $\varepsilon = W_{min}/W + \varepsilon_0$。

②　边际成本加成下降有两层含义：一是相对于边际成本加成不变而言；二是随着产品质量水平下降其边际成本加成下降。假设质量水平为 $(\varepsilon-1)\beta W_{max}/\varepsilon A$ 的产品边际加成等于最初不变的边际成本加成 $1/(1-1/\varepsilon_0)$，随着产品质量水平下降其边际成本加成从这一水平开始下降。

4. 厂商数量——市场均衡

前面分析了当海外市场存在潜在的获利机会时第一个进入的跨国公司选择出口还是直接投资（FDI）方式。只要对于其他潜在的进入者而言还存在获利机会，这个市场就没有达到均衡。随着进入厂商数量的增加，相同质量水平的产品价格不断下降，直到最后一个进入厂商的利润为零，市场达到均衡状态。假设厂商之间的竞争是古诺竞争，市场均衡状态下有 m 个厂商，这 m 个厂商均分市场。古诺竞争的结果是质量水平为 $q_u(\omega)$ 的产品其价格为：

$$p(\omega) = \frac{c}{1 - 1/m\varepsilon} \qquad (5-16)$$

每个厂商的市场份额是 $1/m$，产品需求量为：

$$q(\omega) = \frac{1}{m}n\int_{W(\omega)}^{W(\omega)+e} \frac{kW_{min}^k}{x^{k+1}}dx \qquad (5-17)$$

根据式（5-7）和式（5-8），均衡状态下出口和 FDI 厂商的利润函数可改写为：

$$\pi_{EX} = \left(\frac{1}{\tau} - 1 + \frac{1}{m\varepsilon}\right)\frac{1}{m}\beta nW_{min}^k\int_W^{W+\Delta W} x\int_W^{W+e}\frac{k}{x^{k+1}}dxdx - f_{EX} \qquad (5-18)$$

$$\pi_I = \frac{1}{m^2\varepsilon}\beta nW_{min}^k\int_W^{W+\Delta W} x\int_W^{W+e}\frac{k}{x^{k+1}}dxdx - f_I \qquad (5-19)$$

出口和 FDI 均衡状态条件：

$$\begin{cases} \pi_{EX}(m) \geqslant 0 \\ \pi_{EX}(m+1) < 0 \end{cases}$$

$$\begin{cases} \pi_I(m) \geqslant 0 \\ \pi_I(m+1) < 0 \end{cases}$$

因为 m 为整数，所以令 $\pi_{EX} = 0$、$\pi_I = 0$，解出两种方式均衡状态下的厂商数量 m_{EX}、m_I，取 m_{EX}、m_I 的整数部分得到均衡状态的实际厂商数量。$\pi_{EX} = 0$、$\pi_I = 0$ 对应的 m 解[①]为：

---

① m_{EX} 的另一个解 $m_{EX} = \dfrac{\left(\frac{1}{\tau} - 1\right)\beta nW_{min}^k\gamma - \left[\left[\left(1 - \frac{1}{\tau}\right)\beta nW_{min}^k\gamma\right]^2 + 4\frac{1}{\varepsilon}f_{EX}\beta nW_{min}^k\gamma\right]^{1/2}}{2f_{EX}} < 0$

$$m_{EX} = \frac{\left(\frac{1}{\tau} - 1\right)\beta nW_{min}^k\gamma + \left[\left[\left(1 - \frac{1}{\tau}\right)\beta nW_{min}^k\gamma\right]^2 + 4\frac{1}{\varepsilon}f_{EX}\beta nW_{min}^k\gamma\right]^{1/2}}{2f_{EX}}$$

$$m_I = \left(\frac{\beta nW_{min}^k\gamma}{\varepsilon f_I}\right)^{1/2}$$

其中，$\gamma = \int_W^{W+\Delta W} x \int_W^{W+e} \frac{k}{x^{k+1}} dxdx$。

m_{EX}、m_I 是消费者收入 W 的函数。分析随着 W 变动 m_{EX}、m_I 的变动趋势，同样采取数值模拟的方法。因为边际成本加成变动所得到的模拟结果与现实情况更相符，所以这一部分的模拟同样遵循边际成本加成变动的假设。模拟结果如图 5 – 9 和图 5 – 10 所示。为了便于直观观察，图 5 – 10 是对图 5 – 9 部分的放大，这一部分对应的是低端产品市场厂商数量的变动趋势。

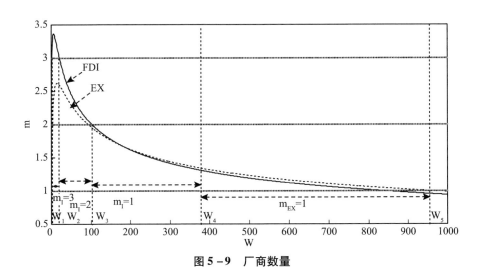

图 5 – 9　厂商数量

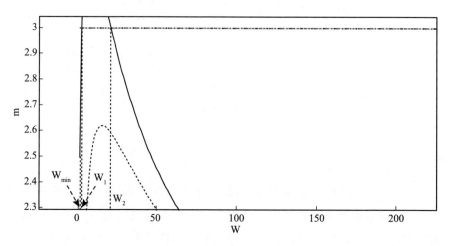

图5-10 低端产品市场厂商数量

根据 m 的取值，产品质量差异空间 $\left[\dfrac{(\varepsilon-1)\beta W_{min}}{\varepsilon A}, \dfrac{(\varepsilon-1)\beta W_{max}}{\varepsilon A}\right]$

可以被分为 6 个子区域 $\left[\dfrac{(\varepsilon-1)\beta W_{min}}{\varepsilon A}, \dfrac{(\varepsilon-1)\beta W_{1}}{\varepsilon A}\right]$、$\Big(\dfrac{(\varepsilon-1)\beta W_{1}}{\varepsilon A},$

$\dfrac{(\varepsilon-1)\beta W_{2}}{\varepsilon A}\Big]$、$\Big(\dfrac{(\varepsilon-1)\beta W_{2}}{\varepsilon A}, \dfrac{(\varepsilon-1)\beta W_{3}}{\varepsilon A}\Big]$、$\Big(\dfrac{(\varepsilon-1)\beta W_{3}}{\varepsilon A}, \dfrac{(\varepsilon-1)\beta W_{4}}{\varepsilon A}\Big]$、

$\Big(\dfrac{(\varepsilon-1)\beta W_{4}}{\varepsilon A}, \dfrac{(\varepsilon-1)\beta W_{5}}{\varepsilon A}\Big]$、$\Big(\dfrac{(\varepsilon-1)\beta W_{5}}{\varepsilon A}, \dfrac{(\varepsilon-1)\beta W_{max}}{\varepsilon A}\Big]$。其中，

$\dfrac{(\varepsilon-1)\beta W_{4}}{\varepsilon A}$是出口和 FDI 无差异的质量水平，即 W_4 满足 $\pi_{EX}=\pi_{I}$。满足

$q_u(\omega)\leqslant\dfrac{(\varepsilon-1)\beta W_{4}}{\varepsilon A}$的厂商选择直接投资（FDI），满足 $q_u(\omega)>\dfrac{(\varepsilon-1)\beta W_{4}}{\varepsilon A}$的

厂商选择出口。但是，$q_u(\omega)>\dfrac{(\varepsilon-1)\beta W_{5}}{\varepsilon A}$时厂商不会进入东道国市

场，$m=0$。

随着产品质量水平上升，均衡状态下厂商数量先上升后下降。

$q_u(\omega)\in\left[\dfrac{(\varepsilon-1)\beta W_{1}}{\varepsilon A}, \dfrac{(\varepsilon-1)\beta W_{2}}{\varepsilon A}\right]$时均衡厂商数量最大，$q_u(\omega)\in$

$$\left[\frac{(\varepsilon-1)\beta W_{min}}{\varepsilon A},\ \frac{(\varepsilon-1)\beta W_1}{\varepsilon A}\right]\ \text{与}\ q_u(\omega)\in\left(\frac{(\varepsilon-1)\beta W_2}{\varepsilon A},\ \frac{(\varepsilon-1)\beta W_3}{\varepsilon A}\right)\ \text{时}$$

的均衡厂商数量相等。

潜在厂商的进入，一方面降低了在位厂商的边际成本加成，另一方面减少了在位厂商的市场份额。生产低端产品的潜在厂商进入，对在位厂商的影响主要体现在降低边际成本加成方面。因为低端产品市场规模很大，而单位产品的利润很低，在位厂商利润变动对单位产品利润很敏感，所以低端市场均衡条件下厂商数量不会很多。高端市场在位厂商的利润对其市场份额的变动很敏感，潜在厂商进入与在位厂商平分市场，其结果很可能是所有厂商都亏损。所以高端市场的均衡厂商数量往往很少，有的时候只有一两家。

第三节　质量选择机制的实证结果与政策含义

一、数据来源与处理

本书的实证数据来自工信部网站与汽车之家网站，获取了在中国市场上可以购买到的外国品牌和自主品牌汽车共 81 种、1797 个细分车型的产品信息与中国市场进入方式的信息。

二、市场进入环节的质量选择实证结果

汽车厂商进入海外市场的方式要么选择出口，要么选择对外投资建厂，这是典型的二元选择问题。本书在这一部分采用二元选择模型（binary choice model）对外国汽车厂商进入中国市场的方式选择进行实证检验。基于前文统计分析的结论，本书采用虚拟变量表示汽车厂商的进入方式。如果汽车厂商选择出口进入中国市场，进入方式虚拟变量取值为 0；如果

汽车厂商选择直接投资方式进入中国市场，虚拟变量取值为1。本书在这一部分重点考察不同质量水平的汽车进入中国市场方式选择的差异，而直接衡量汽车质量水平的变量难以获取，所以用汽车的厂商指导价格作为汽车质量水平的代理变量。

二元选择模型的估计有三种基本的选择，分别为 Probit 模型、Logit 模型和 Extreme 模型。具体选择哪一种模型取决于误差项的分布特征。一方面考虑到二元选择模型的误差项分布特征未知，另一方面考虑到估计结果的稳健性，因此分别选择 Probit 模型、Logit 模型和 Extreme 模型进行回归分析。本书选择的数据是横截面数据，考虑到异方差可能产生的影响，先对价格变量取自然对数再进行回归。

回归结果如表 5-1 所示。模型 1、模型 2 和模型 3 分别用 Probit 模型、Logit 模型和 Extreme 模型进行估计。估计结果表明价格变量都在 1% 的显著性水平上通过了检验，价格变量的符号都是负的。这说明价格因素对汽车厂商进入中国市场方式影响的概率是显著的，价格相对较高的汽车选择直接投资的形式进入中国的概率要高于选择出口的方式，价格相对较低的汽车选择出口的方式进入中国市场的概率要高于选择直接投资的方式。

表 5-1　　　　　　　　　汽车价格作为解释变量的回归结果

变量	模型 1 Probit	模型 2 Logit	模型 3 Extreme	模型 4 Probit	模型 5 Logit	模型 6 Extreme
c	5.7963 (21.11)***	10.1848 (18.78)***	6.1177 (25.98)***	8.6041 (11.28)***	14.9678 (10.77)***	10.6112 (9.61)***
price	-1.6074 (-20.04)***	-2.8369 (-17.95)***	-1.5231 (-25.20)***	-1.7248 (-18.88)***	-3.0130 (-17.25)***	-1.8502 (-19.45)***
dum1	—	—	—	-1.1707 (-5.69)***	-1.9979 (-5.51)***	-1.5670 (-6.97)***

续表

变量	模型 1 Probit	模型 2 Logit	模型 3 Extreme	模型 4 Probit	模型 5 Logit	模型 6 Extreme
dum2	—	—	—	− 1.0180 (− 1.58)	− 1.7625 (− 1.52)	− 1.6485 (1.62)
dum3	—	—	—	− 1.3817 (− 2.17)**	− 2.4166 (− 2.11)**	− 2.0121 (− 2.00)**
dum4	—	—	—	− 1.4755 (− 2.32)**	− 2.6348 (− 2.30)**	− 2.0362 (− 2.02)**
Total Obs	1299	1299	1299	1299	1299	1299
$M - R^2$	0.49	0.49	0.44	0.53	0.52	0.49
LR	824.56	820.54	742.91	876.67	869.78	814.80

注：Total Obs 表示样本容量；$M - R^2$ 是 McFadden R - squared，类似线性回归模型中的 R^2。LR 统计量测试模型整体的显著性，检验出了常数项以外所有系数都是 0 的假设。*** 、** 分别表示 0.1%、1% 的显著性水平。

模型 1、模型 2 和模型 3 是在不考虑相关控制变量的情况下对价格变量的估计。除了价格因素以外以下两个因素也可能影响汽车厂商的市场进入方式选择：一是同一种品牌的汽车是否存在已经通过直接投资的方式进入中国市场；二是不同国家或地区的汽车厂商进入中国市场的方式选择可能存在差异。所以，本书进一步引入四个虚拟变量作为控制变量。虚拟变量 dum1 在同一种品牌的汽车存在已经通过直接投资的方式进入中国市场时取值为 1，否则取值为 0。dum2 当汽车是来自美国的品牌时取值为 1，否则取值为 0。dum3 当汽车是来日韩的品牌时取值为 1，否则取值为 0。dum4 当汽车是来自欧洲的品牌时取值为 1，否则取值为 0。dum2、dum3、dum4 作为控制变量解释了不同来源地的品牌的汽车对市场进入方式的影响。加入控制变量以后分别用模型 4、模型 5 和模型 6 进行估计。回归结果表明，加入控制变量以后价格变量的显著性和符号没有发生变化，除了 dum2 以外其他控制变量都通过了显著性检验。

为进一步考察前文回归结果的稳健性，用汽车排量代替汽车价格作为汽车质量的代理变量。回归结果如表 5 – 2 所示。模型 7、模型 8 和模型 9 是在不考虑汽车品牌来源地差异和同一品牌是否已经通过直接投资方式进入中国市场对新进入方式影响的条件下的回归结果，模型 10、模型 11 和模型 12 是把这两个因素作为控制变量的回归结果。与表 5 – 1 的回归结果对比后不难发现，不论用汽车价格还是用汽车排量衡量汽车的质量水平对回归结果没有影响，这说明本书经验检验的回归结果稳健。回归结果表明，越是高端的汽车跨国公司选择出口方式进入中国市场的概率越大。

表 5 – 2 汽车排量作为解释变量的回归结果

变量	模型 7 Probit	模型 8 Logit	模型 9 Extreme	模型 10 Probit	模型 11 Logit	模型 12 Extreme
c	2.6105 (21.80)***	4.4974 (19.52)***	3.6401 (22.11)***	4.4699 (9.34)***	8.0348 (7.38)***	6.7020 (6.51)***
disp	-2.6137 (-19.64)***	-4.5060 (-17.90)***	-3.1132 (-20.23)***	-2.8753 (-18.28)***	-4.9573 (-16.93)***	-3.5143 (-18.28)***
dum1	—	—	—	-0.7475 (-4.59)***	-1.2872 (-4.49)***	-0.8780 (-4.65)***
dum2	—	—	—	-0.3740 (-0.82)	-0.9970 (-0.95)	-1.1894 (-1.17)
dum3	—	—	—	-0.7118 (-1.62)	-1.5341 (-1.49)	-1.6067 (-1.60)
dum4	—	—	—	-1.4811 (-3.37)***	-2.8965 (-2.81)***	-2.5633 (-2.55)***
Total Obs	1299	1299	1299	1299	1299	1299
$M - R^2$	0.33	0.33	0.32	0.39	0.39	0.39
LR	548.46	549.71	541.70	654.74	653.48	650.50

注：***、** 分别表示 0.1%、1% 的显著性水平。

三、实证研究结论

前文的经验检验支持了理论分析的结论，价格相对较高的汽车选择直接投资的形式进入中国的概率要高于选择出口的方式，价格相对较低的汽车选择出口的方式进入中国市场的概率要高于选择直接投资的方式。

最新发展起来的新新贸易理论从企业异质的角度解释企业的出口决策。具有代表性的文献是梅里兹（Melitz，2003）和伯纳德等（Bernard et al.，2003）。尽管二者对企业异质的考察角度不同，但是都是从企业个体生产差异的角度解释为什么有的企业选择出口，有的企业选择只服务国内市场。赫尔普曼等（Helpman et al.，2004）和格罗斯曼等（Grossman et al.，2006）把新新贸易理论的企业异质视角应用到对企业选择出口还是直接投资（FDI）的解释。赫尔普曼等（Helpman et al.，2004）认为出口和直接投资（FDI）都需要投入沉没成本，直接投资（FDI）的沉没成本更高，最低生产效率的企业会退出市场，随着生产效率的提高企业会依次选择出口和直接投资（FDI）。

中国的高端轿车市场规模还是有限的，对于这一点前文的直方图已经给出直观说明。如果外国品牌的高端轿车在中国本土生产，厂商要承担高额的初始投资固定成本，之后小规模的生产使得厂商面临两个选择，要么制定高昂的单位价格，要么亏损。相比而言，如果选择出口的方式，厂商只需承担单位产品的运输成本和关税，运输成本和关税所带来的价格增加要小于直接投资（FDI）情况下均摊的固定成本。所以对于高端轿车，国外厂商往往选择通过出口进入中国市场。中国的中低端轿车的市场规模要大得多，在中国市场上定位于中低端市场的厂商数量和车型数量也较多。如果厂商选择通过直接投资（FDI）进入中国中低端市场，大规模的销量会使得厂商承担运输成本、关税等交易成本带来的巨大可变成本。相反，选择直接投资（FDI）的方式在本土生产的轿车平均成本就要低得多。基于范围经济和占领细分市场的考虑，企业往往不是生产单一产品，而是某一大类的系类产品。即使是同一家厂商，其高端产品往往通过出口进入中国市场，其中低端产品通过直接投资（FDI）进入中国市场。所以，那些产品范围较宽的厂商，比如大众、奥迪，既选择直接投资（FDI）的方式又选择出口的方式。

四、中国的出口产品质量比较分析

（一）中国汽车出口规模

中国汽车出口近些年出现了明显变化。以最具有代表性的排量在1500cc~3000cc之间的乘用车（HS编码为870323）为例[①]：如果按照出口规模（辆）排序，中国2011年、2016年、2021年在世界上所有国家（地区）出口中排第13位、第12位、第7位；如果按照出口金额（美元）排序，中国2011年、2016年、2021年在世界上所有国家（地区）出口中排第22位、第13位、第10位。[②] 中国在世界上的位次变化明显，出口数量比出口金额在全球贸易中的地位更加重要。

把研究的范围扩展到乘用车大类（HS编码为8703），中国出口规模（辆）在过去的二十多年间变化趋势如图5-11所示。与德国、日本、美国、韩国等重要的汽车出口相比，中国在2016~2021年的增幅明显。2021

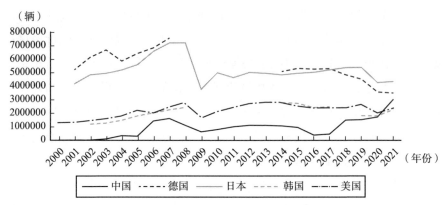

图5-11　2000~2021年中国与主要国家的汽车（HS8703）出口规模

资料来源：本章作图所用数据均来源于UNComtrade数据库。

---

① 如果选择大类（HS编码为870323）进行排序，部分国家（地区）的出口数量指标存在缺失值。因此本文选择HS编码6位码的代表性商品进行研究。

② 这一部分的数据来源于UNComtrade数据库。

年的出口规模达到303.71万辆,首次超过了韩国和美国。2008年的金融危机对不同国家的汽车出口均产生了较大影响,尽管德国与韩国的汽车出口规模数据不全,但从总趋势判断也不难得出上述结论,其中日本与德国这两个汽车出口大国所受到的影响更大。日本与德国近5年的汽车出口规模降幅也最为明显。

如果以汽车出口金额进行衡量,中国在世界汽车市场上的地位尽管没有汽车出口数量那么重要但是依然进步明显。若以乘用车大类(HS编码为8703)出口金额进行衡量,2011年、2016年、2021年中国在世界上分别排第23位、第22位、第9位。就出口金额而言,中国与德国、日本、美国等汽车出口大国还存在较大差距。德国、美国与韩国的汽车出口金额峰值均出现在2014年,德国达到1603.15亿美元,美国为616.76亿美元,韩国为448.16亿美元。日本汽车出口金额的峰值出现在2008年,达到1154.4亿美元(见图5-12)。

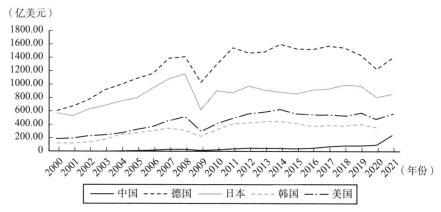

图5-12 2000~2021年中国与主要国家的汽车(HS8703)出口金额

2020年的新冠疫情对几个汽车出口大国均产生了不同程度的负面影响,2021年均出现不同程度的恢复,而中国的汽车增长则刚刚开始。2021年,德国的汽车出口额增长13.68%,日本增长5.66%,美国增长19.8%;中国从2020年的99.28亿美元迅速增长到2021年的243.89亿美元,增幅高达145.66%。

（二）汽车出口平均价格

主要汽车出口国的平均出口价格位次及变化如表 5 – 3 所示（排量在 1500cc~3000cc 之间，HS 编码为 870323）。2011 年中国汽车出口平均价格排在第 21 位，瑞典、德国、奥地利、斯洛伐克等欧洲发达国家的出口平均价格明显高于其他国家。前 21 位国家的出口价格均值为 17786.44 美元/辆，中国的出口价格均值仅为 8668.48 美元/辆。5 年以后的 2016 年中国的出口均价上涨到 16769.13 美元/辆，涨幅明显，但是与该年份主要汽车出口国均价 20265.08 美元/辆相比仍有一定差距。这一年中国的汽车出口均价在主要的 21 个汽车出口国家中排第 11 位。2021 年中国的出口均价略微下降到 16310.31 美元/辆，主要汽车出口国均价为 22206.90 美元/辆，主要汽车出口国的均价相比 5 年前上涨了 9.58%。中国的出口均价与主要汽车出口国的均价差距在拉大。2021 年中国的汽车出口均价在主要的 21 个汽车出口国家中排第 16 位。

表 5 – 3　　　　2011 年、2016 年和 2021 年世界主要汽车出口国的平均出口价格排序　　　　单位：美元/辆

位次	2011 年		2016 年		2021 年	
	国家	价格	国家	价格	国家	价格
1	瑞典	30667.50	瑞典	34390.88	德国	42915.00
2	德国	28733.88	德国	33734.88	奥地利	36476.25
3	奥地利	23696.40	意大利	24779.19	瑞典	33386.98
4	斯洛伐克	22358.95	英国	23795.31	英国	29141.06
5	比利时	18412.52	南非	22201.17	意大利	28932.17
—	均值	17786.44	均值	20265.08	—	—
6	美国	17510.79	加拿大	19423.11	斯洛伐克	27388.75
7	加拿大	17170.58	匈牙利	18839.28	印度尼西亚	26925.32
8	日本	16866.08	美国	18383.03	匈牙利	24977.21
9	捷克	16642.82	日本	17307.05	法国	24594.48
10	葡萄牙	16195.78	奥地利	16769.29	捷克	22726.79

续表

位次	2011 年		2016 年		2021 年	
	国家	价格	国家	价格	国家	价格
—	—	—	—	—	均值	22206.90
11	匈牙利	16195.73	中国	16769.13	丹麦	22183.19
12	韩国	16195.69	墨西哥	16769.12	加拿大	20315.56
13	泰国	16195.68	捷克	16612.81	墨西哥	20061.95
14	法国	16195.67	澳大利亚	16079.57	美国	18213.39
15	阿根廷	15663.33	法国	15946.66	日本	18204.22
16	土耳其	15062.54	韩国	15900.00	中国	16310.31
17	墨西哥	14739.08	土耳其	15473.36	荷兰	15971.23
18	西班牙	13351.45	比利时	14575.87	土耳其	14476.91
19	英国	10930.42	荷兰	13578.92	比利时	13709.42
20	巴西	10608.21	俄罗斯	13403.19	印度	12535.63
21	中国	8668.48	印度	9634.52	巴西	10986.01

资料来源：基于 Comtrade 数据库数据计算得到出口平均价格。

中国排量在 1500cc ~ 3000cc 之间（HS 编码为 870323）的乘用车出口平均相对价格如图 5 – 13 所示，分别以日本出口的该类车型平均车况、德国出口的该类车型平均车况、价格最高经济体的该类车型平均车况作为计价物（numeraire）衡量我国出口汽车的真实价格。

结果表明，平均而言，2011 年我国出口 1 辆汽车能够交换 0.51 辆日本的同类汽车，交换 0.3 辆德国出口的同类汽车，交换 0.28 辆车价最高经济体（瑞典）出口的同类汽车。2016 年我国出口 1 辆汽车能够交换 0.97 辆日本的同类汽车，交换 0.5 辆德国出口的同类汽车，交换 0.49 辆车价最高经济体（瑞典）出口的同类汽车。2021 年我国出口 1 辆汽车能够交换 0.9 辆日本的同类汽车，交换 0.38 辆德国出口的同类汽车。从上述研究结论中不难发现，同一类汽车我国出口的产品价格与日本的出口价格比较接近，与德国、瑞典等欧洲的发达国家出口价格还有较大差距。

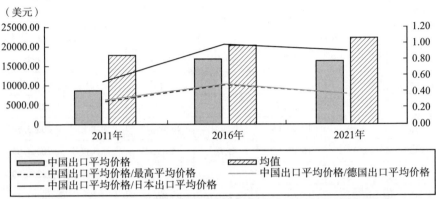

图 5 - 13　2011 年、2016 年和 2021 年中国汽车出口的平均相对价格

考虑到产品质量的异质性，进一步将传统燃油乘用车进行细分，考察中国出口的相对价格，根据汽车排量大小 HS 编码体系中的汽车共分为四类。中国、德国、日本、美国 4 个国家的细分车型 2021 年出口平均价格如图 5 - 14 所示。每一细分种类的车型都是德国的出口价格最高，除了排量在 1500cc ~ 3000cc 的车型中国出口价格均高于日本出口价格。

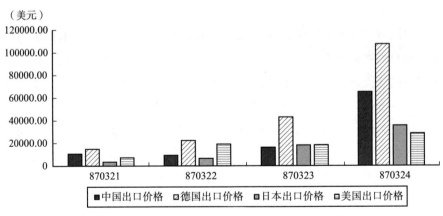

图 5 - 14　2021 年中国汽车出口的平均相对价格

对于排量小于或等于 1000cc 的车型（HS 编码为 870321），中国出口 1 辆可以交换同类的日本车型 3 辆，交换美国的 1.48 辆，交换德国的 0.73 辆。对于排量大于 1000cc、小于或等于 1500cc 的车型（HS 编码为

870322)，中国出口 1 辆可以交换同类的日本车型 1.42 辆，交换美国的 0.49 辆，交换德国的 0.42 辆。对于排量大于 1500cc、小于或等于 3000cc 的车型（HS 编码为 870323），中国出口 1 辆可以交换同类的日本车型 0.9 辆，交换美国的 0.9 辆，交换德国的 0.38 辆。对于排量大于 3000cc 的车型（HS 编码为 870324），中国出口 1 辆可以交换同类的日本车型 1.83 辆，交换美国的 2.28 辆，交换德国的 0.61 辆。

对于低端的车型，中国逐步培育了国际竞争优势，在国际市场上得到了认可。对于中端车型而言与日本、美国等发达国家相比还存在一些差距。对于高端车型而言，与日本、美国等发达国家相比呈现的竞争优势主要来自汽车行业的跨国公司。中国逐步构建了较为完善的汽车产业链，包括高端车产业链，但是本土品牌的高端化还有很长的路要走。

（三）新能源汽车出口

在陆续有国家和地区明确禁售燃油车时间表的时代背景下，中国在新能源车领域表现出更强的竞争优势与更乐观的发展前景。以纯电动汽车为例（HS 编码为 870380），中国、德国、日本、韩国、美国在 2017～2021 年的出口规模变动如图 5–15 所示。2018 年开始中国的出口规模达到 14.17 万辆，超过了其他主要的汽车出口国，2019 年进一步上涨到 24.03 万辆，2020 年因新冠疫情影响下降到 19.39 万辆，2021 年暴涨到 49.96 万辆。

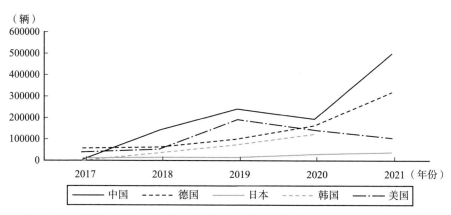

图 5–15　2017～2021 年中国与主要国家的新能源汽车（HS870380）出口规模

德国的出口规模也从 2020 年的 154.11 万辆上涨到 2021 年的 31.92 万辆。美国出口规模从 2019 年的 19.88 万辆下降到 2020 年的 15.11 万辆, 2021 年进一步下降到 11.33 万辆。日本 2021 年的出口规模仅为 3.83 万辆。

如图 5 - 16 所示, 从纯电动汽车 (HS 编码为 870380) 的出口金额角度, 2020 年以前中国明显低于德国、韩国、美国。以 2020 年为例, 德国出口金额为 83.48 亿美元, 美国 46.34 亿美元, 韩国 39.04 亿美元, 中国仅为 15.79 亿美元, 高于日本的 7.6 亿美元。2021 年中国出口金额上涨到 85.96 亿美元, 高于美国的 46.34 亿美元, 低于德国的 156.86 亿美元。

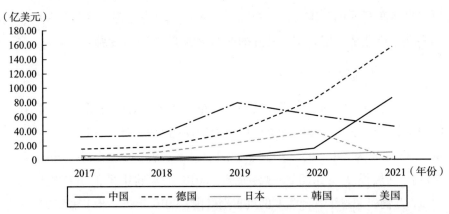

图 5 - 16　2017 ~ 2021 年中国与主要国家的新能源汽车 (HS870380) 出口金额

2020 年与 2021 年, 不论是出口数量还是出口金额, 德国都出现了强劲的上涨, 美国出现持续下降, 中国在 2021 年的增长势头要明显强于德国。中国在新能源车的品牌溢价方面与德国相比还有较大差距。

中国、德国、日本、美国的纯电动汽车 2021 年出口均价如图 5 - 17 所示, 除此之外还展示了混动车型的平均出口价格。中国的纯电动汽车出口均价为 1.72 万美元, 德国 4.91 万美元, 日本 2.66 万美元, 美国 4.09 万美元。中国的纯电动汽车出口均价与其他国家差距明显。

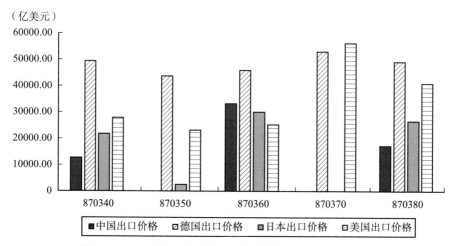

（亿美元）

图 5 – 17　2021 年中国与主要国家的新能源汽车出口价格

Comtrade 数据库把混合动力新能源汽车分为四类：增程混动＋火花点火（HS 编码为 870340）、增程混动＋压燃点火（HS 编码为 870350）、插电混动＋火花点火（HS 编码为 870360）、插电混动＋压燃点火（HS 编码为 870370）。2021 年中国没有"增程混动＋压燃点火"与"插电混动＋压燃点火"两类车型的出口记录。这两类技术路径在中国的新能源汽车行业不是主流技术路径。相反，德国和美国均有较大规模的出口记录。

德国的 5 类新能源汽车出口均价都在 4 万美元以上。中国的纯电动汽车与"增程混动＋火花点火"混动汽车出口均价都明显低于其他三个国家。中国的"插电混动＋火花点火"车型出口均价达到 3.32 万美元，超过了日本和美国，与德国的 4.59 万美元还有一定距离。

（四）出口产品结构

中国出口的"插电混动＋火花点火"（HS 编码为 870360）具有较强的品牌竞争力。包括这一类新能源汽车在内的所有乘用车（HS 编码为 8703）出口的产品结构呈现什么特征？中国汽车出口的潜力如何？

图 5 – 18 描述了 2021 年中国、德国、日本、美国 4 个国家的细分车型出口规模结构。总体而言，中国出口的产品种类多样化程度明显少于其

他三个国家，中国出口产品结构与德国、日本、美国表现出较强的互补性。中国具有较强品牌竞争优势的"插电混动 + 火花点火"（HS 编码为870360）类混合动力汽车所占中国乘用车出口数量比重仅为 1.42%，德国 6.92%，日本 2.77%，美国 7.09%。该类混动车型的出口规模，中国4.32 万辆，德国 24.27 万辆，日本 12.06 万辆，美国 17.14 万辆。因此，中国在"插电混动 + 火花点火"（HS 编码为 870360）类混合动力汽车出口方面具有非常大的出口潜力。

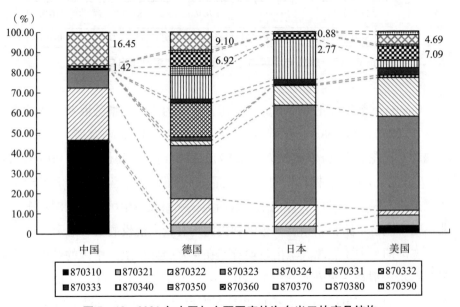

图 5 – 18　2021 年中国与主要国家的汽车出口的产品结构

纯电动汽车（HS 编码为 870380），中国的出口数量比重为 16.45%，德国 9.1%，日本 0.88%，美国 4.69%。中国这一类汽车出口规模并不完全是自主品牌的贡献，根据特斯拉上海工厂的信息，2021 年特斯拉上海工厂出口了 16.3 万辆。"增程混动 + 火花点火"（HS 编码为 870340）这一类混动车型，德国出口数量比重为 11.85%，日本 20.13%，中国只有 0.28%。

五、政策含义

短期来看，经过多年的前期积累，中国新能源汽车（包括纯电动汽车与混合动力汽车）走出了一条具有中国能源技术特色的发展路线，对应的车型出口正在迎来爆发期。因此，稳定核心零部件的国际供应链、稳定进出口环境显得愈发重要。在此基础上，不断完善国内的新能源汽车产业链体系，尤其是尽快实现核心零部件的进口替代，拓宽动力电池生产所需的矿产资源的来源地，形成多元化的动力电池矿产资源供给结构，确保新能源汽车的全球产业链风险在可控范围之内。

长期来看：一是新能源汽车的源头技术创新战略；二是准确制定并有效实施中国新能源汽车的国际市场品牌高端化战略；三是寻求多元化技术路径的均衡发展与动态调整有效结合战略；四是拓展海外市场的多元化路径选择战略。

新能源汽车的功能属性内涵比传统燃油车更加丰富，新能源汽车的智能化、物联网化、娱乐化等功能大大拓宽了汽车的质属性边界，出现了在产品类范畴内动态演进的特征。正因为如此，新能源汽车可以看作是数量众多的专利集成。中国过去的汽车产业发展经验表明，影响产业安全的产业环境因素往往来自两类风险：一是关键零部件的供应商垄断；二是源头技术创新的专利为外方所有。以比亚迪为首的民族企业正在打破关键零部件的供应商垄断，正在实现动力电池的源头技术创新。汽车是工业文明的产物，是工业专利与产业链高度集成的一类产品，单凭一两家企业的可持续发展战略与技术积累难以确保整个行业的产业风险在可控范围之内。因此，国内的车机制造商与零部件供应商共同形成重视源头技术创新、愿意为源头技术创新持续性地进行战略投入，才是确保整个行业的产业风险在可控范围之内的关键。

中国出口的高端车型在国际市场上价格较高，但是由跨国公司主导；低端车型以中国本土品牌为主，但是在国际市场上价格往往较低。这可以从两个方面进行解释。一是中国企业充分利用国内"巨市场"优势进行本土化技术创新有效降低了生产成本；二是大多数中国本土企业选择的发展路径都是从低端向高端的发展战略，目前仍以低端、低价策略参与国际市场竞争。德国的汽车产业发展史为中国的新能源汽车产业发展提供了实施品牌高端化可借鉴的经验，其中包括：（1）在市场竞争中实现产品品质的持续提升、引领并确保品质的稳定、可靠；（2）关键技术牢牢掌握在自己手里；（3）智能化、机械性能、能源利用效率与产品设计等关键构件不要出现短板；（4）在满足前3条的基础上注重国际市场营销策略与品牌形象塑造策略；（5）高端品牌的打造需要坚守、积累，又需要适时开辟"新赛道"。

德国、日本等国家汽车制造商的中国市场进入战略为中国汽车制造商的国际市场进入方式选择提供了有价值的借鉴。出口与直接投资这两种常见的市场进入方式比较而言，出口对于企业而言需要承担渠道开拓环节的固定成本与国际国内流通环节的可变成本，直接投资除了需要承担渠道开拓环节的固定成本与国内流通环节的可变成本以外还需承担生产环节的固定成本。简而言之，前者比后者多了国际环节可变的流通成本，后者比前者多了生产环节的固定成本。国际流通环节的总可变成本是流通规模的增函数，直接投资产生的固定成本与流通规模没有直接相关性。当出口规模足够大的时候，出口产生的国际流通环节总可变成本超过直接投资产生的固定成本，直接投资相对于出口成为更为可行的市场进入方式。具体到汽车行业，高端车型在生产方面需要更高级的生产平台、更昂贵的初始投资，在销售方面面临更小的目标市场与更低的销售规模。因此，高端车型以出口方式进入国际市场更为可行。如果考虑到技术封锁，即跨国公司母国政府如果出于技术泄密与产业安全的担忧而限制技术的跨国转移，包括技术在跨国公司体系内的跨国转移，高端车型以出口方式进入国际市场的概率进一步增加。对于受众面比较广的中低端车型，在生产方面的初始投资比高端车型低，在销售方面面临更大的目标市场与更高的销售规模。因此，中低端车型更容易跨过海外投资的最低产量门槛。如果考虑到母国政府"腾笼换鸟"的产业结构升级政策为中低端产业海外转移提供便利，中低端车型在前期出口的基础上转向直接投资方式在东道国当地生产、当地销售的概率大大提高。中国的经验数据验证了上述观点，也为中国汽车的海外市场进入方式选择提供了有价值的借鉴。

第四节　本章小结

汽车在所有的工业产品中呈现最为典型的产品质量异质特征，因此研究汽车企业的国际市场进入与退出机制可为我国的汽车企业推进国际化战略、为我国制造业企业的产出质量升级提供有价值的对策建议。

通过中国汽车市场进行统计分析，我们发现：（1）价格较低的外国品牌汽车主要是通过直接投资（FDI）的方式进入中国市场，价格较高的外国品牌汽车主要通过出口的方式进入中国市场。（2）在中国当地生产的外国品牌车型数量和出口到中国市场的车型数量随着价格上升都呈现出先增加后减少的趋势。（3）对中国进行直接投资（FDI）的外国汽车厂商在中国主要生产价格相对较低的汽车，而对中国出口的外国汽车厂商大多都是高端汽车生产商。（4）高端市场上汽车厂商数量较少，中低端市场上汽车厂商数量较多，直接投资（FDI）厂商数量和出口厂商数量随着价格上升总体上均呈现出先上升后下降的趋势。

基于上述典型化事实，本章构建了一个理论模型以定量描述市场进入方式选择与产品质量异质特征之间的关系。理论与实证研究结论均表明：高端车型在生产方面需要更高级的生产平台、更昂贵的初始投资，在销售方面面临更小的目标市场与更低的销售规模，因此，高端车型以出口方式进入国际市场更为可行。中低端车型在生产方面的初始投资比高端车型低，在销售方面面临更大的目标市场与更高的销售规模，因此中低端车型更容易跨过海外投资的最低产量门槛。

与德国、日本、美国、韩国等重要的汽车出口相比，中国在 2016～2021 年的出口增幅明显，2021 年的出口规模首次超过了韩国和美国。如果以汽车出口金额进行衡量，中国在世界汽车市场上的地位尽管没有汽车出口数量那么重要但是依然进步明显。我国汽车出口的产品价格与日本的出口价格比较接近，与德国、瑞典等欧洲的发达国家出口价格还有较大差距。

对于低端的车型，中国逐步培育了国际竞争优势，在国际市场上得到了认可。对于中端车型而言与日本、美国等发达国家还存在一些差距。对于高端车型而言，与日本、美国等发达国家相比呈现的竞争优势主要来自汽车行业的跨国公司。中国逐步构建了较为完善的汽车产业链，包括高端车产业链，但是本土品牌的高端化还有很长的路要走。

在陆续有国家和地区明确禁售燃油车时间表的时代背景下，中国在新能源车领域表现出更强的竞争优势与更乐观的发展前景。2020年和2021年，不论是出口数量还是出口金额，德国都出现了强劲的上涨，美国均出现持续下降，中国在2021年的增长势头要明显强于德国。中国在新能源车的品牌溢价方面与德国相比还有较大差距。基于上述研究结论本章从5个方面提出我国企业产业升级与高端品牌建设的对策建议。

第六章

经营期质量升级资源配置机制的理论研究

首先，研究生产要素在企业质量改进过程中的经济机理，在文献研究基础上提出全要素生产率对产出贡献的三种具体情况。构建理论模型深入研究制度变革、技术进步与全要素生产率（TFP）之间的经济关系。其次，结合劳动力要素存在垂直差异和水平差异的现实情形，把存在质量差异的劳动力要素看作一个要素"篮子"，探讨要素的组合优化状态，构建一个理论模型分析"篮子"质量优化与产出质量状态之间的经济关系并提出若干研究命题。最后，研究交易环节的质量供求策略。运用博弈论分析质量的混合供给、分类供给等策略选择和相应的福利状态。结合个体消费者的质量需求曲线与均衡状态解释群体福利最大化。

第一节 单一生产要素对质量改进的影响

一、文献梳理

经典的经济学分析框架把生产要素划分为 3 类：劳动、资本和技术。在此基础上，进一步将生产要素的内涵扩展到管理、制度、信息等影响经济增长的其他变量。技术对于经济增长贡献的研究可以追溯到 20 世纪 50 年代，索洛（Solow，1957）提出了具有规模报酬不变特性的总量生产函数和增长方程，在劳动和资本对经济增长的贡献之外还存在劳动与资本两种要素难以解释的经济增长"残差"，这就是后来的全要素生产率的"雏形"。罗伯特·索洛把经济增长的"残差"归结为技术进步。

国内学者系统研究了我国社会主义市场经济建设的实践，对生产要素的内涵有更深入的认识，并就生产要素与经济增长之间的关系得到更为丰富的结论。舒元（1993）把 1949～1990 年我国资源配置、劳动生产率、投资效率和技术及进步比率对经济增长的贡献归结为市场机制得以顺利运转的结果。舒元（1993）把市场机制对国内资源配置的具体作用机制分为：一是市场调用生产所需的各类生产要素，二是市场在生产、研究、发展之间对资源的优化配置，三是市场对经济资源在消费与储蓄之间的优化配置。全要素生产率是剔除要素投入贡献后所得到的残差（Solow，1957），克鲁格曼（1999）提出"东亚无奇迹"的论点后我国的学者开始普遍关注这一问题。

王小鲁（2000）认为 1980～2000 年间我国全要素生产率提高的主要原因是制度变革带来的大规模生产要素重新配置，特别是农村劳动力和资源从农业向乡镇企业和城市第二、第三产业转移和非国有经济的迅速发展。总体而言，引起这一类全要素生产率提高的原因可以解释为实体要素在冗余地区、冗余部门向要素稀缺地区、要素稀缺部门的转移所实现的资源优化配置的结果。在理论上可以归结为非实体要素（制度变革）对实体要素产出水平的调节效应。鲁晓东和连玉君（2012）认为全要素生产率（TFP）反映了生产过程中各种投入要素的单位平均产出水平，也就是投入转化为最终产出的总体效率，全要素生产率（TFP）除了与技术进步有关之外，还反映了物质生产的知识水平、管理技能、制度环境以及计算误差等因素，因此本质上全要素生产率（TFP）是生产率水平的统称。从要素投入规模和要素使用效率的角度，全要素生产率对于经济增长的贡献还可以被理解成全部生产要素的投入量都不变前提下产出增加的部分。因此无论是在概念方面还是在客观实际方面，全要素生产率（TFP）都是集约式、内涵型经济增长的具体表现形式。

目前学术界关于全要素生产率内涵的界定还有分歧，对全要素生产率的估算结果也存在差异。舒元（1993）运用生产函数法估算我国 1952～1990 年全要素生产率增长率，得到的结论是全要素生产率增长率为 0.102%，对产出增长的贡献率为 0.13%。王小鲁（2000）同样利用生产函数法估算我国 1953～1999 年全要素生产率增长率，得到的结论是：1953～1978 年全要素生产率增长率为 -0.117%，1979～1999 年全要素生产率增长率为 1.146%，对经济增长的贡献率为 1.419%。还有一些学者对全要素生产率与经济增长进行了理论思考，如郑玉歆（1999）对全要素生产率测度和经济增长方式转变的阶段性规律进行了详细讨论，但未给出我国全要素生产率的具体估算。易纲等（2003）提出我国经济存在效率提升的四点证据，指出新兴经济在测算全要素生产率上面临的困难，并给出新兴经济全要素生产率的测算模型。

全要素生产率对产出的贡献可以划分为三种具体情况：一是产出质量一定的前提下产出数量与规模的上涨；二是产出数量与规模一定的前提下产出质量的提升；三是规模与质量二者的共同改进。这三种情况均是实物（包括货物与服务）产出的增加，都表现为产出金额的增加。产出金额的增加除了来源于实物产出的增加，还有可能来源于物价的上涨。数量供求的不均等，质量与生俱来的信息不对称特征对数量供求不均等的调节效应，名义变量价格的干扰，这三者共同作用给全要素生产率的准确估计带来了巨大的挑战。据目前已有的全要素生产率的经验研究来看，产出数量的增加与产出质量的升级尚未剥离出来分别进行研究。

二、制度变革、要素流动与全要素生产率（TFP）

结合中国的实际情况，制度变革通过要素从冗余地区、冗余部门流向稀缺地区、稀缺部门，提高了要素的生产效率。在二元经济体中，要素冗余地区主要是指农村，要素稀缺地区主要是指城市；要素冗余部门主要是指农业，要素稀缺部门主要是指工业和服务业；流动的要素主要是劳动这一类实体要素，制度扮演着非实体要素的主要角色。

选择要素的边际产出函数 mp(·) 作为中心化分析工具。存在两个部门：部门 1 为制度变革前的要素冗余部门，部门 2 为制度变革前的要素稀缺部门，两个部门的边际产出函数分别为 $mp_1(L_1)$ 和 $mp_2(\bar{L} - L_1)$。L_1 是部门 1 使用的要素规模，$\bar{L} - L_1$ 是部门 2 使用的要素规模，$\bar{L}$ 是总要素规模。要素冗余、要素流动与全要素生产率变化之间的关系如图 6 - 1 所示。

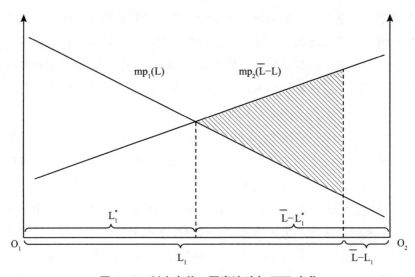

图 6 - 1　制度变革、要素流动与 TFP 变化

制度变革之前，要素的单位产出即要素生产效率 FPL_0 可以表达为：

$$FPL_0 = \frac{1}{\bar{L}}\left(\int_0^{l_1} mp_1(L)\,dL + \int_0^{\bar{L}-L_1} mp_2(L)\,dL\right) \qquad (6-1)$$

制度变革之后，要素的单位产出即要素生产效率 FPL_t 可以表达为：

$$FPL_t = \frac{1}{\bar{L}}\left(\int_0^{L_1^*} mp_1(L)\,dL + \int_0^{\bar{L}-L_1^*} mp_2(L)\,dL\right) \qquad (6-2)$$

L_1^* 满足：$mp_1(L_1^*) = mp_2(\bar{L} - L_1^*)$。

制度变革所贡献的全要素生产率（TFP）：

$$\mathrm{TFP} = \mathrm{FPL}_t - \mathrm{FPL}_0$$

$$= \frac{1}{L}\left(\int_{\bar{L}-L_1}^{\bar{L}-L_1^*} \mathrm{mp}_2(L)\,dL - \int_{L_1^*}^{L_1} \mathrm{mp}_1(L)\,dL\right) \qquad (6-3)$$

图 6 - 1 中的阴影面积为 $\int_{\bar{L}-L_1}^{\bar{L}-L_1^*} \mathrm{mp}_2(L)\,dL - \int_{L_1^*}^{L_1} \mathrm{mp}_1(L)\,dL$，表示要素总量

不变、要素在部门和地区间优化配置带来的产出增加，$\dfrac{1}{L}\left(\int_{\bar{L}-L_1}^{\bar{L}-L_1^*} \mathrm{mp}_2(L)\,dL -\right.$

$\left.\int_{L_1^*}^{L_1} \mathrm{mp}_1(L)\,dL\right)$ 表示生产要素生产效率的变化量。

索洛残差法和隐性变量法在估算全要素生产率时都假设经济资源得到充分利用，用边际产出函数的理论分析方法考虑到资源冗余与资源稀缺在部门间、地区间同时存在的现实情况。在以下几种现实情况下，同一种要素在相对冗余部门和相对稀缺部门之间流动是大概率事件：（1）城镇化过程；（2）产业间的结构调整；（3）产业内的结构调整。

三、技术进步与全要素生产率（TFP）

为了简化分析，先暂不探讨要素在部门或地区间流动的情况，假设技术进步前后部门或地区投入的实体要素规模不变。

技术进步前部门 1 和部门 2 的边际产出函数分别为 $\mathrm{mp}_1(\cdot)$ 和 $\mathrm{mp}_2(\cdot)$，技术进步后边际产出函数分别为 $\mathrm{mp}_{1t}(\cdot)$ 和 $\mathrm{mp}_{2t}(\cdot)$。技术进步提高了要素 L 的边际产出，因此给定 L，$\mathrm{mp}_{1t}(\cdot) > \mathrm{mp}_1(\cdot)$、$\mathrm{mp}_{2t}(\cdot) > \mathrm{mp}_2(\cdot)$。由于存在要素流动的制度门槛，因此技术进步前后两个部门（地区）的要素使用规模仍然为 L_1 和 $\bar{L} - L_1$。技术进步前后部门 1 和部门 2 的边际产出变化及投入要素规模如图 6 - 2 所示。

部门 1 和部门 2 的产出增加均是技术进步的贡献，部门 1 的产出增加量为 $\int_0^{L_1} \mathrm{mp}_{1t}(L)\,dL - \int_0^{L_1} \mathrm{mp}_1(L)\,dL$，部门 2 的产出增加量为 $\int_0^{\bar{L}-L_1} \mathrm{mp}_{2t}(L)\,dL -$

$\int_0^{\bar{L}-L_1} \mathrm{mp}_2(L)\,dL$，即图 6 - 2 中两处的阴影部分面积。

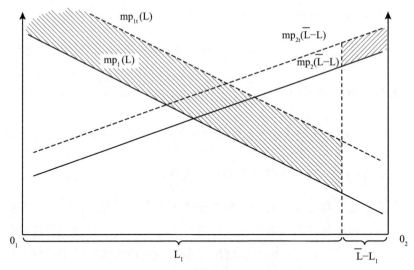

图 6 - 2　技术进步前后的边际产出

部门 1 和部门 2 的全要素生产率分别为：

$$\text{TFP}_1 = \frac{1}{L_1}\left(\int_0^{L_1} mp_{1t}(L)\,dL - \int_0^{L_1} mp_1(L)\,dL\right) \qquad (6-4)$$

$$\text{TFP}_2 = \frac{1}{\overline{L}-L_1}\left(\int_0^{\overline{L}-L_1} mp_{2t}(L)\,dL - \int_0^{\overline{L}-L_1} mp_2(L)\,dL\right) \qquad (6-5)$$

对于整个经济体而言，全要素生产率为：

$$\text{TFP} = \frac{1}{\overline{L}}\left[\int_0^{L_1}(mp_{1t}(L) - mp_1(L))\,dL + \int_0^{\overline{L}-L_1}(mp_{2t}(L) - mp_2(L))\,dL\right]$$

$$(6-6)$$

对于生产要素投入规模保持不变，或者生产要素的变化量相比较期初参与生产的要素规模存量非常之小的情形而言，部门或地区的产出变化量主要是由要素的生产效率变化导致。因此，此处探讨的全要素生产率变化不考虑要素在不同部门之间通过流动实现优化配置而对产出增加的贡献。

四、制度变革、技术进步与全要素生产率（TFP）

下面考察制度变革与技术进步共同促进要素生产率提高的综合情形。

技术进步通过提高部门原有生产要素的边际产出，进而提高了原有劳动的平均产出。制度变革通过促进劳动力在部门间的有效配置，即从生产效率低的部门流向生产效率高的部门，进而提高了劳动力的平均产出。

为了简化分析，假设技术进步与制度变革前后部门或地区投入的实体要素劳动的规模不变，为 $\bar{L}$。技术进步前部门 1 和部门 2 的边际产出函数分别为 $mp_1(\cdot)$ 和 $mp_2(\cdot)$，技术进步后边际产出函数分别为 $mp_{1t}(\cdot)$ 和 $mp_{2t}(\cdot)$。技术进步提高了要素 L 的边际产出，因此给定 L，$mp_{1t}(\cdot) > mp_1(\cdot)$、$mp_{2t}(\cdot) > mp_2(\cdot)$。

制度变革前部门 1 使用的劳动规模为 L_1，部门 2 使用的劳动规模为 $\bar{L} - L_1$。制度变革降低了要素流动的制度门槛，制度变革促进劳动力从部门 1 流向部门 2，制度变革后部门 1 使用的劳动规模为 L_{1t}，部门 2 使用的劳动规模为 $\bar{L} - L_{1t}$。制度变革与技术进步在两个部门的具体表现如表 6-1 所示。

表 6-1　　　　　制度变革与技术进步在 2 个部门的具体表现

		部门 1	部门 2
技术进步前、制度变革前	劳动	L_1	$\bar{L} - L_1$
	边际产出	$mp_1(\cdot)$	$mp_2(\cdot)$
技术进步后、制度变革后	劳动	L_{1t}	$\bar{L} - L_{1t}$
	边际产出	$mp_{1t}(\cdot)$	$mp_{2t}(\cdot)$

技术进步与制度变革前后部门 1 和部门 2 的边际产出变化及投入要素规模如图 6-3 所示。部门 1 和部门 2 的产出增加可以分为两种情形：一是要素边际产出的增加，图 6-3 中表现为边际产出曲线的向上平移带来的产出增加；二是要素在部门间的有效配置促进产出的增加，图 6-3 中表现为梯形阴影部分的面积。

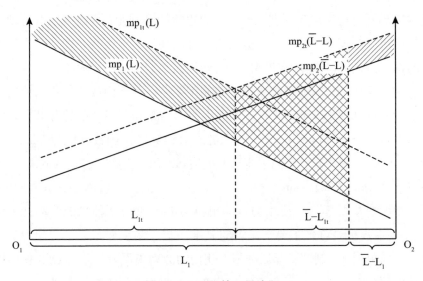

图 6 − 3　TFP 的二元边际

部门 1 由技术进步贡献的产出增加量为：$\int_0^{L_1} mp_{1t}(L)\,dL - \int_0^{L_1} mp_1(L)\,dL$

部门 1 由制度变革贡献的产出增加量为：$\int_{L_1}^{L_{1t}} mp_1(L)\,dL$

部门 2 由技术进步贡献的产出增加量为：$\int_0^{\overline{L}-L_1} mp_{2t}(L)\,dL -$

$\int_0^{\overline{L}-L_1} mp_2(L)\,dL$

部门 2 由制度变革贡献的产出增加量为：$\int_{\overline{L}-L_1}^{\overline{L}-L_{1t}} mp_{2t}(L)\,dL$

由部门 1 和部门 2 所构成的经济体的全要素生产率为：

$$TFP = \frac{1}{\overline{L}} \left[\int_0^{L_{1t}} (mp_{1t}(L) - mp_1(L))\,dL + \int_0^{\overline{L}-L_1} (mp_{2t}(L) - mp_2(L))\,dL \right.$$

$$\left. + \int_{\overline{L}-L_1}^{\overline{L}-L_{1t}} (mp_{2t}(L) - mp_1(L))\,dL \right] \tag{6-7}$$

其中，技术进步的贡献为：

$$\frac{1}{\overline{L} - L_1 + L_{1t}} \left[\int_0^{L_{1t}} (mp_{1t}(L) - mp_1(L))\,dL + \int_0^{\overline{L}-L_1} (mp_{2t}(L) - mp_2(L))\,dL \right]$$

制度变革的贡献为:

$$\frac{1}{L_1 - L_{1t}} \int_{\bar{L}-L_1}^{\bar{L}-L_{1t}} (\mathrm{mp}_{2t}(L) - \mathrm{mp}_1(L)) dL$$

五、质量内涵与质量改进的经济机理

高质量发展已成为中国各界对国民经济发展战略方向的共识。从 2017 年习近平总书记在中国共产党第十九次全国代表大会首次提出高质量发展的表述,到 2020 年 6 月在宁夏考察时对高质量发展的论述,丰富了我国的高质量发展的内涵。高质量发展的经济社会质态,不仅体现在经济领域,而且体现在更广泛的社会、政治和文化等领域(金碚,2018)。高质量发展在基本的经济学意义上可以表述为:能够更好满足人民不断增长的真实需要的经济发展方式、结构和动力状态(金碚,2018)。与发展速度相比,发展质量在经济增长方面表现为本真性价值的创造。本真性价值的创造活动分为两种:一种是市场机制主导的价值创造活动;另一种是政府通过制度和政策规制主导的价值创造活动。本书划分为由市场机制主导的企业自发的微观经济增长质量和由政府政策与制度参与规制的宏观经济增长质量。前者主要表现为高质量产品(服务)的生产与高效率技术与生产方式的实现,后者主要通过法律制度、产权界定实现系统风险的防范、市场机制健全、生态环境改善等。对宏观经济增长质量与微观经济增长质量内涵的界定如图 6-4 所示。微观经济增长质量状态不断改进,一方面,通过微观指标的统计加总直接表现为宏观经济质量状态关键指标的改进,另一方面,宏观经济质量层面一些易"僵化不变"的关键因素需要通过外生的政策与制度变迁适时进行调整、优化。从某种意义上,宏观经济增长质量是微观经济增长质量的包络,宏、微观经济增长质量的动态变化、反馈、约束、突破与演进共同阐释了高质量发展的经济学内涵。

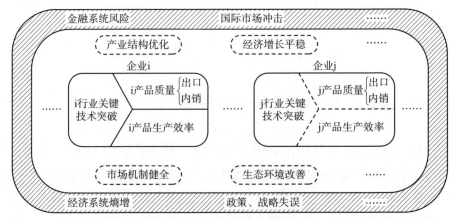

图 6-4 宏观与微观经济增长质量内涵与机理

在中国对外开放 40 余年、对外开放不断扩大的背景下，研究外贸、外资对我国高质量发展的经济学内涵具有更为迫切的理论意义与实践价值。更具体一点，研究企业层面的微观经济增长质量、变化特征及跨国公司所起的作用，对于充分利用国内和国际市场上优势要素资源、推动企业产出质量升级与经济增长质量升级具有重要意义。

第二节 要素 "篮子" 对产出质量的影响

劳动力要素同样存在垂直的和水平的差异，即要素质量和要素种类（性别、年龄、种族、文化等）的差异。把劳动力要素看作一个要素 "篮子"，那么存在要素的组合优化状态，要素 "篮子" 的组合优化状态即要素 "篮子" 的质量。产出是要素 "篮子" 质量的增函数，产出最大化是要素 "篮子" 质量优化的目标。"篮子" 内子要素 + 要素 "篮子" 的生产投入二级结构决定了收入的二级分配制度：第一级分配是对要素 "篮子" 的收入分配，第二级分配是对 "篮子" 内子要素的收入分配。要素 "篮子" 的内涵随着企业边界、业务外包的状况而动态调整。

一、基于垂直价值链流程的要素"篮子"

A 梯队：该类子要素的产出是提出科学样机，其投入是前沿技术与理念。用任何方法实现均可，只要能够论证其可行性、在理论上可行即可，现实中不可行也是成功的。

B 梯队：该类子要素的投入是科学样机，产出是商业样机。这一环节是在科学样机的基础上发展商业样机，是把 A 梯队的成果转化成生产的实践。

C 梯队：该类子要素的投入是商业样机，产出是符合多场景化需求的产品。这一类要素的产出具有更强的需求导向、与需求端更接近。

D 梯队：该类子要素的产出符合多场景化需求的产品，投入是基于容差设计的匹配零部件。用容差设计和普通的零部件，做出最好的产品，实现低价量产。

以华为的研发团队为例，基于前文的分析，基于垂直价值链流程的要素"篮子"的研发要素结构如图 6-5 所示。商业产品 + 匹配零部件是研发要素"篮子"贡献的方案。

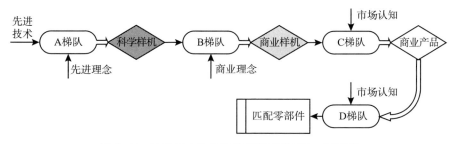

图 6-5　基于垂直价值链流程的研发要素"篮子"

对于 A 梯队而言，判断该类要素产出有效性的标准是"科学样机"是否在理论上可行，而不是是否最终转化成商业产品；其研发投入是 A 梯队所掌握的前沿技术和先进理念。A 梯队在行业中的贡献是在理论上和概念上把技术创新成果产业化。因此衡量这一类要素的绩效不是市场绩效，而是理论产出。因此，该类要素的研究与高校和科研院所的研究更为相似，与应用研发相比较更接近基础研究。

对于 B 梯队而言，其产出是正式投产之前为验证科学样机的合理性和可行性而制作的样品或概念产品。判断该类要素产出有效性的标准：一是商业样机转化成商业产品的情况；二是商业样机对于科学样机的实现程度。对于这一类研发人员而言，其研发投入为科学样机和商业理论，均是知识类生产投入，研发产出则是为商业化的实物产品，比如，汽车行业中实物化的概念车或者工程车，前者更接近科学样机，后者更接近商业产品。尽管 B 梯队的研发投入是知识类投入，产出是实物产品，但是该研发子要素的研发绩效相对容易衡量。

对于 C 梯队而言，其生产投入是实物化的概念产品或工程试制产品，产出为符合特定市场场景需求的商业化产品。该研发环节的产出是垂直差异化产品和水平差异化产品的产品"篮子"。其产出有效性的标准由市场绩效决定，该类要素产出有效性是市场绩效的必要条件而非充分条件。影响市场绩效的因素除了该类研发要素的产出有效性以外还包括销售、销售服务等因素。其产出有效性是市场绩效的基础条件。这一类研发环节的研发投入除了商业样机以外还包括基于商品市场信息与知识的商品市场认知，模糊的市场定位取决于商业样机，而精准的市场定位则取决于商业产品。从科学样机到商业样机再到商业产品的过程，也是产品研发的质量阶梯垂直化定位到水平差异化定位过渡的过程。

对于 D 梯队而言，其研发决策的目标是产品"篮子"的零部件成本最小化。约束条件：一是商业产品特定的垂直差异化与水平差异化（产品"篮子"内涵）。二是单一产品的狭义质量状态（状态稳定性、使用寿命等）；投入的研发要素是对零部件市场的认知。研发目标的实现手段之一是零部件在技术上的容差设计。三是同一零部件在产品"篮子"应用的范围经济。对于这一类研发人员而言，对于零部件市场上零部件的性能、零部件之间的匹配性与零部件对于产品功能的实现程度等方面的了解尤为重要，这类似于门诊医生对于处方上的药品药效和药品之间协同治疗效应的理解。至于同供货商之间的谈判、供应链管理等事宜不是这一类研发人员的职责，此类事宜是采购部门的工作。

二、一个质量产出模型

研发要素"篮子"的产出需要用 2 个维度衡量，一是研究与开发的产品种类，用 K 表示；二是产出的质量等级，用 λ 表示。总体而言，要素"篮子"中的子要素之间与产出种类、产出质量之间满足里昂惕夫函数形式。

基于以上分析，基于垂直价值链流程的要素"篮子"与研发产出之间的关系可以进行如下建模：

L_i 表示第 i 个梯队投入的研发劳动规模，单位：小时；i 也表示第 i 类研发劳动，在上例中 i = A、B、C、D 共 4 类劳动。

λ_i 表示第 i 个梯队研发劳动质量，可以用研发人员的职称等级、从事研发工作的年龄或业内认可程度表示。

c_i 表示第 i 个梯队的产出种类研发成本，即研究、开发出一件产品（科学样机、商业样机或商业产品）所需有效的第 i 类研发劳动，单位：小时。

c_{qi} 表示第 i 个梯队的产出质量研发成本，质量为 λ_i 的研发劳动、投入 L_i 单位得到单位产品（科学样机、商业样机或商业产品）的质量等级为 $\lambda_i L_i / c_{qi}$。

对于 D 梯队而言，产出质量 λ_{qD} 与研发投入之间的函数关系和 A、B、C 不同，既与 λ_D、L_D、c_D 有关，又与 C 梯队的产出种类 K_C 多少有关，C 梯队的产出种类 K_C 越多 D 梯队的产出质量 λ_{qD} 升级越困难。因此 D 梯队的产出质量 λ_{qD} 可以表示为：

$$\lambda_{qD} = q_D \left(\frac{\lambda_D L_D}{c_D} \right) \frac{1}{K_C} \qquad (6-8)$$

其中，$q_D(\cdot)$ 表示 D 梯队通过对于零部件市场上零部件的性能、零部件之间的匹配性与零部件对于产品功能的实现程度等方面的了解对产品的质量产出函数，是增函数。

单一款商业产品的最终产出质量 λ 为：

$$\lambda = \min\left\{\frac{\lambda_A L_A}{c_{qA}}, \ \frac{\lambda_B L_B}{c_{qB}}, \ \frac{\lambda_C L_C}{c_{qC}}, \ \lambda_{qD}\right\} \quad (6-9)$$

A 梯队和 B 梯队的联合研发出的产品种类 K_B 满足：

$$K_B = \min\left\{\text{int}\left(\frac{\lambda_A L_A}{c_A}\right), \ \text{int}\left(\frac{\lambda_B L_B}{c_B}\right)\right\} \quad (6-10)$$

其中，$\text{int}(\cdot)$ 表示对解释变量取整数。

C 梯队的产出种类主要取决于两类因素，一是 B 梯队的产出种类 K_B，二是 C 梯队研发活动的范围经济，因此 K_C 满足：

$$K_C = s\left(\frac{\lambda_C L_C}{c_C}\right)K_B \quad (6-11)$$

其中，$s(\cdot)$ 表示 C 梯队研发活动的范围经济函数，是增函数。

综上得到要素"篮子"的产出种类函数 $K = K_C$，由式（6-10）和式（6-11）得到：

$$K = s\left(\frac{\lambda_C L_C}{c_C}\right)\min\left\{\text{int}\left(\frac{\lambda_A L_A}{c_A}\right), \ \text{int}\left(\frac{\lambda_B L_B}{c_B}\right)\right\} \quad (6-12)$$

要素"篮子"的产出质量函数 λ，由式（6-8）、式（6-9）、式（6-10）、式（6-11）得到[①]：

$$\lambda = \min\left\{\frac{\lambda_i L_i}{c_{qi}}, \ \min\left\{\text{int}\left(\frac{\lambda_A L_A}{c_A}\right), \ \text{int}\left(\frac{\lambda_B L_B}{c_B}\right)\right\}^{-1} \times \frac{q_D\left(\frac{\lambda_D L_D}{c_D}\right)}{s\left(\frac{\lambda_C L_C}{c_C}\right)}\right\}$$

$$(6-13)$$

其中，$i = A$、B、C。

$s\left(\frac{\lambda_C L_C}{c_C}\right)^{-1}$ 可以解释为垂直和水平的产品差异化给 D 梯队带来的产品

[①] 式（6-13）也可以表示为：

$$\lambda = \min\left\{\frac{\lambda_A L_A}{c_{qA}}, \ \frac{\lambda_B L_B}{c_{qB}}, \ \frac{\lambda_C L_C}{c_{qC}}, \ q_D\left(\frac{\lambda_D L_D}{c_D}\right)\min\left\{\text{int}\left(\frac{\lambda_A L_A}{c_A}\right), \ \text{int}\left(\frac{\lambda_B L_B}{c_B}\right)\right\}^{-1} s\left(\frac{\lambda_C L_C}{c_C}\right)^{-1}\right\}$$

质量控制或质量升级方面的困难。

对于垂直价值链流程的要素"篮子",只要有一个环节"掉链子"就会严重阻碍商业化产品的种类细化和质量升级。要素"篮子"的质量主要表现为两点:

(1)子类研发劳动要素质量与劳动规模和研发活动难易相匹配,即λL与c相匹配。

(2)每一类子要素(每一个梯队)之间要在研发相对投入上匹配,即不同类$\lambda L/c$之间的匹配。

三、理论分析结论

对于商业化产品的种类K而言,有如下命题:

命题6.1　A梯队和B梯队的研发劳动力质量同时提升相同的幅度,商业化产品的种类K也相应地增加。

命题6.2　A梯队和B梯队的研发劳动力投入规模同时提升相同的幅度,商业化产品的种类K也相应地增加。

命题6.3　C梯队的研发劳动力质量或投入规模提升一定的幅度,商业化产品的种类K会相应地增加。

命题6.4　由于研发环境变化,A梯队和B梯队的研发困难程度均下降,商业化产品的种类K会相应地增加。

命题6.5　由于研发环境变化,C梯队的研发困难程度下降,商业化产品的种类K会相应地增加。

对于商业化产品的产品质量λ,有如下命题:

命题6.6　A梯队和B梯队的研发劳动力质量同时提升相同的幅度,商业化产品的质量λ也相应地提升。

命题6.7　A梯队和B梯队的研发劳动力投入规模同时提升相同的幅度,商业化产品的质量λ也相应地提升。

命题6.8　C梯队的研发劳动力质量或投入规模提升一定的幅度,商业化产品的质量λ会相应地提升。

命题 6.9　由于研发环境变化，A 梯队和 B 梯队的研发困难程度均下降，商业化产品的质量 λ 会相应地提升。

命题 6.10　由于研发环境变化，C 梯队的研发困难程度下降，商业化产品的质量 λ 会相应地提升。

第三节　交易环境与质量供求策略的动态博弈

一、动态博弈与支付

（一）混合供给、混合选择

假设高等质量商品与低等质量商品的供给结构与需求结构总体相匹配，这意味着：

$$\frac{\overline{s^h}}{q^h} = \frac{\overline{s^l}}{q^l} = \frac{\overline{s^h} + \overline{s^l}}{q^h + q^l} \equiv n \qquad (6-14)$$

其中，n 表示一个供给方的供给能力可以满足 n 个消费者的需求，$\overline{s^h}$、$\overline{s^l}$ 分别表示高等和低等品质产品的供给量，q^h、q^l 分别是其价格。此匹配关系也意味着：

$$\overline{q_1} = \overline{s^h} + \overline{s^l}$$

$\overline{q_1}$ 是混合供给量，摆在商品供给方面前的有两个选择：质量混合供给还是分类供给。如果商品供给方选择质量混合供给，消费者有两种选择：混合选择和分类选择。供给方分类供给、消费者混合选择，供给方的剩余为 $SSUR^{aa}$，消费者剩余为 $CSUR^{aa}$。存在：

$$SSUR^{aa} = (p_1^a - mc^a) \times (\overline{s^h} + \overline{s^l}) \qquad (6-15)$$

其中，p_1^a 是混合供给情形下的市场价格，mc^a 是混合供给的平均边际成本。根据供给方与需求方的质量供需在数量上的匹配关系：

$$CSUR^{aa} = \frac{1}{n} \int_0^{\overline{s^h} + \overline{s^l}} [f^a(q) - p_1^a] dq \qquad (6-16)$$

其中，$f^a(q)$ 是混合供给情形下的需求函数。

混合供给与分类供给下的动态博弈如图 6-6 所示。

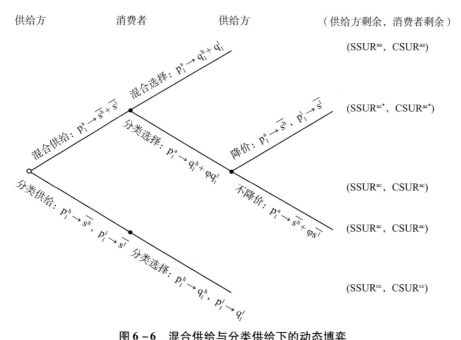

图 6-6 混合供给与分类供给下的动态博弈

（二）混合供给、分类选择、降价

如果商品供给方选择质量混合供给，消费者分类选择，供给方针对低等质量商品选择降价，供给方的剩余为 $SSUR^{ac*}$，消费者剩余为 $CSUR^{ac*}$。$SSUR^{ac*}$ 可写为：

$$SSUR^{ac*} = (p_1^a - mc^a) \times \overline{s^h} + (p_1^l - mc^a) \times \overline{s^l} \qquad (6-17)$$

根据供给方与需求方的质量供需在数量上的匹配关系①：

$$\mathrm{CSUR}^{ac*} = \frac{1}{n}\int_0^{\overline{s^h}}[f^h(q) - p_1^a]dq + \frac{1}{n}\int_{\overline{s^h}}^{\overline{s^h+s^l}}[f^l(q) - p_1^l]dq \quad (6-18)$$

（三）混合供给、分类选择、不降价

如果商品供给方选择质量混合供给，消费者分类选择，供给方针对低等质量商品选择不降价，供给方的剩余为 SSUR^{ac}，消费者剩余为 CSUR^{ac}。SSUR^{ac} 可写为：

$$\mathrm{SSUR}^{ac} = (p_1^a - mc^a) \times \overline{s^h} + (p_1^a - mc^a) \times \varphi\overline{s^l} \quad (6-19)$$

根据供给方与需求方的质量供需在数量上的匹配关系②：

$$\mathrm{CSUR}^{ac} = \frac{1}{n}\int_0^{\overline{s^h}}[f^h(q) - p_1^a]dq + \frac{1}{n}\int_{\overline{s^h}}^{\overline{s^h+\varphi s^l}}[f^l(q) - p_1^a]dq \quad (6-20)$$

式（6-20）中，φ 表示在混合供给、分类选择、供给方不降价情况下所能出售的低等商品的比重。

$$\varphi \equiv \frac{f^{-1}(p_1^a) - q_1^h}{q_1^l} \quad (6-21)$$

$f^{-1}(\cdot)$ 是 $f^l(\cdot)$ 的反函数。

（四）分类供给、分类选择

如果商品供给方选择质量分类供给，消费者分类选择，供给方的剩余

---

① $\mathrm{CSUR}^{ac*} \equiv \int_0^{q_1^h}[f^h(q) - p_1^a]dq + \int_{q_1^h}^{q_1^h+q_1^l}[f^l(q) - p_1^l]dq$

$= \frac{1}{n}\int_0^{\overline{s^h}}[f^h(q) - p_1^a]dq + \frac{1}{n}\int_{\overline{s^h}}^{\overline{s^h+s^l}}[f^l(q) - p_1^l]dq$

② $\mathrm{CSUR}^{ac} \equiv \int_0^{q_1^h}[f^h(q) - p_1^a]dq + \int_{q_1^h}^{q_1^h+q_1^l}[f^l(q) - p_1^a]dq$

$= \frac{1}{n}\int_0^{\overline{s^h}}[f^h(q) - p_1^a]dq + \frac{1}{n}\int_{\overline{s^h}}^{\overline{s^h+\varphi s^l}}[f^l(q) - p_1^a]dq$

为 $SSUR^{cc}$，消费者剩余为 $CSUR^{cc}$。

根据前文的分析，$SSUR^{cc}$ 可写为：

$$SSUR^{cc} = (p_1^h - mc^a) \times \overline{s^h} + (p_1^l - mc^a) \times \overline{s^l} \qquad (6-22)$$

根据前文的分析和供给方与需求方的质量供需在数量上的匹配关系[1]：

$$CSUR^{cc} = \frac{1}{n} \int_0^{\overline{s^h}} [f^h(q) - p_1^h] dq + \frac{1}{n} \int_{\overline{s^h}}^{\overline{s^h+s^l}} [f^l(q) - p_1^l] dq \quad (6-23)$$

二、均衡状态

(一) 占优策略

四种策略组合即相应的支付组合：

Ⅰ："混合供给→混合选择"，供给方和消费者剩余为（$SSUR^{aa}$，$CSUR^{aa}$）。

Ⅱ："混合供给→分类选择→降价"，供给方和消费者剩余为（$SSUR^{ac*}$，$CSUR^{ac*}$）。

Ⅲ："混合供给→分类选择→不降价"，供给方和消费者剩余为（$SSUR^{ac}$，$CSUR^{ac}$）。

Ⅳ："分类供给→分类选择"，供给方和消费者剩余为（$SSUR^{cc}$，$CSUR^{cc}$）。

如表 6-2 所示，供给方有先行者优势。四种结果中，对于供给方存在 $SSUR^{aa} > SSUR^{ac*}$，$SSUR^{aa} > SSUR^{ac}$，$SSUR^{cc} > SSUR^{ac*}$。上述不等关系恒成立。

---

[1]　$CSUR^{cc} \equiv \int_0^{q_1^h} [f^h(q) - p_1^h] dq + \int_{q_1^h}^{q_1^h+q_1^l} [f^l(q) - p_1^l] dq$

$\qquad = \frac{1}{n} \int_0^{\overline{s^h}} [f^h(q) - p_1^h] dq + \frac{1}{n} \int_{\overline{s^h}}^{\overline{s^h+s^l}} [f^l(q) - p_1^l] dq$

表 6 – 2 供给方的占优策略

	$SSUR^{aa}$	$SSUR^{ac*}$	$SSUR^{ac}$	$SSUR^{cc}$
$SSUR^{aa}$	—	←	←	?
$SSUR^{ac*}$	—	—	?	↑
$SSUR^{ac}$	—	—	—	?
$SSUR^{cc}$	—	—	—	—

注：箭头指向的 SSUR 恒大于箭头所在单元格对应的另一个 SSUR，"?"表示大小关系不能确定。"—"表示大小关系的描述省略，参看对角单元格中的描述。

如表 6 – 3 所示，对于需求方存在：$CSUR^{ac*} > CSUR^{aa} > CSUR^{cc}$，$CSUR^{ac*} > CSUR^{ac}$。

表 6 – 3 需求方的占优策略

	$CSUR^{aa}$	$CSUR^{ac*}$	$CSUR^{ac}$	$CSUR^{cc}$
$CSUR^{aa}$	—	↑	?	→
$CSUR^{ac*}$	—	—	←	?
$CSUR^{ac}$	—	—	—	?
$CSUR^{cc}$	—	—	—	—

注：箭头指向的 SSUR 恒大于箭头所在单元格对应的另一个 SSUR，"?"表示大小关系不能确定。"—"表示大小关系的描述省略，参看对角单元格中的描述。

$CSUR^{ac*}$ 与 $CSUR^{ac}$ 的大小关系非常明了。对于 $CSUR^{ac*} > CSUR^{aa} > CSUR^{cc}$ 的分析如下[①]：

$$CSUR^{aa} = \frac{1}{n} \int_{0}^{\overline{s^h + s^l}} [f^a(q) - p_1^a] dq$$

---

① $\partial f^a(q^a)/\partial q^a = \partial f^l(q^l)/\partial q^l$，因此 $\frac{1}{n} \int_{s^h}^{\overline{s^h + s^l}} [f^a(q) - p_1^a] dq = \frac{1}{n} \int_{s^h}^{\overline{s^h + s^l}} [f^l(q) - p_1^l] dq$。

$\partial f^h(q^h)/\partial q^h = \partial f^a(q^a)/\partial q^a$，因此 $\int_{0}^{\overline{s^h}} [f^a(q) - f^a(q_1^h)] dq = \int_{0}^{\overline{s^h}} [f^h(q) - p_1^h] dq$

$$= \frac{1}{n}\int_0^{\overline{s^h}}[f^a(q) - p_1^a]dq + \frac{1}{n}\int_{\overline{s^h}}^{\overline{s^h+s^l}}[f^a(q) - p_1^a]dq$$

$$< \frac{1}{n}\int_0^{\overline{s^h}}[f^h(q) - p_1^a]dq + \frac{1}{n}\int_{\overline{s^h}}^{\overline{s^h+s^l}}[f^a(q) - p_1^a]dq$$

$$= \frac{1}{n}\int_0^{\overline{s^h}}[f^h(q) - p_1^a]dq + \frac{1}{n}\int_{\overline{s^h}}^{\overline{s^h+s^l}}[f^l(q) - p_1^l]dq$$

$$= CSUR^{ac*} \tag{6-24}$$

$$CSUR^{aa} = \frac{1}{n}\int_0^{\overline{s^h+s^l}}[f^a(q) - p_1^a]dq$$

$$= \frac{1}{n}\int_0^{\overline{s^h}}[f^a(q) - p_1^a]dq + \frac{1}{n}\int_{\overline{s^h}}^{\overline{s^h+s^l}}[f^a(q) - p_1^a]dq$$

$$= \frac{1}{n}\int_0^{\overline{s^h}}[f^a(q) - f^a(q_1^h)]dq + \frac{1}{n}\int_0^{\overline{s^h}}[f^a(q) - p_1^a]dq + \frac{1}{n}\int_{\overline{s^h}}^{\overline{s^h+s^l}}[f^a(q) - p_1^a]dq$$

$$= \frac{1}{n}\int_0^{\overline{s^h}}[f^h(q) - p_1^h]dq + \frac{1}{n}\int_0^{\overline{s^h}}[f^a(q) - p_1^a]dq + \frac{1}{n}\int_{\overline{s^h}}^{\overline{s^h+s^l}}[f^l(q) - p_1^l]dq$$

$$= \frac{1}{n}\int_0^{\overline{s^h}}[f^h(q) - p_1^h]dq + \frac{1}{n}\int_{\overline{s^h}}^{\overline{s^h+s^l}}[f^l(q) - p_1^l]dq + \frac{1}{n}\int_0^{\overline{s^h}}[f^a(q) - p_1^a]dq$$

$$= CSUR^{cc} + \frac{1}{n}\int_0^{\overline{s^h}}[f^a(q) - p_1^a]dq \tag{6-25}$$

（二）均衡状态

对于消费者而言，四种结果中第Ⅱ种结果的消费者总剩余最大；而对于供给方而言，其他三种结果中任何一种结果的供给方剩余都比第Ⅱ种结果的供给方剩余大。如果供给方最初选择了混合供给，其最优博弈路径是"混合供给→混合选择"——因为 $SSUR^{aa} > SSUR^{ac*}$，$SSUR^{aa} > SSUR^{ac}$。

供给方最初选择混合供给还是分类供给，取决于 $SSUR^{aa}$ 与 $SSUR^{cc}$ 的大小关系。

$$SSUR^{cc} - SSUR^{aa} = (p_1^h - p_1^a) \times \overline{s^h} - (p_1^a - p_1^l) \times \overline{s^l} \qquad (6-26)$$

因此，均衡状态下策略选择和支付结果如下：

（1）分类供给。条件：$\dfrac{p_1^h - p_1^a}{p_1^a - p_1^l} > \dfrac{\overline{s^l}}{\overline{s^h}}$。均衡状态下的支付为（$SSUR^{cc}$，$CSUR^{cc}$）。

（2）混合供给，并且采取措施保证需求方混合选择。条件：$\dfrac{p_1^h - p_1^a}{p_1^a - p_1^l} \leqslant \dfrac{\overline{s^l}}{\overline{s^h}}$。均衡状态下的支付为（$SSUR^{aa}$，$CSUR^{aa}$）。

三、福利最大化

用 n 个消费者的消费者总剩余和 l 家供给方的供给方剩余之和表示其所构成的一个群体的福利[1]。

结果 I 对应的群体福利 $WELF_I$ 为：

$$WELF_I = SSUR^{aa} + n \times CSUR^{aa}$$

$$= (p_1^a - mc^a) \times (\overline{s^h} + \overline{s^l}) + \int_0^{\overline{s^h} + \overline{s^l}} [f^a(q) - p_1^a] dq \qquad (6-27)$$

结果 IV 对应的群体福利 $WELF_{IV}$ 为：

$$WELF_{IV} = SSUR^{cc} + n \times CSUR^{cc}$$

$$= (p_1^h - mc^a) \times \overline{s^h} + (p_1^l - mc^a) \times \overline{s^l} + \int_0^{\overline{s^h}} [f^h(q)$$

$$- p_1^h] dq + \int_{\overline{s^h}}^{\overline{s^h} + \overline{s^l}} [f^l(q) - p_1^l] dq \qquad (6-28)$$

---

[1] 一个经济中类似这样的群体还有很多，因此研究其中的一个群体具有代表性。

比较结果Ⅳ和结果Ⅰ的群体福利大小[①]：

$$\text{WELF}_{\text{Ⅳ}} - \text{WELF}_{\text{Ⅰ}}$$

$$= (p_1^h - p_1^a) \times \overline{s^h} - (p_1^a - p_1^l) \times \overline{s^l} - \int_0^{\overline{s^h}} [f^a(q_1^h) - p_1^a] dq$$

$$= (p_1^h - p_1^a) \times \overline{s^h} - (p_1^a - p_1^l) \times \overline{s^l} - [f^a(q_1^h) - p_1^a] \times \overline{s^h}$$

$$= [p_1^h - f^a(q_1^h)] \times \overline{s^h} - (p_1^a - p_1^l) \times \overline{s^l} \qquad (6-29)$$

结合个体消费者的质量需求曲线与均衡状态（见图6-7）解释群体福利最大化：

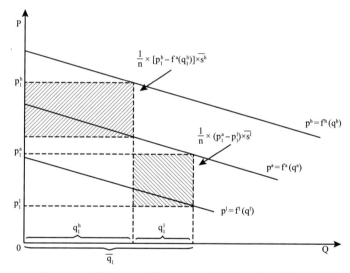

图6-7　基于个体消费者分析工具的福利最大化解释

---

① 第一步用到下面三个条件：

$$\text{WELF}_{\text{Ⅰ}} = \int_0^{\overline{s^h}} [f^a(q) - f^a(q_1^h)] dq + \int_0^{\overline{s^h}} [f^a(q_1^h) - p_1^a] dq + \int_{\overline{s^h}}^{\overline{s^h + s^l}} [f^a(q) - p_1^a] dq$$

$$\int_0^{\overline{s^h}} [f^a(q) - f^a(q_1^h)] dq = \int_0^{\overline{s^h}} [f^h(q) - p_1^h] dq$$

$$\int_{\overline{s^h}}^{\overline{s^h + s^l}} [f^a(q) - p_1^a] dq = \int_{\overline{s^h}}^{\overline{s^h + s^l}} [f^l(q) - p_1^l] dq$$

（1）高等质量商品规模与低等质量商品规模相当，如果大多数厂商提供的质量异质的商品质量等级都偏低，均等质量需求曲线离低等质量需求曲线较近，那么 $WELF_{IV} > WELF_{I}$，分类供给比混合供给更有助于福利最大化。

（2）高等质量商品规模与低等质量商品规模相当，如果大多数厂商提供的质量异质的商品质量等级都偏高，均等质量需求曲线离高等质量需求曲线较近，那么 $WELF_{IV} < WELF_{I}$，混合供给比分类供给更有助于福利最大化。

（3）质量分布较均匀，如果高等质量商品规模明显大于低等商品质量规模，那么 $WELF_{IV} > WELF_{I}$，分类供给比混合供给更有助于福利最大化。

（4）质量分布较均匀，如果高等质量商品规模明显小于低等商品质量规模，那么 $WELF_{IV} < WELF_{I}$，混合供给比分类供给更有助于福利最大化。

（5）如果质量分布较均匀，高等质量商品规模与低等商品质量规模相当，结果IV和结果 I 的群体福利大小没有明显差异。

第四节　本章小结

本章研究了生产要素在本土企业质量改进过程中的经济机理，梳理了经济学文献对生产要素和生产率相关规律的探讨，提出全要素生产率对产出质量影响的三种具体情况。通过一个理论模型深入研究了制度变革、技术进步与全要素生产率（TFP）之间的经济关系。结合我国的社会主义市场经济建设实践对宏观与微观经济增长质量内涵与机理进行了初步探讨。

微观经济增长质量状态不断改进，一方面通过微观指标的统计加总直接表现为宏观经济质量状态关键指标的改进；另一方面宏观经济质量层面一些易"僵化不变"的关键因素需要通过外生的政策与制度变迁适时进行调整、优化。从某种意义上，宏观经济增长质量是微观经济增长质量的包络，宏、微观经济增长质量的动态变化、反馈、约束、突破与演进共同阐释了高质量发展的经济学内涵。

考虑了劳动力要素存在垂直差异和水平差异的现实情形，把劳动力要素看作一个要素"篮子"，探讨了要素的组合优化状态，即要素"篮子"的质量状态。作者认为，产出是要素"篮子"质量的增函数，产出最大化是要素"篮子"质量优化的目标。"篮子"内子要素＋要素"篮子"的生产投入二级结构决定了收入的二级分配制度：第一级分配是对要素"篮子"的收入分配，第二级分配是对"篮子"内子要素的收入分配。要素"篮子"的内涵随着企业边界、业务外包的状况而动态调整。通过构建一个理论模型所展开的梳理分析与逻辑推演得到"篮子"质量优化与产出质量状态之间经济关系的若干研究命题。

最后关注了交易环节的质量供给策略。运用博弈论分析工具，考察了质量的混合供给与分类供给的策略选择和福利状态。结合个体消费者的质量需求曲线与均衡状态解释群体福利最大化。

（1）高等质量商品规模与低等质量商品规模相当，如果大多数厂商提供的质量异质的商品质量等级都偏低，均等质量需求曲线离低等质量需求曲线较近，那么分类供给比混合供给更有助于福利最大化。

（2）高等质量商品规模与低等质量商品规模相当，如果大多数厂商提供的质量异质的商品质量等级都偏高，均等质量需求曲线离高等质量需求曲线较近，那么混合供给比分类供给更有助于福利最大化。

（3）质量分布较均匀，如果高等质量商品规模明显大于低等商品质量规模，那么分类供给比混合供给更有助于福利最大化。

（4）质量分布较均匀，如果高等质量商品规模明显小于低等商品质量规模，那么混合供给比分类供给更有助于福利最大化。

（5）如果质量分布较均匀，高等质量商品规模与低等商品质量规模相当，结果两类供给策略对群体福利大小的影响没有明显差异。

第七章

经营期质量升级资源配置机制的实证研究

首先，明确本章的实证角度与研究思路，然后在第三章提出的双循环分析框架基础上构建开放市场生产要素价值链关联变量指标。其次，对中国工业企业数据进行清洗和处理，将工业企业数据和投入产出表数据进行价值链上游、中游和下游环节的匹配，对计算得到的 12 个价值链关联指标进行统计分析。再次，分析上、中、下游 3 个环节企业产出质量的影响因素，对 12 个价值链关联指标进行分类实证研究，进一步分析优势要素关联变量估计结果之间的回归干扰和结果的稳健性，在此基础上对估计结果的实证含义进行经济解释，分类研究价值链关联变量对不同所有制类型企业产出质量的影响，总结产出质量差异与变化的企业异质特征和行业异质特征。

第一节 实证研究思路与研究框架

一、文献梳理及研究假设

高质量发展已成为中国各界对国民经济发展方向的共识。高质量发展在新时期具有更为丰富的内涵，尤其是在中国对外开放不断扩大的趋势

下，研究高质量发展在外贸、外资领域的内涵具有更为迫切的理论意义与
实践价值。更具体一点，研究中国制造业产出质量水平、变化特征及跨国
公司所起到的作用，对于推动企业产出质量升级、实现高质量发展具有重
要意义。

以国际直接投资为载体的技术、品牌、专利产品、管理、货币资本和
国际市场销售网络等从母国流到东道国，与东道国的土地、劳动力等生产
要素相结合的生产活动，成为世界经济运行的基础（张幼文，2018）。这
种以直接投资为载体的要素跨国流动通过与东道国的劳动力要素、从外国
进口的中间产品三者相互结合，对东道国企业产生了不同程度的增加值拉
动效应（周琢和祝坤福，2020）。在生产要素的国际流动与其推动的经济
全球化背景下，跨国公司对东道国经济增长的影响可以划分为：高级要素
的流入将发展中东道国土地和劳动力等闲置生产要素纳入生产过程，提高
了东道国要素的生产效率；大规模的要素流入使东道国在参与国际分工的
过程中出现生产集聚，形成企业规模经济和产业规模经济；来自发达国家
的直接投资通过技术溢出和学习效应等机制推动发展中东道国的技术进步
与管理创新（张幼文，2013）。跨国公司对东道国经济影响的研究从产出
规模、生产效率、产业结构，再到创新能力、产出质量；研究对象从国家
层面到产业层面、地区层面，再到企业、项目、产品等微观层面。这既在
一定程度上满足了稳外贸、稳外资精准施策的需要，又体现了国际经济研
究、经济增长质量研究与时俱进的发展规律。中国新时期的经济发展质量
升级与外资的差别吸引和有效利用，需要政策制定者进一步明确跨国公司
是否对中国企业产出质量升级存在积极影响以及具体的影响机制。

文献对经济增长质量的关注要比对经济增长速度、数量的关注明显滞
后。从阿克洛夫（Akerlof，1970）到达斯古普塔和蒙德里亚（Dasgupta &
Mondria，2018），学者们对经济发展中质量因素的研究多数聚焦于交易和
进出口环节。格罗斯曼和赫尔普曼（Grossman & Helpman，1991）以产品
周期更迭、产品质量竞争为主线，从理论角度研究了发达国家企业创新、
发展中国家企业模仿的均衡状态，解释了产品质量持续升级与产品周期更
新换代的经济机制。坎德瓦尔（Khandelwal，2010）把格罗斯曼和赫尔普

195

曼（Grossman & Helpman，1991）提出的"质量阶梯"概念进行定量测度，所研究的产品质量依然是出口到美国的出口环节的产品质量。巴斯和卡恩（Bas & Strauss–Kahn，2015）研究了中国的出口产品质量，认为进口关税的降低促进了企业进口高质量的中间品，进而促进了出口的产品质量升级。

国内对高质量发展和经济增长质量研究的相关文献分为两大类：第一类，通过构建由细分指标体系构成的经济发展质量指数进而展开的宏观经济质量研究；第二类，通过构建和测度产品质量指标、产出质量等级指标进而展开的微观经济质量研究。与本书相关的主要是第二类文献，这一类文献提供了较为丰富的微观质量研究结论，目前主要集中在对中国进出口产品质量的相关问题研究。施炳展（2013）测算了中国在 2000～2006 年出口产品质量的变化，发现本土企业出口产品质量总体呈下降趋势，外资企业出口产品质量总体呈上升趋势。与之相反，张杰等（2014）对中国本土企业、外资企业出口产品质量测度的变化趋势均一致。魏浩和林薛栋（2017）发现中国出口产品质量在 2000～2009 年呈上升趋势，全球经济危机使我国中等质量产品出口进一步下降，高质量产品出口相对上升。余淼杰和张睿（2017）的结论是集体企业出口产品质量在 2000～2006 年先下降后上升，民营企业则先上升后下降，制造业出口质量水平总体呈上升趋势。王雅琦等（2018）研究了 2005～2010 年的出口产品质量变化，发现中国制造业出口产品质量总体先上升后下降。贺梅和王燕梅（2019）将研究的样本区间扩展为 2000～2013 年，同样发现中国的出口产品质量先上升后下降。

上述文献所发现的中国出口产品质量的变化特征可以从 3 个方面加以解释。一是外部市场需求变化通过质量选择对中国出口环节产品质量结构所产生的影响（李坤望等，2014）。这方面的产品质量变化并不能直接反应中国的经济增长质量，仅是出口环节产品质量结构的调整。二是企业技术效率、创新能力等自身因素对产出质量的提升与改进。三是价值链各环节相关企业产品质量协同创新、引致需求效应作用的结果。库格勒和菲尔霍根（Kugler & Verhoogen，2012）将引致需求效应对产出质量的影响称之为需求冲击。比如汽车、电子通信等行业的跨国公司引领所在行业的产品更新换代并在中国本土化生产，进一步以降低生产成本为目的不断提高国产化率，与其上游的合格供应商建立了订单合作关系。下游跨国公司的质量创新与升级会通过后向的中间投入需求引致效应影响其上游内资企业的产出质量，规模需求降低了供应商产出质量升级所带来的高固定成本门槛，提高了供应商产出质量升级的可行性。下游跨国公司要素生产效率提高相对降低了对供应商中间投入品数量或规模的依赖，这在理论上反而不利于供应商产出质量的改善与升级。在上述分析的基础上提出假设 7 - 1、假设 7 - 2 和假设 7 - 3。

假设 7 - 1：下游跨国公司的产品创新能力通过质量引致需求效应提高了中游内资企业的产出质量水平。

假设 7 - 2：下游跨国公司的优势资本要素通过规模引致需求效应提高了中游内资企业的产出质量水平。

假设 7 - 3：下游跨国公司的技术效率和劳动生产率改进通过投入节约效应抑制了中游内资企业的产出质量升级。

发达国家的跨国公司通过直接投资把垄断优势带到东道国市场（Hymer，1976），理论上会使得东道国的产品质量升级与产品更新换代更为可行、迅速[①]。施炳展和邵文波（2014）将外资作为控制变量，选择外资出口价值量占总出口的比重和外资企业个数占总体出口企业个数的比重作为外资影响我国出口产品质量的度量指标，两个指标得到截然相反的结论。跨国公司对高出口强度企业影响为正，对低出口强度企业影响为负，跨国公司的质量提升效应更多集中在定位于国外市场的企业上，对定位于本土市场的企业更多体现为竞争和挤出效应（施炳展，2013）。然而施炳展（2013）得出上述结论仅仅依赖于其推断，并没有把本土企业在国内的产出质量等级作为研究对象。李坤望和王有鑫（2013）用各行业外资企业的工业总产值占规模以上工业企业工业总产值的比重衡量外资进入程度，

---

① 在格罗斯曼和赫尔普曼（Grossman & Helpman，1991）的理论研究中是北方国家企业和南方国家企业在产品质量升级方面的关系。

得到的研究结论是外资稳健地提高了我国出口产品质量。王明益（2013）以我国制造业 7 个代表性行业为样本，研究了某一行业内外资技术差距与出口产品质量升级之间的关系，发现内外资技术差距对出口产品质量升级可能存在倒"U"型关系。随洪光等（2017）把经济增长质量作为衡量省域经济的宏观指标[①]，用实际利用外资额占 GDP 的比重衡量外资因素，研究结论是跨国公司在华投资中可能存在着较大比例的非耐心资本，整体降低了我国经济增长的质量。赖永剑和贺祥民（2018）发现外资企业在空间上的聚集与内资企业出口产品质量之间总体存在倒"U"型关系，其实证研究并没有揭示跨国公司对内资企业产品质量影响的内在机制。江小涓（2002）在上述研究之前就通过调研发现，1997 年的跨公司样本企业有 14%在中国使用了最先进的技术，2001 年这一比重增加到 42%。从海默（Hymer，1976）的角度，中国市场上的跨国公司本身具备促进本土企业产出质量升级的优势资源，或者说提供了中国微观经济增长质量所需的部分经济资源，并且在新时期其优势资源的内涵不断丰富，随着分工深化和全球价值链重组其优势资源发挥经济作用的机制日趋多样化。然而，跨国公司对中国内资企业产出质量的影响研究，尤其是具体影响机制的相关探索一直比较匮乏。

对上游中间投入品如何影响中下游产出质量进行研究的文献也主要集中在出口产品质量方面。王永进和施炳展（2014）认为我国制造业的上游垄断在平均意义上促进了下游企业出口的产品质量升级。巴斯和卡恩（Bas & Strauss – Kahn，2015）认为进口的高质量投入品对出口产品质量升级有显著影响。刘海洋等（2017）、王雅琦等（2018）也认为进口中间品提升了中国企业的出口产品质量。尽管上述一类文献没有指出研究的共同假设前提，但是不难就其做出如下推断：上述研究结论均是以国内产出质量升级所需的中间投入是可以通过进口获得这一假设为前提条件的。这是否意味着没有进口或没能进口的中间投入品、资本品就不会带来中国企

---

① 经济学文献对于经济质量的研究有两大方向，一个是以产品质量为代表的微观研究，另一个是以经济增长质量为代表的宏观研究。本书提到的绝大多数文献和本书的研究均属于前者。

业产出质量升级呢？2019 年和 2020 年中兴、华为等中国企业所需的核心零部件先后遭到美国"断供"。欧美国家对中国核心零部件出口限制、高新技术产品出口限制和技术封锁由来已久。现实中不可回避的一种情形是，越是能够进口、越容易进口的产品往往越是对中国产出质量升级的非关键产品，越是中国产出质量升级的关键中间投入往往越容易受到上游垄断的影响、越容易被"卡脖子"。中国经济发展水平越来越逼近欧美，与欧美国家的技术差距越来越小，上游垄断、技术封锁的现象愈发明显。上述文献的结论在质量升级表现为需求导向的买方市场环境下成立，即由下游引领的质量创新和质量升级时成立。如果质量创新、质量升级是由上游的供应商引领，或者上游的供应商存在质量供给垄断，中下游的企业产出质量升级会受到供给方质量垄断的阻碍。垄断是造成市场失灵的一个主要原因，在质量差异明显的异质中间品市场上质量垄断更常见。本书认为，在中国企业产出质量升级方面，上游跨公司的质量垄断同样会造成向中下游配置质量创新资源和质量升级资源的市场失灵。在上述分析的基础上提出假设 7 - 4、假设 7 - 5 和假设 7 - 6。

假设 7 - 4：上游跨国公司的产品创新能力通过质量垄断阻碍了中游内资企业的产出质量升级。

假设 7 - 5：上游跨国公司的优势资本要素通过规模垄断阻碍了中游内资企业的产出质量升级。

假设 7 - 6：上游跨国公司的技术效率和劳动生产率改进通过投入成本降低效应提高了中游内资企业的产出质量水平。

在企业产出质量测算方面，对于进出口产品质量测算的方法常见的选择有单价法、产品特征指标法（Crozet et al.，2012；Auer et al.，2014）、需求信息回归推断法（Khandelwal et al.，2013；Feenstra & Romalis，2014）等。单价法忽略了企业生产率异质性、市场结构和价格的成本加成所导致的差异。目前较为广泛使用的需求信息回归推断法在理论上仅考虑需求面而忽略供给面，其实证的关键价格变量存在测量误差（余淼杰和张睿，2017）。上述几种方法主要用来对进出口环节产品质量的测度。本章拟研究跨国公司影响中国经济增长质量的微观机制。综合借鉴上述几种方法的优劣，结合皮凯蒂和赛斯（Piketty & Saez，2006）利用美国政府提供的税收数据反推出美国居民收入的做法，本书构建了以企业个体为单位的产出质量测度指标，用来衡量中国规模以上工业企业产出的质量水平，从产业链的角度用于研究跨国公司影响中国经济增长质量的微观效应。这种方法的优势在于：（1）将测度的环节聚焦于企业购进货物和售出货物中间的增值环节，避免了需求信息回归推断法、供给需求信息加总测算法等方法在效用函数、生产函数形式设定方面可能出现的误差。（2）重点考虑企业的产品质量等级生产情况，同时又考虑到产品出厂时面临的市场需求情况。（3）数据来源集中、统一，大大降低其他方法在数据匹配环节、质量测度环节（效用函数中的偏好、替代弹性）、宏观数据（国家层面的支出、市场偏好等宏观因素）使用等所导致的测量误差。（4）将产品质量研究仅限于进出口环节的局限扩展到对企业整体产出质量水平的研究。

二、实证研究思路

在以国内循环为主，国内国际双循环新发展模式下，外商直接投资通过价值链嵌入参与生产与流通。外商直接投资嵌入价值链的环节可以划分为上游、中游、下游三个环节。即上游的跨国公司通过前向关联对中游本土企业产生影响，中游的跨国公司通过前向关联对下游的本土企业产生影响，中游的跨国公司通过后向关联对上游的本土企业产生影响，下游的跨国公司通过后向关联对中游的本土企业产生影响。其他的间接影响不在本书的研究范围之内。

跨国公司的所有权优势如何体现？本书结合传统的国际直接投资理论与现有文献的研究结论，把跨国公司嵌入我国产业链所表现出的所有权优势通过全要素生产率、劳动生产率、资本生产率、新产品产值比率四个指标来衡量。这四个指标所承载的有关所有权优势的相关信息既有重叠又有区别。劳动生产率与资本生产率侧重单一生产要素的所有权优势，全要素生产率承载更多的为整体与系统的生产环节所有权优势，新产品产值比率体现了跨国公司的产品创新能力。本章的实证研究思路如图 7 - 1 所示。

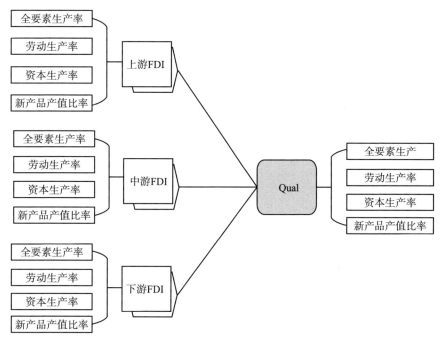

图 7-1　跨国公司优势生产要素对中国经济增长质量影响的微观机制

三、实证研究框架

李坤望和王有鑫（2013）、施炳展和邵文波（2014）、随洪光等（2017）在实证分析中把外资作为整体的单一变量，考察外资整体对出口产品质量影响、经济增长质量的影响。这种分析方法不能深入剖析跨国公司通过价值链对中国经济增长质量影响的微观机制。借鉴周琢和祝坤福（2020）对外资企业出口增加值中的属权要素结构分解，本章的研究目标是进一步探讨跨国公司的各类优势生产要素通过上下游价值链对我国工业企业产出质量影响的微观机制。因此，在现有文献的基础上进一步将跨国公司的影响因素分为上游行业跨国公司的优势要素价值链关联变量、下游行业跨国公司的优势要素价值链关联变量和中游（同行业）跨国公司优势要素价值链关联变量。本章首先考察价值链上游、中游、下游的跨国公司通过整体的外资参与度对内资企业产出质量品质的影响，然后深入研究价值链上游、中游、下游跨国公司通过主要的几类优势要素资源对内资企业产出质量品质影响的微观机制，最后考察上游、中游、下游跨国公司主要的几类优势要素资源对不同所有制内资企业产出质量品质的影响。

第一步，构建的实证研究框架如式（7-1）所示。

$$Qual_{it} = \alpha Up\_fdi_{it} + \beta Hz\_fdi_{it} + \gamma Dn\_fdi_{it} + \varphi X_{it} + \eta I_{it} + \psi Fix_{it} + \varepsilon_{it}$$

$$(7-1)$$

其中，$Qual_{it}$ 是对内资企业产出质量水平的度量，i 代表内资企业，t 表示样本的观测年份。Up_fdi_{it}、Hz_fdi_{it}、Dn_fdi_{it} 分别是企业 i 所在行业 j 的上游价值链跨国公司整体参与度、j 行业（中游）的跨国公司参与度和下游价值链跨国公司整体参与度。

X 是企业特征列向量，$X = \begin{bmatrix} Tfp & Cap\_hhi & Fsiz^2 & Fsiz & Age & Expt \end{bmatrix}^T$。Tfp 是企业 i 的全要素生产率。Cap_hhi 是企业股权类型的分散程度。Fsiz 是企业规模，进一步考察企业规模与产出质量等级之间的非线性关系加入企业规模二次项 $Fsiz^2$。Age 表示企业营业时间。Expt 表示企业出口状况。I 是行业特征列向量，$I = \begin{bmatrix} HHI^2 & HHI & Soe \end{bmatrix}^T$。HHI 是企业 i 所在行业的集中度，考虑到行业集中度和企业产出质量等级之间的非线性关系加入行业的集中度的二次项 HHI^2。Soe 代表行业中的国有经济因素。Fix 是固定效应列向量，$Fix = \begin{bmatrix} Fix\_shf & Fix\_ind & Fix\_fim \end{bmatrix}^T$，Fix_shf、Fix_ind、Fix_fim 分别表示省份固定效应、行业固定效应和企业固定效应。

第二步，研究价值链上游、中游、下游跨国公司通过主要的几类优势要素资源对内资企业产出质量品质影响的微观机制所构建的实证框架如式（7-2）所示。

$$Qual_{it} = \alpha Up\_k_{it} + \beta Hz\_k_{it} + \gamma Dn\_k_{it} + \varphi X_{it} + \eta I_{it} + \psi Fix_{it} + \varepsilon_{it} \quad (7-2)$$

其中，Up_k、Hz_k 和 Dn_k 分别是上游价值链上的跨国公司、中游价值链上的跨国公司和下游价值链上的跨国公司的四类优势要素关联变量的列向量，$Up\_k = \begin{bmatrix} Up\_lab & Up\_cap & Up\_tfp & Up\_new \end{bmatrix}^T$，$Hz\_k = \begin{bmatrix} Hz\_lab & Hz\_cap & Hz\_tfp & Hz\_new \end{bmatrix}^T$，$Dn\_k = \begin{bmatrix} Dn\_lab & Dn\_cap & Dn\_tfp & Dn\_new \end{bmatrix}^T$。$\alpha$、$\beta$ 和 γ 分别是上述优势要素价值链关联变量的系数行向量。

第三步，研究上游、中游、下游跨国公司主要的几类优势要素资源对不同所有制内资企业产出质量品质的影响所构建的实证框架如式（7－3）所示。

$$Qual_{it} = \alpha Up\_k_{it} + \beta Hz\_k_{it} + \gamma Dn\_k_{it} + \varphi X_{it} + \eta I_{it} + \psi Fix_{it} + \varepsilon_{it} \qquad (7-3)$$

其中，Qual 是不同所有制企业的产出质量水平的列向量，根据数据的可得性分为国有企业、集体企业、股份合作企业、股份有限公司、内资企业整体、跨国公司，$Qual = \begin{bmatrix} Qual\_so & Qual\_co & Qual\_cs & Qual\_lc & Qual\_de & Qual\_mnc \end{bmatrix}^{T}$。

借鉴多数文献的做法，用赫芬达尔－赫希曼指数衡量产业集中度。根据销售收入（sal_val），按照 4 位码的行业分类，计算赫芬达尔指数 HHI 如式（7－4）所示。

$$HHI_{it} = \sum_{i} \left(\frac{sal\_val_{ijt}}{\sum_{i} sal\_val_{ijt}} \right)^{2} \qquad (7-4)$$

其中，j 是企业 i 所处的行业，按照 4 位码进行行业分类，先计算出每一家企业 i 在 t 年所属行业的销售收入总和 $\sum_{i} sal\_val_{ijt}$，再计算出企业 i 在 t 年销售收入所占行业销售收入总和的比重。最后求企业 i 所处的行业 j 在 t 年的产业集中度——赫芬达尔－赫希曼指数 HHI_{it}。

用国有资本、集体资本、法人资本、个人资本、外商资本、港澳台资本六种实收资本所占实收资本额比重的平方和，衡量资本结构和股权分散程度 Cap_hhi，实收资本的种类在计算公式中用 κ 表示。Cap_hhi 的测算如式（7－5）所示。

$$Cap\_hhi_{it} = \sum_{\kappa} \left(\frac{Cap_{i\kappa t}}{\sum_{\kappa} Cap_{i\kappa t}} \right)^{2} \qquad (7-5)$$

用开工年份到观测年份的时间跨度表示企业的营业时间 Age。用年末资产总计对数衡量企业规模 Fsiz。用出口交货值所占当年工业销售产值的比重衡量企业的出口状况 Expt。

第二节　数据处理与统计特征

一、数据清洗与处理

以企业法人代码、企业详细名称、邮政编码、法人代表、电话号码及区号等指标作为样本个体识别的多维信息数据，充分利用不同年份间个体信息的关联特征，对某一年份的企业代码变量值缺失、企业注册类型缺失值、行业代码缺失值等关键变量用相邻年份的同一变量取值进行补充，以有效降低样本损失。

中国工业企业统计数据的行业编码主要涉及 1994 年版和 2002 年版的国民经济行业分类国家标准的调整。对于行业代码前后进行调整的情形，统一选择以 2002 年版的国民经济行业分类国家标准为准。本章节的做法是首先把不同版本的国民经济行业分类国家标准和 2002 年的行业分类国家标准进行调整、对应。进一步将中国工业企业统计数据的行业编码均通过行业代码匹配，调整为 2002 年版的国民经济行业分类国家标准。借鉴聂辉华等（2012）对中国工业企业样本数据的清洗与处理方法，对关键指标（比如总资产、职工人数、工业总产值、固定资产净值和销售额等）缺失、不满足"规模以上"标准、明显不符合会计原则的观测值进行了剔除处理。

二、价值链匹配

先计算投入产出表 j 行业在 t 年来自上游的 j^* 行业中间投入占 j 行业在 t 年中间总投入的比重 φ_{jj*t}，计算 j 行业在 t 年提供给下游的 $j^\#$ 行业中间投入占 $j^\#$ 行业在 t 年中间总投入的比重 $\varphi_{jj\#t}$。

再将 1997 年、2002 年、2005 年、2007 年、2010 年、2012 年、2015

年的投入产出表行业代码进行年份间汇总、匹配,同时将 1998～2013 年
的中国工业企业数据行业代码进行年份间汇总、匹配。按照表 7－1 所示
的年份匹配原则,根据投入产出表行业代码对应行业的名称、行业内涵与
工业企业数据中的行业代码对应行业的名称、行业内涵,在对应的匹配年
份内将两类数据进行匹配。此步操作可以有效考察国内制造业分工深化、
产业链变动等因素对跨国公司产业关联效应的影响。

表 7－1　　　　　　　　　**投入产出表年份与工业企业数据年份对应**

	年份匹配（年）						
投入产出	1997	2002	2005	2007	2010	2012	2015
工业数据	1998～1999	2000～2001	2002～2004	2005～2006	2007～2009	2010～2011	2012～2013

资料来源:本章涉及数据均来自中国工业企业统计数据库、海关数据库和中国投入产出表数据。

最后得到内资企业 i 所处的 j 行业在 t 年来自上游的 j^* 行业中间投入
占 j 行业在 t 年中间总投入的比重 φ_{ijj^*t},内资企业 i 所处的 j 行业在 t 年提
供给下游的 $j^\#$ 行业中间投入占 $j^\#$ 行业在 t 年中间总投入的比重 $\varphi_{ijj\#t}$。

三、典型事实与统计描述

根据中国工业企业数据库中的主营业务收入(产品销售收入)、本年
进项税额、本年销项税额、本年应交增值税以及增值税率计算企业产出质
量指标 Qual。对从小到大 2%、从大到小 2% 范围内的离群值进行截尾处理。

中国本土企业产出质量的核密度如图 7－2 所示。把本土企业分为国
有企业和非国有企业加以比较,各类企业的产出质量呈正偏态分布,内资
企业产出质量指标的均值为 0.382,其中国有企业产出质量指标的均值为
0.457,非国有企业产出质量指标的均值为 0.340。从产出质量的核密度图
可以看出,国有企业和非国有企业的产品质量阶梯差别较大。国有企业和
非国有企业产出质量之间的大小关系与张杰等(2014)、施炳展和曾祥菲

(2015)、余淼杰和张睿的（2017）得到的有关不同所有制企业出口产品质量大小关系的结论一致。与企业出口的产品质量呈负偏态分布（施炳展和邵文波，2014）不同，企业产出的产品质量呈正偏态分布。这印证了前文的理论分析逻辑：外部市场需求变化通过质量选择对中国出口环节产品质量结构产生了影响，出口的产品质量变化并不能直接反映中国企业产出的产品质量整体变化。

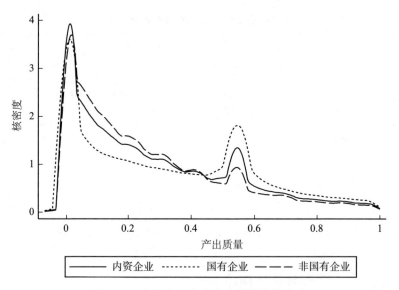

图7-2 中国本土企业产出质量的核密度

梅里兹（Melitz，2003）认为生产效率高的异质企业会选择出口，企业的异质性除了表现为生产效率差异还表现为不同的细分市场定位和不同的质量阶梯（Grossman & Helpman，1991a；Grossman & Helpman，1991b）定位。为了进一步验证企业异质理论对出口企业质量阶梯定位的判断，本书作出出口企业的整体产出质量核密度图（见图7-3），并将国有出口企业与非国有出口企业分别呈现。从图7-3中可以看出，出口企业的整体产出质量同样呈正偏态分布，整体质量阶梯包括两部分，一部分是面向国内市场的产品质量阶梯，另一部分是面向海外市场的产品质量阶梯。从同类样本企业的质量分布来看，出口企业的整体产出质量分布比包含非出口企业在内的所有企业产出质量分布向右偏移。这说明出口企业有更高的质量阶梯定位。

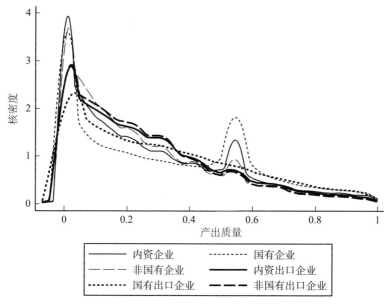

图 7 - 3　中国本土出口企业产出质量的核密度

　　接下来对核心解释变量间的相关性进行统计描述。首先，根据资产比重计算资产比重加权平均的跨国公司四种生产要素优势水平。其次，根据投入产出表分别计算 j 行业 t 年的上游价值链关联权重矩阵 Φ_{jt} 和下游价值链关联权重矩阵 θ_{jt}。最后，用 t 年的上、下游价值链关联权重矩阵分别乘以 t 年全行业的跨国公司四种生产要素优势水平变量 Wfdi_k，得到行业 j 的跨国公司优势要素上游价值链关联变量 Up_k_{jt} 和行业 j 的跨国公司优势要素下游价值链关联变量 Dn_k_{jt}。内资企业的上游跨国公司优势要素价值链关联变量 Up_k_{it}、同行业跨国公司优势要素关联变量 Hz_k_{it} 和下游跨国公司优势要素价值链关联变量 Dn_k_{it}（k = lab、cap、tfp、new）之间的相关系数矩阵如表 7 - 2 所示。

表 7 - 2　　跨国公司生产要素产业关联变量系数矩阵

	Up				Hz				Dn			
	lab	cap	tfp	new	lab	cap	tfp	new	lab	cap	tfp	new
Up_lab	1	—	—	—	—	—	—	—	—	—	—	—
Up_cap	-0.05*	1	—	—	—	—	—	—	—	—	—	—
Up_tfp	0.11*	0.01*	1	—	—	—	—	—	—	—	—	—
Up_new	0.24*	0.06*	0.25*	1	—	—	—	—	—	—	—	—
Hz_lab	0.19*	0.01*	-0.01*	0.02*	1	—	—	—	—	—	—	—
Hz_cap	0.00	0.11	-0.00	0.01*	0.30*	1	—	—	—	—	—	—
Hz_tfp	0.10*	-0.12*	0.77*	0.00	0.01*	-0.01*	1	—	—	—	—	—
Hz_new	0.09*	0.00	0.07*	0.43*	0.01*	0.01*	0.00	1	—	—	—	—
Dn_lab	0.85*	-0.06*	0.09*	0.19*	0.19*	0.00	0.08*	0.06*	1	—	—	—
Dn_cap	-0.09*	0.86*	-0.07*	0.06*	0.02*	0.12*	-0.19*	0.00	-0.04*	1	—	—
Dn_tfp	0.13*	0.01*	0.90*	0.17*	-0.01*	-0.01*	0.77*	0.03*	0.11*	-0.11*	1	—
Dn_new	0.22*	0.04*	0.20*	0.92*	0.02*	0.00	0.01*	0.40*	0.20*	0.01*	0.24*	1

注：" — "表示对应数值省略或删除。 * 表示相关系数在 1% 的水平通过显著性检验。

资料来源：根据中国工业企业数据库 1998～2013、中国投入产出表数据 1997～2015 和《国民经济行业分类国家标准 2002》计算得到。

以六种实收资本所占实收资本额比重的平方和衡量企业股权分散程度 Cap_hhi。用固定资产原价对数测度企业规模 Fsiz。开业时间到样本观测年份的时间跨度衡量企业的营业时间 Age。当年出口交货值占工业销售产值的比重衡量企业出口状况 Expt。按照 4 位码的行业分类标准，根据销售收入所占行业比重的平方和计算企业所在行业的赫芬达尔指数 HHI。同行业国有企业固定资产所占行业比重衡量国有经济比重 Soe。

第三节　实证结果与经济解释

一、外资的价值链嵌入与参与度

首先研究价值链上、中、下游 3 个环节跨国公司整体参与度对我国内资企业产出质量的影响。基于前文同样的思路，根据投入产出表分别计算 j 行业 t 年的上游价值链关联权重矩阵 Φ_{jt} 和下游价值链关联权重矩阵 θ_{jt}，用两个权重矩阵分别对 j 行业的所有上游行业、所有下游行业的外资参与度进行加权平均，分别得到 j 行业的上游价值链跨国公司整体参与度 Up_fdi_{jt}、下游价值链跨国公司整体参与度 Dn_fdi_{jt}。用 j 行业所有跨国公司的固定资产占行业总固定资产的比重作为 j 行业（中游）的跨国公司参与度 Hz_fdi_{jt}。

用实证研究框架式（7-1）得到的估计结果如表 7-3 所示。第 1 列是用面板个体固定效应模型估计得到的结果，第 2 列是用 Up_fdi_{jt}、Hz_fdi_{jt} 和 Dn_fdi_{jt} 的一阶滞后项作为解释变量得到的结果。考虑到中国工业企业的地区差异性、行业差异性和个体差异性，第 3 列是用高维固定效应面板数据模型估计得到的结果，第 4 列是用 3 个价值链关联变量的一阶滞后项作为高维固定效应面板数据模型解释变量得到的结果。使用四种估计方法进行研究的目的是得到更为稳健、一致的结论。

表 7 – 3 价值链上跨国公司的参与度估计结果

变量	个体固定	一阶滞后	高维固定	一阶滞后
Up_fdi	− 0. 154 *** (0. 014)	− 0. 096 *** (0. 017)	− 0. 340 *** (0. 018)	− 0. 175 *** (0. 016)
Hz_fdi	− 0. 017 *** (0. 005)	− 0. 034 *** (0. 006)	− 0. 048 *** (0. 006)	− 0. 023 *** (0. 005)
Dn_fdi	− 0. 106 *** (0. 012)	− 0. 144 *** (0. 015)	0. 023 (0. 014)	− 0. 042 ** (0. 014)
Tfp	− 0. 052 *** (0. 001)	− 0. 066 *** (0. 001)	− 0. 045 *** (0. 001)	− 0. 060 *** (0. 001)
Cap_hhi	− 0. 019 *** (0. 003)	− 0. 016 *** (0. 003)	− 0. 014 *** (0. 003)	− 0. 013 *** (0. 003)
$Fsiz^2$	− 0. 002 *** (0. 000)	− 0. 001 *** (0. 000)	− 0. 002 *** (0. 000)	− 0. 001 *** (0. 000)
Fsiz	0. 023 *** (0. 002)	0. 011 *** (0. 003)	0. 022 *** (0. 002)	0. 008 ** (0. 003)
Age	0. 002 *** (0. 000)	0. 001 *** (0. 000)	0. 001 *** (0. 000)	0. 001 *** (0. 000)
Expt	0. 072 *** (0. 002)	0. 088 *** (0. 002)	0. 072 *** (0. 002)	0. 089 *** (0. 002)
HHI^2	− 0. 380 *** (0. 089)	− 0. 361 *** (0. 089)	− 0. 332 *** (0. 096)	− 0. 325 ** (0. 099)
HHI	0. 238 *** (0. 030)	0. 222 *** (0. 033)	0. 220 *** (0. 034)	0. 215 *** (0. 038)
Soe	0. 069 *** (0. 005)	0. 086 *** (0. 006)	0. 037 *** (0. 005)	0. 067 *** (0. 006)
C	0. 503 *** (0. 010)	0. 622 *** (0. 014)	0. 514 *** (0. 009)	0. 598 *** (0. 013)
观测值	2127499	1397812	1801619	1297835

注：括号中是标准误，*** 、** 分别表示 0. 1% 、1% 的显著性水平。

价值链上、中、下游 3 个环节的跨国公司整体参与度变量中除了用高维固定效应面板数据模型得到的下游跨国公司价值链关联变量不显著以外，其他均显著，并且系数估计值为负。对于同行业的跨国公司而言，施炳展（2013）认为跨国公司的质量提升效应更多集中在定位于国外市场的企业上，对定位于本土市场的企业更多体现为竞争和挤出效应。上游跨国公司价值链关联变量的系数符号为负，其原因可能是，从价值链中游内资企业生产投入获取的角度，上游的跨国公司是出口导向型的，下游内资企业的生产投入主要来自上游的内资企业或者从外部市场进口。对于跨国公司参与度越低的上游行业而言，低参与度促进了与之相竞争的内资企业和基于全球价值链的生产投入进口，这给下游的内资企业产出质量升级带来显著的影响。另外一个原因可能是上游跨国公司通过关键生产要素或新产品垄断阻碍了价值链中游的内资企业产出质量升级。对于下游跨国公司价值链关联变量的系数符号为负的解释如下。后向的价值链关联效应促进内资企业产出质量升级主要通过 3 种引致需求：下游内资企业、下游外资企业和产品出口。下游价值链由跨国公司引领的颠覆式创新与产品更新换代，为中游跨国公司的产出质量升级提供了有效的引致需求，产生了产出质量升级的协同效应。中游跨国公司与内资企业之间的竞争阻碍了内资企业的产出质量升级。除此之外还存在另外一种可能，下游的跨国公司通过技术效率和资本生产效率的改善降低了对中游价值链上内资企业的投入依赖，这种需求数量的相对减少对于作为其供货商的内资企业的产出质量升级产生了阻碍。

上述研究把价值链上、中、下游 3 个环节上的跨国公司分别看作一个整体，主要从跨国公司在价值链上存在的规模、数量等常规的角度进行初步分析，并没有深入到跨国公司优势生产要素种类、经济资源质量等最近几年国内招商引资更为关注的"外资质量"层面。接下来进一步深入、系统地探讨跨国公司的不同种类优势生产要素通过价值链关联效应对内资企业产出质量的影响。

二、优势要素分类估计结果

为排除样本离群值对估计结果的影响，采用截尾处理删除奇异样本。来自中国工业企业数据库的企业微观数据包含行业差异、地区差异、个体差异等不随时间变化的固定效应因素。如果不充分控制各类固定效应，可能会遗漏一些不随时间变化的行业与地区特征对企业产出质量影响的估计，比如不同行业的产品复杂度、行业的产品内分工特征等，由此可能会导致遗漏变量内生性问题。此外，考虑到可能存在的反向因果关系导致的内生性问题，选择滞后一期的跨国公司优势要素价值链关联变量作为工具变量。

选择实证研究框架式（7-2），回归先考虑了企业固定效应，在工具变量面板数据模型回归结果基础上进行戴维森-麦金农（Davidson - Mackinnon）检验，结果在0.1%的显著性水平上拒绝了工具变量估计结果与OLS估计结果差别不大的原假设。为此，加入行业固定效应和省份固定效应进行回归，这样构成企业、行业和省份3个固定效应维度的多维面板数据模型。运用高维固定效应面板数据工具变量模型进行回归估计。对于按照跨国公司优势要素价值链关联进行分类的每一次回归结果，识别不足的LM检验χ^2统计量均在0.1%的显著性水平上拒绝了原假设，工具变量与内生性变量相关，与干扰项不相关。弱工具变量稳健识别推断（Weak-instrument-robust inference）的安德森-鲁宾（Anderson - Rubin）检验均在0.1%的显著性水平上拒绝了原假设。结果如表7-4所示。

表7-4　　　　　　　　　4类优势要素价值链关联变量的估计结果

变量	Up	Hz	Dn	All
Up_lab	1.8×10^{-6}*** (0.000)	—	—	6.4×10^{-6}*** (0.000)

续表

变量	Up	Hz	Dn	All
Up_cap	0.004 *** (0.000)	—	—	− 0.009 *** (0.001)
Up_tfp	0.003 *** (0.000)	—	—	0.015 *** (0.000)
Up_new	− 0.068 *** (0.002)	—	—	− 0.581 *** (0.023)
Hz_lab	—	1.2×10^{-6} *** (0.000)	—	1.2×10^{-6} *** (0.000)
Hz_cap	—	− 0.008 *** (0.001)	—	− 0.002 (0.001)
Hz_tfp	—	− 0.187 *** (0.005)	—	0.039 * (0.018)
Hz_new	—	0.250 *** (0.020)	—	− 0.0003 (0.019)
Dn_lab	—	—	-3.9×10^{-7} *** (0.000)	-6.1×10^{-6} *** (0.000)
Dn_cap	—	—	0.002 *** (0.000)	0.004 *** (0.001)
Dn_tfp	—	—	0.001 *** (0.000)	− 0.009 *** (0.000)
Dn_new	—	—	− 0.006 *** (0.001)	0.453 *** (0.019)
高维固定效应	控制	控制	控制	控制
企业特征变量	控制	控制	控制	控制
观测值	1299313	1299313	1299313	1299313
LM	1.9×10^{4} *** (0.000)	3436.76 *** (0.000)	3.8×10^{4} *** (0.000)	2030.06 *** (0.000)

变量	Up	Hz	Dn	All
F	3816.66	669.41	7502.15	131.66
Sargan	0.000	0.000	0.000	0.000

注：Up、Hz、Dn 三列分别是对上游、同行业、下游 4 类要素跨国公司价值链关联变量的回归结果。All 列是上、中、下游 4 类要素跨国公司价值链关联变量同时回归得到的结果。***、* 分别表示 0.1% 和 5% 的显著性水平。

按上游、中游、下游分类的回归结果表明，4 类要素的跨国公司价值链关联变量均在 0.1% 的水平上通过了显著性检验。这 3 个环节跨国公司劳动力生产率价值链关联变量的经济显著性较低。上游和下游的跨国公司资本生产率价值链关联变量、跨国公司技术效率价值链关联变量系数估计值符号为正，并且在 0.1% 的水平上通过了显著性检验。价值链 3 个环节上的跨国公司劳动生产率关联变量都在 0.1% 的水平上通过了显著性检验，但是经济显著性较低。3 个环节上的跨国公司产品创新能力关联变量都在 0.1% 的水平上通过了显著性检验，只有中游的跨国公司产品创新能力关联变量系数为正，经济显著性明显高于上游和下游环节的同类因素。

在上述回归估计的调整过程中，12 个价值链关联变量中的 6 个在系数估计值符号和显著性方面出现了明显变化。比如，价值链上游的跨国公司资本生产效率符号发生了变化，中游的跨国公司资本生产效率、技术效率和产品创新能力 3 个变量的显著性发生了明显变化，下游的跨国公司技术效率符号发生了变化。把价值链 3 个环节、4 种要素共 12 个关联变量同时放在实证研究框架中回归，可以有效降低遗漏变量造成的关键解释变量内生性问题，在各类检验都通过的前提下其估计结果更具有一致性和有效性。

价值链上的跨国公司 12 个优势要素关联变量同时放在实证研究框架中进行回归估计，得到的结果如表 7 - 4 第 4 列所示。价值链 3 个环节的跨国公司劳动生产效率关联变量经济显著性水平较低，上游和中游的系数估计值符号为正，下游的为负。上游和下游的跨国公司资本生产效率价值链关联变量系数估计值符号相反。上游和下游的跨国公司技术效率价值链关联变量系数估计值符号相反，上游变量符号为正且经济显著性更高。上游和下游的跨国公司产品创新能力价值链关联变量的经济显著性明显高于其他 3 种要素。这与本书的研究对象相吻合，价值链上的跨国公司在产品创新能力方面的优势要素资源比其他优势要素资源对我国内资企业的产出质量影响更加明显。

三、回归干扰与结果稳健性

考虑到如下可能：（1）统计显著性较高而经济显著性较低的变量系数估计值可能会受相关系数较高的其他产业关联变量的影响。（2）跨国公司优势要素 12 个价值链关联变量估计结果的相互影响敏感性大小可能不同。接下来调整与经济显著性较低的变量相关性相对较高的变量、调整与统计显著性较低的变量相关性相对较高的变量，以分析相关解释变量之间相互影响的敏感性大小和估计结果的稳健性。在表 7 – 4 第 4 列估计结果基础上展开这一部分的分析。通过对比前后的估计结果得到的结论如表 7 – 5 所示。

表 7 – 5　　　　　　　　经济显著性、统计显著性与结果的稳健性

因变\自变	Up				Hz				Dn			
	lab	cap	tfp	new	lab	cap	tfp	new	lab	cap	tfp	new
Up_lab	—	dis	R	R	R	R	R	sig	+	–	R	R
Up_cap	R	—	R	R	R	R	R	R	R	–	R	R
Up_tfp	–	dis	—	+	R	R	R	+	R	dis	+	–
Up_new	dis	+	R	—	R	sig	sig	sig	+	–	R	–
Hz_lab	R	R	R	R	—	R	R	R	R	R	R	R
Hz_cap	R	R	R	R	R	—	R	R	R	R	R	R
Hz_tfp	R	R	R	R	R	sig	—	R	R	R	R	R
Hz_new	R	R	R	R	R	R	R	—	R	R	R	R
Dn_lab	R	R	R	R	R	R	R	sig	—	dis	R	R

续表

因变自变	Up				Hz				Dn			
	lab	cap	tfp	new	lab	cap	tfp	new	lab	cap	tfp	new
Dn_cap	R	R	R	R	R	R	R	R	R	—	R	R
Dn_tfp	–	dis	R	+	R	sig	sig	sig	–	—	—	–
Dn_new	R	+	R	R	R	sig	sig	sig	dis	–	R	—

注："R"表示调整前后系数稳健，"–"表示系数估计值符号由正变负，"+"表示系数估计值符号由负变正，"sig"表示变显著，"dis"表示变不显著。

　　表7-5的主栏是进行调整的优势要素价值链关联变量，宾栏是所要考察的其他11个优势要素价值链关联变量。统计结果显示，总体而言价值链中游的跨国公司优势要素关联变量在不在实证研究方程中体现并没有影响其他解释变量的符号和显著性。需要指出的是，尽管中游的跨国公司技术效率变量系数估计值为0.039，只在5%的显著性水平上通过了检验，与中游的跨国公司资本生产效率变量的相关系数也仅仅是-0.01，但是该变量唯一影响到了中游的跨国公司资本生产效率变量的稳健性。反过来这种影响则不存在。跨国公司12个优势要素价值链关联变量的实证框架估计结果中，中游的4个价值链关联变量中的3个显著性较低，其中劳动生产率变量的经济显著性也较低。表7-5的统计规律总体上支撑了表7-4第4列估计结果的稳健性。

　　不显著的优势要素价值链关联变量的调整一般不会影响其他显著的关联变量的稳健性；显著的优势要素价值链关联变量的调整是否会影响到其他显著的关联变量的稳健性，取决于：（1）变量系数估计值相对大小，（2）变量间统计上的相关性，（3）变量间在经济机制上相互解释的程度。上游的跨国公司劳动生产率系数估计值仅为6.4×10^{-6}，与上游的跨国公司资本生产率相关系数也仅为-0.052，后者的系数估计值为-0.009，但是前者是否包含在实证方程中会影响到后者的显著性，原因在于两者的影响方向相反，而又包含共同特定的经济信息，在经济机制上可以相互解释。

上游的跨国公司 4 个优势要素价值链关联变量经济显著性高低不一，但是如果回归估计时不在解释变量向量空间中体现，会分别影响到下游跨国公司同类优势要素价值链关联变量的系数估计值符号，使其发生逆转。反过来做相应的回归调整，上述影响并未出现。其原因在于：（1）上下游的跨国公司同类优势要素价值链关联变量相关系数均在 0.85 以上；（2）同类关联变量的系数估计值正负相反；（3）上游的跨国公司优势要素价值链关联变量系数估计值的大小均大于下游的同类变量。

从跨国公司某个特定优势要素价值链关联变量对其他 11 个价值链关联变量系数估计值稳健性影响的范围来看，影响范围较广的分别是下游技术效率、上游产品创新能力、上游技术效率和下游产品创新能力 4 个变量。这 4 个变量分别影响了其他 11 个变量中的 9 个、8 个、7 个、6 个变量的显著性或系数估计值符号。中游的劳动生产率、资本生产率、产品创新能力和下游的资本生产率没有对其他任何一个变量的显著性或系数估计值符号产生影响。受其他解释变量调整影响较多的变量分别是下游资本生产率、中游技术创新能力、下游劳动生产率和上游资本生产率。这一部分的研究结论是后文进一步调整回归估计以得到稳健性结论的重要依据。

四、估计结果的经济解释

结合价值链 3 个环节上跨国公司不同优势要素关联变量之间相互影响的敏感性与结果的稳健性分析结论，根据序贯 t 规则将统计显著性水平较低的跨国公司优势要素价值链关联变量从实证模型中逐步移除，每一步得到的精炼估计结果分别如表 7－6 的第 2 列、第 3 列和第 4 列所示。

表 7－6　　　　　　　　序贯 t 规则与精练估计结果

变量	Hz_new	Hz_cap	Basic
Up_lab	6.4×10^{-6} *** (0.000)	6.4×10^{-6} *** (0.000)	6.3×10^{-6} *** (0.000)

续表

变量	Hz_new	Hz_cap	Basic
Up_cap	-0.009^{***} (0.001)	-0.009^{***} (0.001)	-0.008^{***} (0.001)
Up_tfp	0.015^{***} (0.000)	0.015^{***} (0.000)	0.015^{***} (0.000)
Up_new	-0.581^{***} (0.023)	-0.586^{***} (0.022)	-0.558^{***} (0.020)
Hz_lab	$1.2 \times 10^{-6\,***}$ (0.000)	$1.2 \times 10^{-6\,***}$ (0.000)	$1.2 \times 10^{-6\,***}$ (0.000)
Hz_cap	-0.002 (0.001)	—	—
Hz_tfp	0.039^{*} (0.018)	0.051^{**} (0.017)	—
Dn_lab	$-6.1 \times 10^{-6\,***}$ (0.000)	$-6.1 \times 10^{-6\,***}$ (0.000)	$-5.9 \times 10^{-6\,***}$ (0.000)
Dn_cap	0.004^{***} (0.001)	0.004^{***} (0.001)	0.003^{***} (0.001)
Dn_tfp	-0.009^{***} (0.000)	-0.009^{***} (0.000)	-0.008^{***} (0.000)
Dn_new	0.453^{***} (0.019)	0.457^{***} (0.019)	0.434^{***} (0.017)
高维固定效应	控制	控制	控制
企业特征变量	控制	控制	控制
观测值	1299313	1299313	1299313
LM	2039.08^{***} (0.000)	2602.87^{***} (0.000)	4312.53^{***} (0.000)
F	132.247	168.886	280.185
Sargan	0.000	4.779	17.139

注：Hz_new 列是根据序贯 t 规则移除不显著的变量 Hz_new 后的回归结果。Hz_cap 列是移除不显著的变量 Hz_new 和 Hz_cap 后的回归结果。Basic 列是移除不显著的变量 Hz_new、Hz_cap 和 Hz_tfp 后的回归结果。*** 、** 和 * 分别表示 0.1%、1% 和 5% 的显著性水平。

上游和下游的跨国公司 4 类生产要素的价值链关联变量均在 0.1% 的水平上通过了显著性检验，中游的劳动力生产效率变量在 0.1% 的水平上通过了显著性检验。上游和下游的跨国公司产品创新能力价值链关联变量的经济显著性水平最高，3 个环节的劳动生产率关联变量经济显著性较低。上游的跨国公司 4 类生产要素的价值链关联变量系数估计值大小均大于下游同类变量，但是正负相反。

王永进和施炳展（2014）认为我国制造业的上游垄断在平均意义上促进了下游企业出口的产品质量升级。当具体到产业链上跨国公司的质量升级效应时，结论更为丰富。结合前文的逐层分析脉络和逻辑指向，对于精练的估计结果，其经济学含义如图 7 - 4 所示。

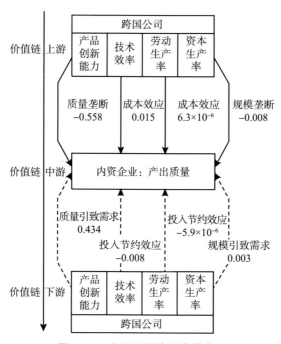

图 7 - 4　实证结果的经济学含义

价值链下游的跨国公司产品创新，通过向价值链中游的中间投入后向需求对价值链中游的内资企业产生了产出质量升级的引致需求效应。这种质量引致需求效应具体表现为：价值链下游的跨国公司新产品产值比重增加 1%，价值链中游的内资企业产出质量指标增加 0.45%。为了进一步检验上述分析结论，本书计算了内资企业和跨国公司在行业内、年份内双层加权平均的新产品比重，其大小关系和变化趋势如图 7-5 所示。整体而言，跨国公司产品创新能力明显高于内资企业。这进一步印证了上述分析结论。

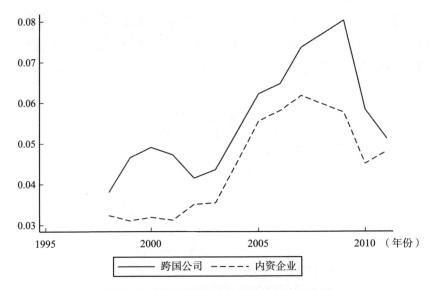

图 7-5　跨国公司和内资企业的新产品比重

跨国公司优势生产要素在资本方面的体现主要表现为先进的资本品牌、合理的资产结构和庞大的资本规模。梅里兹（Melitz，2003）认为企业只有通过固定投资获取在生产率方面的优势才能成长为有别其他企业的一家异质企业。库格勒和菲尔霍根（Kugler & Verhoogen，2012）认为生产高质量产品、购买高质量投入的企业往往具有较大的规模。考虑到本书构建的资本生产率指标是单位固定资产的工业增加值，资本生产效率的增加直接反映了跨国公司庞大的固定资产所产生的规模经济。因此，价值链下游的跨国公司资本生产效率的系数估计值为 0.003，可以解释为下游的跨国公司对中游内资企业产出质量升级的规模引致需求效应。下游跨国公司的劳动生产效率与资本生产效率提高，在产出规模一定的情况下节约了中间投入和相关生产费用。通过价值链的后向关联，这种原因导致的投入节约相对降低了下游跨国公司对中游内资企业的中间品需求，对内资企业的产出质量升级产生了消极影响。下游跨国公司的资本生产率和劳动生产率提高 1 个单位，与维持原状相比中游内资企业会失去产出质量升级 0.008 个单位和 5.9×10^{-6} 个单位的机会。尽管经济显著性较低，但是均在 0.1% 的统计显著性水平上通过了检验。

库格勒和菲尔霍根（Kugler & Verhoogen，2012）研究哥伦比亚的制造业企业产出价格与企业规模两者之间的变化规律，得到的结论是产出价格的企业规模弹性是部门内产品质量差异因素[①]的增函数。具体而言，规模越大的企业其产出的单位价格越高，这种相关关系在产品质量差异的部门愈发明显。如何进行经济解释？上述研究结论从价值链上游跨国公司的角度给出进一步解释。在质量差异越明显、质量阶梯越长的部门，位于质量阶梯顶端的跨国公司越具有市场影响力（market power），这集中表现在向中下游企业提供的中间产品（相对高质量的零部件）施加大幅度的成本加成，索取较高的供货价格。

雅沃西克（Javorcik，2004）、库格勒（Kugler，2006）的研究结论表明下游的跨国公司促进了东道国上游供应商的生产效率提高，库格勒和菲尔霍根（Kugler & Verhoogen，2012）同样认为下游跨国公司的质量需求带来东道国上游供应商的产出质量升级。本书从 4 个方面进一步揭示了下游跨国公司的质量需求对东道国上游供应商产出质量升级的影响机制。

价值链上游跨国公司的优势生产要素系数估计值的正负与下游跨国公司的同类要素相反。沿着前文实证分析的逻辑指向，价值链上游跨国公司的产品创新能力系数估计值 -0.581 解释如下。产品创新能力强的企业一方面通过提供高质量的中间产品有利于供应链下游企业的产出质量升级，

---

① 格罗斯曼和赫尔普曼（Grossman & Helpman，1991）、坎德瓦尔（Khandelwal，2010）、刘伟丽、陈勇（2012）等称之为质量阶梯。

另一方面通过供给方的质量垄断阻碍下游企业的产出质量升级。跨国公司的产品创新能力明显优于内资企业（见图 7-5），价值链上游的跨国公司新产品比重增加 1%，与质量提升不会带来供给方垄断的情形相比，供给方的质量垄断阻碍了中游内资企业产出质量指标提高 0.58% 的机会。总体而言，价值链上游的跨国公司产品创新能力对中游内资企业的影响要大于价值链下游的跨国公司。价值链上游跨国公司的产品创新能力对内资企业产出质量升级的影响与施炳展和邵文波（2014）、随洪光等（2017）把同行业外资企业的各类优势生产要素作为一个整体进行研究所得到的结论一致。本书的结论则进一步表明，如果不充分控制价值链各主要环节的跨国公司优势生产要素，单纯研究同行业跨国公司的影响，遗漏变量内生性会导致同行业跨国公司优势要素变量估计结果的不一致。

价值链上游跨国公司的资本生产效率系数估计值为 -0.008，可以解释为供给方的规模垄断效应，即跨国公司通过生产规模的供给方垄断阻碍了中游内资企业的产出质量升级。价值链上游跨国公司的技术效率和劳动生产率的系数估计值分别为 0.015 和 6.3×10^{-6}，后者的经济显著性较低，但是均在 0.1% 的统计显著性水平上通过了检验。跨国公司的技术效率明显高于内资企业的技术效率（见图 7-6）。上游供货商技术效率和劳动生产率提高降低了中游内资企业产出质量升级所需的中间投入的生产成本与市场价格，本书将这一影响机制称为上游价值链关联的成本效应。技术效率改进所带来的影响要明显高于劳动生产率提高产生的影响。这与经济增长越来越依赖于技术进步的事实相吻合。

处在同一行业的跨国公司其产品创新能力、技术效率和资本生产率 3 类优势要素的统计显著性较低，劳动生产率在 0.1% 的统计显著性水平上通过了检验，系数估计值为 1.2×10^{-6}，经济显著性较低。符号为正说明同行业内的人员流动对内资企业的产出质量升级产生了一定影响。相比现有的侧重研究水平溢出效应的文献（陈琳和林珏，2009；Xu & Sheng，2012；Du et al.，2014；杨红丽和陈钊，2015），本书的创新之处：一是从具体几类生产要素流动的角度深入分析水平影响机制对产出质量的影响结果；二是较为全面地控制了上下游同类优势要素所产生的影响。

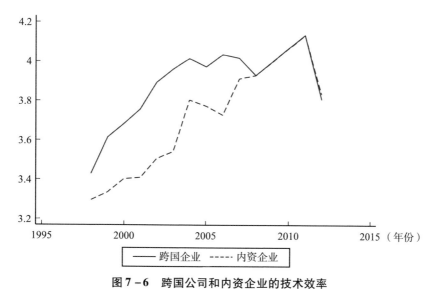

图 7 - 6　跨国公司和内资企业的技术效率

五、所有制类型与影响差异

陈琳和林珏（2009）的研究表明，外商直接投资通过人员流动给国有企业、外商独资企业和合资企业带来了正向而显著的溢出，而中国的私有企业和集体所有制企业并没有从中受益。施炳展和邵文波（2014）发现外商直接投资降低了国有企业和私营企业的出口产品质量，提高了外资企业和港澳台资企业的出口产品质量。国有企业、集体企业等不同所有制类型的内资企业在市场上扮演着不同的角色，对于国内和国外两个市场上各种资源的配置和使用往往表现在效率上差异迥然。前文分析了价值链上下游的跨国公司通过价值链关联对内资企业整体的产出质量影响机制。考虑到上述事实，进一步按照所有制类型研究跨国公司优势生产要素对不同所有制内资企业产出质量影响的差异。选择实证研究框架式（7 - 3），估计结果如表 7 - 7 所示。

表 7 – 7　　　　　　　　　　　对不同所有制内资企业的估计结果

变量	国有企业	集体企业	股份合作企业	国有企业	非国有内资企业	跨国公司
Up_lab	1.0×10^{-5} (0.000)	$2.0 \times 10^{-6 **}$ (0.000)	—	1.0×10^{-5} (0.000)	—	$1.3 \times 10^{-5 ***}$ (0.000)
Up_cap	-0.221 (0.606)	-0.010^{**} (0.003)	0.030^{***} (0.005)	-0.221 (0.606)	—	-0.011^{***} (0.001)
Up_tfp	-0.038 (0.161)	0.028^{***} (0.003)	0.034^{***} (0.006)	-0.038 (0.161)	0.022^{***} (0.001)	0.022^{***} (0.002)
Up_new	-0.059 (2.509)	-1.051^{***} (0.114)	-0.771^{***} (0.150)	-0.059 (2.509)	-0.769^{***} (0.056)	-0.749^{***} (0.059)
Hz_lab	-0.001 (0.002)	$-2.4 \times 10^{-5 ***}$ (0.000)	—	-0.001 (0.002)	$-1.2 \times 10^{-5 ***}$ (0.000)	—
Hz_cap	0.959 (2.647)	0.004^{**} (0.001)	0.015^{**} (0.005)	0.959 (2.647)	0.006^{***} (0.001)	—
Hz_tfp	6.819 (18.671)	0.318^{***} (0.051)	0.400^{**} (0.125)	6.819 (18.671)	0.416^{***} (0.046)	-0.234^{***} (0.029)
Hz_new	14.926 (41.279)	0.487^{**} (0.166)	—	14.926 (41.279)	—	-0.159^{***} (0.040)
Dn_lab	1.7×10^{-4} (0.000)	—	—	1.7×10^{-4} (0.000)	—	$-1.2 \times 10^{-5 ***}$ (0.000)
Dn_cap	0.599 (1.625)	0.011^{**} (0.004)	-0.042^{***} (0.008)	0.599 (1.625)	—	—
Dn_tfp	0.100 (0.303)	-0.015^{***} (0.002)	-0.014^{***} (0.003)	0.100 (0.303)	-0.011^{***} (0.001)	-0.009^{***} (0.001)
Dn_new	-2.338 (8.051)	0.852^{***} (0.100)	0.475^{***} (0.104)	-2.338 (8.051)	0.607^{***} (0.046)	0.576^{***} (0.048)
高维固定效应	控制	控制	控制	控制	控制	控制
企业特征变量	控制	控制	控制	控制	控制	控制

变量	国有企业	集体企业	股份合作企业	国有企业	非国有内资企业	跨国公司
观测值	115956	136733	55932	115956	234096	361162
LM	0.177 (0.674)	193.73 *** (0.000)	46.847 *** (0.000)	0.177 (0.674)	367.127 *** (0.000)	635.787 *** (0.000)
F	0.011	11.795	2.868	0.011	22.831	42.452
Sargan	0.000	0.100	16.310	0.000	30.576	7.262

注： *** 、 ** 分别表示 0.1% 、1% 的显著性水平。

对于国有企业而言，价值链 3 个环节的跨国公司优势生产要素关联变量都没有通过显著性检验。国有企业在市场上扮演着特殊的角色，一直以来在不同程度上承担着某种社会责任甚至是国家发展的战略使命。在资源配置的市场机制方面，国有企业的产出质量升级决策并非像非国有企业一样完全受市场机制的主导。具体到本书研究的企业产出质量升级，国有企业在有效利用上下游价值链上的跨国公司优势生产要素方面并未通过统计显著性检验。估计结果如表 7 - 7 第 1 列所示。

表 7 - 7 第 2 列的估计结果显示，集体企业的情形与国有企业差别明显。价值链下游跨国公司的产品创新能力通过后向的质量引致需求效应有效促进了中游集体企业的产出质量升级，跨国公司新产品产值比重增加 1% ，集体企业产出质量指标增加 0.85% 。价值链上游的跨国公司通过质量垄断阻碍了中游集体企业的产出质量升级，具体表现为：跨国公司新产品比重增加 1% ，与质量提升不会带来供给方垄断的情形相比，供给方的质量垄断阻碍了中游集体企业产出质量指标提高 1.05% 的机会。股份合作企业和股份有限公司受价值链上下游跨国公司产品创新能力的影响与集体企业类似，不同之处在于，相比集体企业这两类企业受跨国公司的影响更弱一些。

价值链上游与下游的跨国公司技术效率对中游的集体企业、股份合作企业、股份有限公司的影响不同。价值链上游的跨国公司技术效率通过中间投入的成本效应促进了 3 类内资企业的产出质量升级，跨国公司技术效率提高 1 个单位促进集体企业产出质量指标提高 0.028 个单位，促进股份合作企业产出质量指标提高 0.034 个单位，促进股份有限公司产出质量指标提高 0.01 个单位。价值链下游的跨国公司技术效率通过中间投入的数量节约效应阻碍了 3 类内资企业的产出质量升级，跨国公司技术效率提高 1 个单位，相比较对中间投入正常的规模需求而言，集体企业产出质量指标失去提高 0.015 个单位的机会，股份合作企业产出质量指标失去提高 0.014 个单位的机会，股份有限公司产出质量指标失去提高 0.006 个单位的机会。

对国有企业以外的非国有企业整体的估计结果如表 7 - 7 第 5 列所示。除了上下游跨国公司的劳动生产率和资本生产率显著性较低以外，其他优势要素的估计结果都与前面的结论一致。同行业跨国公司的技术效率和资本生产率符号为正，都在 0.1% 的统计显著性水平上通过了检验。这说明，除了国有企业，内资企业产出质量升级整体上受益于同行业跨国公司的水平技术溢出。

为了比较内外资企业对价值链上的跨国公司优势要素资源的使用效率差异，同时也出于估计结果一致性与稳健性的考虑，将跨国公司作为研究对象，考察价值链中游的跨国公司产出质量升级受上下游价值链上其他跨国公司的影响。估计结果如表 7 - 7 第 6 列所示。估计结果表明，价值链中游的跨国公司产出质量升级受上下游价值链上其他跨国公司的影响与内资企业非常相似。这说明上游跨国公司的质量垄断和规模垄断、下游跨国公司的后向投入需求节约效应等作用效果是我国市场机制运行的具体表现，并非内资企业自身因素所导致。其他条件不变的前提下，同行业跨国公司的技术效率和新产品创新能力通过竞争机制在跨国公司之间产生了消极影响。

李坤望等（2014）从企业所有制的角度解释中国出口产品质量变化特征时持有的观点是，新进入出口市场的国有企业与外资企业相比市场平均水平具有更高的出口产品品质；民营企业表现出出口产品品质方面的低端化。本书的研究结论则进一步表明，在企业产出质量品质方面，非国有企业与中国市场上的跨国公司一样通过市场的资源配置机制有效利用了价值链上的跨国公司优势要素资源，而国有企业的产出质量品质并未受到价值链上跨国公司优势要素资源的影响。

六、企业特征与行业特征

企业特征因素和行业特征因素对产出质量的影响估计结果如表 7 – 8 所示，并汇报内资企业和跨国公司之间的差异、国有企业和非国有企业之间的异同。总体来看，内资企业、非国有企业和跨国公司 3 类样本的估计结果在符号正负和显著性水平方面都基本一致。国有企业的相关变量没有通过显著性检验。

表 7 – 8　　　　　　企业特征因素和行业特征因素估计结果

变量	内资企业	国有企业	非国有企业	跨国公司
Tfp	− 0. 051 *** (0. 001)	− 0. 480 (1. 330)	− 0. 047 *** (0. 002)	− 0. 044 *** (0. 002)
Cap_hhi	− 0. 029 *** (0. 003)	− 0. 372 (0. 994)	− 0. 019 * (0. 008)	− 0. 010 (0. 007)
$Fsiz^2$	− 0. 001 *** (0. 000)	− 0. 038 (0. 096)	− 0. 005 *** (0. 001)	− 0. 004 *** (0. 000)
Fsiz	0. 007 * (0. 003)	0. 498 (1. 273)	0. 055 *** (0. 010)	0. 046 *** (0. 008)
Age	0. 001 *** (0. 000)	0. 009 (0. 024)	0. 001 *** (0. 000)	0. 002 *** (0. 000)
Expt	0. 100 *** (0. 002)	− 0. 269 (0. 970)	0. 054 *** (0. 007)	0. 034 *** (0. 002)
HHI^2	− 0. 693 *** (0. 099)	2. 866 (9. 151)	0. 586 * (0. 266)	− 2. 552 *** (0. 253)
HHI	0. 522 *** (0. 043)	3. 898 (10. 382)	0. 431 *** (0. 105)	1. 551 *** (0. 119)

续表

变量	内资企业	国有企业	非国有企业	跨国公司
Soe	0.460 *** (0.014)	2.188 (4.885)	0.803 *** (0.058)	0.661 *** (0.051)
观测值	1299313	115956	234096	361162
高维固定效应	控制	控制	控制	控制
价值链关联	控制	控制	控制	控制
LM	4312.53 *** (0.000)	0.177 (0.674)	367.127 *** (0.000)	635.787 *** (0.000)
F	280.185	0.011	22.831	42.452
Sargan	17.139	0.000	30.576	7.262

注：***、*分别表示0.1%、5%的显著性水平。

根据具体的估计结果，全要素生产率的系数符号为负，这与王永进和施炳展（2014）、施炳展和邵文波（2014）、刘海洋等（2017）结论均不同。本书认为，技术效率对企业产出的影响主要表现为两个方面，一是技术效率在企业产出质量阶梯定位不变的前提下对生产投入和生产成本的节约，二是技术效率促进企业产出沿着质量阶梯的改进。全要素生产率系数的负号可以解释为，中国企业的技术进步主要表现在低端产品生产成本节约型的技术进步，这一技术进步把企业"锁定"在质量阶梯的中低端。

企业规模变量平方项的系数估计值为负，企业规模变量的系数估计值为正，均显著。企业规模变量与产出质量等级变量之间存在倒"U"形的相关关系，这说明企业规模过大或过小都不利于产出质量升级。企业经营时间越长，其产出质量等级越高，这说明从业时间给企业带来显著的学习效应，企业在技术创新、产品更新换代方面具备更高的经营效率和更敏锐的市场嗅觉。出口依存度越高的企业产出质量升级效果越明显。

施炳展和邵文波（2014）分别用企业数量和赫芬达尔指数衡量行业竞争，在实证研究中得到完全相反的结论。行业竞争对企业产出质量升级的影响并不是线性的，过于激烈的竞争或者过高程度的垄断都不利于企业的产品质量创新。本书的研究结果表明，行业竞争程度与产出质量升级效果之间也存在倒"U"形的相关关系。出口比重的系数估计值为正，在0.1%的水平上通过显著性检验。积极参与国际市场竞争的企业其整体的产出质量水平更高。梅里兹（Melitz，2003）对异质企业持有的观点进一步得到验证。开放的市场环境和适度的市场竞争有助于内资企业的产出质量升级。上述企业特征、行业特征与企业产出质量之间的关系并未在国有企业身上得到体现。

第四节　本章小结

在国家从经济增长数量、增长速度到经济增长质量转变的宏观战略背景下，外资、外贸领域也在相应地提质增效。本章在这一背景下，研究了跨国公司通过价值链关联对本土企业微观经济增长质量的影响。从斯蒂芬·海默开始，跨国公司的垄断优势就一直是学术界所关注的焦点之一。在新时期的中国，跨国公司的垄断优势表现出更为丰富的内涵。为了通过市场机制更为有效地配置国内外的各种相关资源，以促进中国经济增长向高质量发展转变，本章从产品创新能力、技术效率、资本生产率和劳动生产率4个方面研究跨国公司的生产要素优势在中国经济增长质量方面发挥的作用和具体的影响机制。

价值链上、下游的跨国公司在产品创新能力方面的优势要素资源比其他优势要素资源对内资企业的产出质量影响更为明显，但是影响方向不同。价值链下游的跨国公司新产品产值比重增加1%，通过后向的质量引致需求效应促进中游的内资企业产出质量指标增加0.45%。价值链上游的跨国公司新产品比重增加1%，与质量提升不会带来供给方垄断的情形相比，供给方的质量垄断阻碍了中游内资企业产出质量指标提高0.58%的机会。

上游跨国公司的技术效率和劳动生产率提高降低了中游内资企业产出质量升级所需的中间投入的生产成本与市场价格，通过价值链关联的成本效应促进了中游的内资企业产出质量升级。上游跨国公司的技术效率提高1个单位，其他条件不变的前提下促进中游内资企业产出质量指标提高0.015个单位。下游跨国公司的技术效率和劳动生产率提高，通过投入节约对中游内资企业的产出质量升级产生了消极影响。下游跨国公司的技术效率提高1个单位，与维持中间投入需求的原状相比，中游内资企业会失去产出质量升级0.008个单位的机会。

下游的跨国公司优势资本要素对中游内资企业产出质量升级产生了规模引致需求效应，上游的跨国公司优势资本要素则通过规模垄断对中游内资企业产出质量升级产生了消极影响。同行业内跨国公司的技术溢出促进了内资企业的产出质量升级。国有企业并未有效利用跨国公司的各类优势要素资源进行产出质量升级，集体企业利用跨国公司优势要素资源进行产出质量升级的情形与上述结论一致，上下游跨国公司的产品创新能力、技术效率等优势要素资源对股份合作企业和股份有限公司的影响也与前文得到的结论一致。以跨国公司的产出质量升级进行实证研究得到的结论进一步证明，价值链上的跨国公司优势生产要素在我国微观经济增长质量方面的影响是我国市场机制运行的具体表现。

为充分利用国内外市场上的跨国公司各类优势资源以有效促进高质量发展，结合本书的研究结论对行业和企业层面的对策建议如下：

（1）从完善市场竞争环境和提高行业创新活力两方面入手健全市场竞争机制，通过市场机制降低上游技术垄断与质量垄断对中下游产出质量升级的阻碍。

（2）国家和地区经济发展规划制定与产业政策调整要充分考虑新时期的5G通信技术和区块链技术在降低高质量产品的信息不对称性和交易环节的机会主义方面的巨大潜力，推进5G通信技术和区块链技术给交易环节带来的商业模式创新，通过新技术应用与商业模式创新补足产出质量升级的交易信息短板与机会主义短板。

（3）进一步扩大开放，具备条件的行业进一步减少股权限制，降低跨国公司进入门槛，地方政府的招商引资需实现从引资数量到引资质量的有效转变，侧重考查拟引进项目在其所属行业中的战略定位，尤其侧重新引进项目、新落地项目的市场引领功能，确保新项目与存量项目之间的产业协同。

（4）除了引资项目本身的规模特征、战略定位与价值链的当地嵌入特征等因素以外，项目来源地的创新资源禀赋状况、创新能力与在国际上的竞争力状况也应该作为引资地方政府进行项目评价的关键因素。项目来源地的创新资源禀赋状况与项目本身的特征均可能影响到其在东道国未来的经济增长质量微观效应，关注跨国公司给中国带来的优势生产要素的更新换代与持续升级。

（5）从企业外部而言，通过中间产品和最终产品市场的对外开放逐步提高同业内企业间的市场竞争；对于非关键中间产品与零部件，加强国际的分工与合作，利用好外部市场与外部资源；对于产出质量升级较为关键的中间产品与关键零部件，进一步培育国内的创新能力与生产能力，降低进口依赖，加强上下游企业间的创新合作与产业链协同。

（6）从企业内部而言，鼓励企业实收资本的多元化与股权结构的多元化，通过优化企业内部各类资源结构提高资源使用效率，提升企业产出质量升级所需的创新活力。

第八章

政府在促进质量升级过程中的角色

本章以商务部的畅销品牌评定为例，分析政府在经济增长质量管理方面可能遇到的问题，剖析影响其管理工作绩效的因素与经济机制。

第一节　政府的宏观质量管理

一、顶层设计

为加快实施品牌战略，推动自主品牌的培育、推广和保护，2006 年商务部出台《中国畅销品牌评定办法（试行）》，2006 年开始面向全国评定中国畅销品牌。根据《中国畅销品牌评定办法（试行）》，达到商务部要求的中国畅销品牌基本标准：（1）品牌的属权特征必须满足是自主品牌，在中国境内创立并且品牌商标以中国为第一注册地；（2）品牌的市场影响力方面要求具备较强的市场影响力、竞争力和信誉度；（3）品牌产品的质量水平要达到国内领先或国际先进水平；（4）品牌的创新与可持续发展方面具有较强的科技创新和可持续发展能力；（5）品牌的市场认可范围要获得社会和广大用户认可。①

商务部对中国畅销品牌的评定的初衷和工作思路可以根据《中国畅销品牌评定办法（试行）》将其概括为"以企业自愿申请为前提，采取企业申请、模型测算、专家预选、市场认可、政府发布的机制，遵循科学、公正、客观和择优的原则，立足于品牌的国内外市场表现，评定能够体现用户的认知、选择、使用、评价和反馈状况的中国畅销品牌。"

中国畅销品牌评定的顶层设计特征。在对中国畅销品牌评定工作的必要性和其经济、社会价值充分认识基础上，商务部设立了中国畅销品牌指导委员会，负责指导和监督中国畅销品牌评定工作，协调有关重大事项。中国畅销品牌指导委员会为畅销品牌评定工作进行原则指导、重大事项协调，有助于畅销品牌评定工作具体贯彻和落实国家品牌战略、国家产业结构调整与升级战略的指导精神，沿着正确的战略方向开展、调整与完善。

二、组织管理与工作流程

中国畅销品牌评定工作的组织管理主体是中国畅销品牌评定办公室，中国畅销品牌评定办公室在中国畅销品牌指导委员会的指导与监督下工作。中国畅销品牌评定办公室在事前和事中负责制定评定方法与实施细则、组织评定工作；事后负责公示预选名单、接受社会监督、组织必要的社会调查、组织专家工作组和专业机构进行核实、指标修正和名单调整、确定本年度中国畅销品牌名单。

中国畅销品牌评定办公室的畅销品牌评定工作依赖两类外部主体的支持：一是专业机构，主要提供技术支持；二是专家组，主要提供智力支持。专业机构的工作职责主要是：（1）接受评定办公室的委托，对申请评定畅销品牌的企业提供的指标数据进行核实、整理、测算、统计分析等技术性工作；（2）向专家工作组提交品牌的指标数据测算结果和相关报告；（3）接受评定办公室根据预选名单公示及调查后的委托，与专家工作组进

---

① 资料来源：商务部网站。

行核实、指标修正和名单调整，建议本年度中国畅销品牌名单。专家工作组的主要职责是：（1）接受评定办公室的委托，对企业提供的申请材料、专业机构的测算和排序结果以及相关报告进行审核，提出年度中国畅销品牌的建议预选名单；（2）接受评定办公室根据预选名单公示及调查后的委托，与专业机构进行核实、指标修正和名单调整，建议本年度中国畅销品牌名单。商务部中国畅销品牌评定主要工作流程如图 8 - 1 所示。

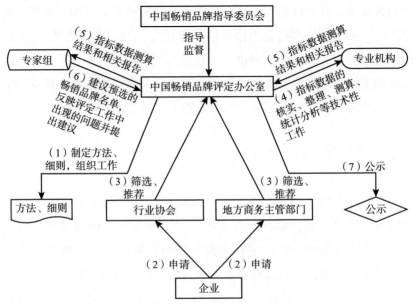

图 8 - 1　商务部中国畅销品牌评定主要工作流程

最终由商务部对入选中国畅销品牌授予年度中国畅销品牌称号，颁发中国畅销品牌证书和统一标识，并向社会公布。中国畅销品牌评定的工作流程、授予和公布方式其目的在于有效提高所评定畅销品牌的公平性、公正性、可信性与权威性。

第二节　非对称信息、机会主义与应对措施

一、非对称信息的根源

有关品牌产品的生产、交易、消费、品牌的外部评定、品牌的外部管理等活动均会涉及非对称信息问题。品牌产品的生产、交易、消费的非对称信息主要涉及市场交易的供求双方，而畅销品牌评定工作中的信息不对称主要涉及申请企业、商务主管部门和外部支持机构三方。

就申请企业而言，其利益诉求是：产品质量高的企业希望通过畅销品牌评定这种商务主管部门的"背书"而被市场所知晓；产品质量低的企业则希望通过利用"非对称信息"获得由商务主管部门"背书"的质量声誉。

对于畅销品牌评定的行为主体中国畅销品牌评定办公室而言，面对来自制造业各行各业的企业所提供的申请材料、表格和数据，作为代表政府行事的品牌评定办公室必然处于信息劣势。造成非对称信息的原因主要有四种：一是行业的多样性；二是质量阶梯（Helpman & Grossman，1991）的垂直差异性；三是新技术和新产品的动态变化性；四是申请企业潜在的机会主义行为。

二、应对措施与效果异质性

接下来把评定过程中的非对称信息应对措施的有效性划分为 A、B、C 三个等级，其中等级 A 最为有效，等级 C 表示效果最弱，等级 B 表示效果居中。通过对《中国畅销品牌评定办法（试行）》的文本整理，把非对称信息的应对措施具体分为：门槛条件、申报材料的规范性、地方商务主管部门初级审核、行业协会初级审核、专家工作组参与、专业机构参与、

对违规或徇私舞弊的申请者进行处罚、预选名单公示与社会监督等8项具体措施。每一项措施应对不同原因导致的非对称信息的有效性如表8-1所示。

表8-1　　　　　　　　非对称信息、应对措施及其有效性

评定过程中的应对措施	造成非对称信息的主要原因			
	行业的多样性	质量阶梯的垂直差异性	新技术和新产品的动态变化性	申请企业的机会主义行为
门槛条件	—	A	—	A
申报材料的规范性	—	—	—	A
地方商务主管部门初级审核	C	C	C	B
行业协会初级审核	A	A	A	A
专家工作组参与	B	B	B	B
专业机构参与	B	B	B	B
处罚	—	—	—	A
预选名单公示与社会监督	A	A	A	A

注：针对非对称信息所采取的应对措施是作者根据《中国畅销品牌评定办法（试行）》进行文本整理、总结得到。"—"表示应对措施对于相应的非对称信息原因没有效果。

《中国畅销品牌评定办法（试行）》中对非对称信息能够有效屏蔽的门槛条件是第三章、第十条的（二）和（三）两款条件。其门槛条件分别是"拥有品牌的企业近3年经营状况稳定，经济效益和社会效益良好，经审计未出现亏损"和"拥有品牌的企业在行业内领先，企业销售总收入居本行业前10位，品牌产品的销售收入占企业销售总收入的30%以上"。该门槛条件并不能缓解行业的多样性和新技术、新产品的动态变化性带来的非对称信息问题，但是可以把销售收入在10位以后的或者品牌产品的销售收入占企业销售总收入在30%以下的企业刚性地排除在申请者行列之外。这可能同样地会把少部分不满足这两款刚性条件但是符合前文提到的中国畅销品牌5点基本标准的企业排除在申请者行列之外。但是对于应对

质量阶梯的垂直差异性和申请企业的机会主义行为带来的非对称信息问题，所设置的门槛条件无疑是一种有效措施。

满足门槛条件的企业都是行业的头部企业，在行业质量阶梯中处于顶端位置。相比较全行业的质量阶梯，同类参评企业所构成的质量阶梯大大缩短，因此门槛条件应对质量阶梯的垂直差异性所引起的非对称信息问题效果明显。

申报材料的规范性对于非对称信息问题的作用效果主要通过两类机制：一是信息传达方式本身；二是抑制申请企业的机会主义行为。对申报材料规范性的要求越明确、细致，事先传达越到位、充分，其抑制申请企业的机会主义行为的效果越显著。这一举措同样存在不利的一方面，即给申报者带来的工作成本和工作效率损失。因此，对于畅销品牌评定工作的主办方而言要选择恰当的申报材料规范性要求。

地方商务主管部门相比商务部主管部门更了解所在地企业的品牌状况与特征。对于地方而言，其行业多样性比全国范围内的行业多样性低，其行业质量的长度比全国范围内质量阶梯的长度短，其新技术和新产品的动态变化性比全国范围内弱，因此地方商务主管部门初级审核可以在一定程度上有效应对非对称信息问题。前提是地方商务主管部门不存在与申请企业串谋的动机。地方商务主管部门比商务部主管部门对当地企业的日常经营状况更了解，这一事实能够有效抑制申请企业的机会主义行为。对于省一级尤其是经济体量较大的东部省份商务主管部门言，其面临的行业多样性、质量阶梯的垂直差异性和新技术和新产品的动态变化性不比商务部主管部门低多少，因此地方商务主管部门初级审核这一项措施应对非对称信息问题的效果较弱。随着地方商务主管部门的地方层级下沉，其初级审核措施应对非对称信息问题的效果变强，但是随之而来的问题是官商串谋。行业协会比地方商务主管部门具有专业性，因此行业协会初级审核应对非对称信息问题比地方商务主管部门的审批更有效。因其缺乏政治约束，在制度不健全的情况下行业协会与申请企业的机会主义串谋比地方商务主管部门的动机更强。

专家工作组和专业机构参与评定的方式都能够有效应对申请者主观因

素和外部环境客观因素造成的非对称信息问题。专家工作组的作用机制主要仰赖其所掌握的大数据，即通常所说的工作经验。专家工作组成员往往都是来自不同领域的专家。常见的做法是，先制定工作组专家标准和条件，根据标准和条件面向社会征集专家组建专家库，根据评定工作的需要从专家库中抽调部分专家组成专家工作组。专家库需要不断更新。专家工作组是中国畅销品牌评定办公室的外部智力支持。专家库的开放性与持续更新保证了社会智力资源与评定工作匹配的优化状态。专业机构发挥的功能是为中国畅销品牌评定办公室提供外部的技术支持。畅销品牌评定工作将智力投入和技术投入采用这种"外包"的方式可以大大节约固定成本投入，同时又能保证获取社会上最优的智力资源与技术资源。专家工作组和专业机构参与评定的方式需要避免专家成员、专业机构与中国畅销品牌评定办公室之间利益固化，长期固定的合作关系往往会导致利益固化，甚至可能出现专家成员、专业机构通过非正当的利益输送获得与中国畅销品牌评定办公室长期稳定的合作关系。与个别专家成员、个别专业机构长期稳定的合作关系避开了市场选择机制对外部智力资源、外部技术资源的合理配置。

预选名单公示与社会监督是一种有效的外部约束机制，同时也是一种畅销品牌评定活动的纠偏机制。公示与监督环节提供品牌质量信息积极性最高的是参与评定但是品牌未上榜的企业，这一类企业与上榜企业是同行业的竞争对手，因此此类措施应对行业多样性、质量阶梯的垂直差异性、新技术和新产品的动态变化性所带来的非对称信息问题效果显著，也可以有效遏制参评企业主观的机会主义行为。预选名单在特定时间内为社会所知晓的及时性与广泛性是影响这一类措施应对信息不对称问题效果的关键。

基于前文分析，中国畅销品牌评定工作的有效性与结果的公平性取决于：（1）门槛条件设置合理；（2）社会智力资源与技术资源广泛参与到备选名单（专家库与机构库）中；（3）评选工作各环节能够广泛、及时地为社会所知晓，并且以积极的心态接受社会监督。

第九章

结论与促进质量升级的政策启示

第一节 研究结论

一、经济增长质量的理论观点

我国社会主义市场经济发展的质量演进规律如下。种类从无到有，从单一到多样；数量从少到多，从短缺到过剩；结构从失衡到均衡，从错配到优化；品质从低到高，从劣到优；四种结构矛盾凸显与调和；经济高质量发展呈现二重含义。

微观经济增长质量状态不断改进，一方面通过微观指标的统计加总直接表现为宏观经济质量状态关键指标的改进，另一方面宏观经济质量层面一些易"僵化不变"的关键因素需要通过外生的政策与制度变迁适时进行调整、优化。从某种意义上，宏观经济增长质量是微观经济增长质量的包络，宏、微观经济增长质量的动态变化、反馈、约束、突破与演进共同阐释了高质量发展的经济学内涵。

省域行业层面的高质量发展表现为四个方面：（1）投入一定的前提下合意产出增加（或者合意产出一定前提下投入的节约），即生产效率提高。

（2）合意产出一定前提下非合意产出下降（或者非合意产出控制在一定水平上合意产出增加），即"三废"排放有效控制。（3）行业产出的升级与进阶。（4）行业抵御外部风险与稳步增长。

二、研究结论

产业结构方面，与江苏、广东相比山东省的高新技术产业在工业体系中的比重明显偏低，即使在全国范围内的产业结构快速调整阶段，山东省的这一产业结构调整仍然表现乏力。

企业创新方面，山东省专利授权数量的年增速慢于全国的平均增速；"十二五"与"十三五"期间这一特征更加明显。山东、江苏、广东三个省份相比较，山东省的新产品销售收入的增速是最低的。从2013年开始，山东省的增速明显低于全国平均水平，低于广东省和江苏省的年增速，"十三五"后半程呈现负增长。

资本供给方面，从大中型企业实收资本的角度分析工业领域资本供给情况，可以总结如下：（1）从各类资本金的规模来看，从大到小依次为法人资本金、国家资本金、个人资本金、外商资本金、港澳台资本金、集体资本金。（2）外商资本金和港澳台资本金年增速明显慢于企业法人资本和个人资本。（3）外商资本金和港澳台资本金比重明显低于江苏省。（4）外商资本金和港澳台资本金的比重呈下降趋势。

出口产品质量方面，资源密集型、低技术型、中技术型和高技术型等四类商品中只有中技术产品的出口质量出现了明显上涨。在市场开放较快的2002～2005年，中技术产品和低技术产品的出口质量平均每年分别下降12.21%和13.65%，快于整体出口质量的下降。"十一五"期间，这四类商品质量均出现了不同程度的上涨，中技术产品增速最快，其次是低技术产品。"十二五"和"十三五"前两年，只有低技术产品出口质量出现小幅上涨，其他三类均出现不同程度下降。一般贸易方式出口的中技术产品和高技术产品都出现了不同程度的出口质量下降，加工贸易方式出口的中技术产品和高技术产品都出现了不同程度的出口质量上升。"十二五"

期间一般贸易方式出口的高技术产品出口质量下降明显,"十三五"前两年出现了小幅上涨,但是质量水平明显低于加工贸易出口的高技术产品质量水平。通过对出口比重较高的变压器、静止式变流器(如整流器)及电感这一类商品的出口状况进行微观分析,可以对出口产品质量下降的原因做出初步判断:部分本土企业参与全球价值链分工通过低端锁定效应降低了本土企业的出口产品质量。加工贸易领域的外资企业比本土企业更易于参与全球价值分工。

在经营绩效方面,不论是规模以上工业企业还是外商及港澳台商投资企业其资本利润率均呈现出一致的变化规律,即先上升后下降的倒"U"形变化趋势。2010年前后达到峰值,之后分别呈不同幅度的下降。"十三五"期间,规模以上工业企业整体的平均资本利润率与外商及港澳台商投资企业的资本利润率都快速下降;外商及港澳台商投资企业资本利润率比规模以上工业企业平均资本利润率下降得快,"十三五"期间前者始终低于后者,也低于江苏、广东两省的相应指标。

在外资促进本土企业产出质量方面,价值链上、下游的跨国公司在产品创新能力方面的优势要素资源比其他优势要素资源对内资企业的产出质量影响更为明显,但是影响方向不同。价值链下游的跨国公司新产品产值比重增加1%,通过后向的质量引致需求效应促进中游的内资企业产出质量指标增加0.45%。价值链上游的跨国公司新产品比重增加1%,与质量提升不会带来供给方垄断的情形相比,供给方的质量垄断阻碍了中游内资企业产出质量指标提高0.58%的机会。

上游跨国公司的技术效率和劳动生产率提高降低了中游内资企业产出质量升级所需的中间投入的生产成本与市场价格,通过价值链关联的成本效应促进了中游的内资企业产出质量升级。上游跨国公司的技术效率提高1个单位,其他条件不变的前提下促进中游内资企业产出质量指标提高0.015个单位。下游跨国公司的技术效率和劳动生产率提高,通过投入节约对中游内资企业的产出质量升级产生了消极影响。下游跨国公司的技术效率提高1个单位,与维持中间投入需求的原状相比,中游内资企业会失去产出质量升级0.008个单位的机会。

下游的跨国公司优势资本要素对中游内资企业产出质量升级产生了规模引致需求效应，上游的跨国公司优势资本要素则通过规模垄断对中游内资企业产出质量升级产生了消极影响。同行业内跨国公司的技术溢出促进了内资企业的产出质量升级。国有企业并未有效利用跨国公司的各类优势要素资源进行产出质量升级，集体企业利用跨国公司优势要素资源进行产出质量升级的情形与上述结论一致，上下游跨国公司的产品创新能力、技术效率等优势要素资源对股份合作企业和股份有限公司的影响也与前文得到的结论一致。以跨国公司的产出质量升级进行实证研究得到的结论进一步证明，价值链上的跨国公司优势生产要素在我国微观经济增长质量方面的影响是我国市场机制运行的具体表现。

第二节　促进质量升级的政策启示

一、企业外部合作网络

从外循环的角度。从"十一五"规划开始货物贸易拉动经济增长相对较弱的局面开始有所改变，但是经过十五年左右的调整依然没有改变尚未充分利用国际市场的现状。山东省的相对进口规模明显高于相对出口规模。相对于服务省内货物出口而言山东省口岸服务省外货物出口的相对作用更大。山东省进口企业对于省内市场所需货物的进口相比较广东、江苏两省进口企业发挥的功能相对欠缺。

比较山东省外商及港澳台商投资企业与江苏省外商及港澳台商投资企业的出口导向。与江苏、广东两省的同类企业相比，山东省的外商及港澳台商投资企业对于国内循环和国际循环的参与度也相对较低。山东省外商及港澳台商投资企业的出口导向明显高于规模以上工业企业整体的出口导向。与本土企业相比，外资企业具有更强的国际市场产业关联与市场关联。总体而言，山东省外商及港澳台商投资企业的出口导向是规模以上工业企业的大约 3 倍。江苏省外商及港澳台商投资企业的出口导向是山东省的 1.75 倍。

从内循环的角度。省域经济的分析范式不同于国家经济体，省域的国内循环包括省内市场和国内省外市场两个部分。山东、江苏、广东三个省份对国内省外市场的依赖明显大于对国外市场的依赖，山东省不论参与省域间分工还是参与国际分工的程度都明显低于江苏、广东两省。山东省和江苏省通过需求端嵌入内循环所呈现的部门间差异较大。总体而言，山东省比江苏省的内循环嵌入程度低，山东省大部分部门的国内省外流入所占总产值比重明显低于江苏省，山东省的国内分工参与比江苏省低。

因此，在企业微观层面，充分发挥省域经济的制造业基础优势，将供给侧改革与新旧动能转换有机结合，全面构建跨省份的供应链网络，促进制造业向产业链上游聚集，在生态环境约束下通过规模经济与基础原材料的产品创新、工艺创新、生产技术创新促进造业产出质量升级。

二、供给结构、市场环境与政策环境

1. 市场、产业与政府管理政策建议

（1）加强在国内市场构建和完善高端制造业供应商合作网络，逐步转变经济质量升级过于依赖加工贸易以及国际市场的现实。

（2）利用好国际需求的同时，将供给侧结构性改革向深化国内、省内的上游价值链倾斜，通过高端出口带动国内尤其是省内的供应商向高端发展。

（3）出台差异化产业政策，加大对高技术产品研发与生产企业的技术改造及创新发展的鼓励与扶持。

（4）由省直机关选派人员组成的高质量发展服务队要深入企业了解产品升级换代和出口环节面临的制度政策障碍，切实完善相关的制度保障。

（5）为重点发展行业搭建外部市场信息共享平台，为中、高技术产品生产与出口企业提供外部资源支持，帮助企业最终建立和完善国际市场风险响应机制、提高国际市场风险抵御能力。

（6）政府对畅销品牌评定工作的有效性与结果的公平性取决于：①门槛条件设置合理；②社会智力资源与技术资源广泛参与到备选名单（专家库与机构库）中；③评选工作各环节能够广泛、及时地为社会所知晓，并且以积极的心态接受社会监督。

2. 新时期的外资利用政策

为充分利用国内外市场上的跨国公司各类优势资源以有效促进经济高质量发展，结合前文的研究结论对行业和企业层面的对策建议如下：

（1）从完善市场竞争环境和提高行业创新活力两方面入手健全市场竞争机制，通过市场机制降低上游技术垄断与质量垄断对中下游产出质量升级的阻碍。

（2）国家和地区经济发展规划制定与产业政策调整要充分考虑新时期的 5G 通信技术和区块链技术在降低高质量产品的信息不对称性和交易环节的机会主义方面的巨大潜力，推进 5G 通信技术和区块链技术给交易环节带来的商业模式创新，通过新技术应用与商业模式创新补足产出质量升级的交易信息短板与机会主义短板。

（3）进一步扩大开放，具备条件的行业进一步减少股权限制，降低跨国公司进入门槛，地方政府的招商引资需实现从引资数量到引资质量的有效转变，侧重考查拟引进项目在其所属行业中的战略定位，尤其侧重新引进项目、新落地项目的市场引领功能，确保新项目与存量项目之间的产业协同。

（4）除了引资项目本身的规模特征、战略定位与价值链的当地嵌入特征等因素以外，项目来源地的创新资源禀赋状况、创新能力与在国际上的竞争力状况也应该作为引资地方政府进行项目评价的关键因素。项目来源地的创新资源禀赋状况与项目本身的特征均可能影响到其在东道国未来的经济增长质量微观效应，关注跨国公司给中国带来的优势生产要素的更新换代与持续升级。

（5）从企业外部而言，通过中间产品和最终产品市场的对外开放逐步提高同业内企业间的市场竞争；对于非关键中间产品与零部件，加强国际的分工与合作，利用好外部市场与外部资源；对于产出质量升级较为关键的中间产品与关键零部件，进一步培育国内的创新能力与生产能力，降低进口依赖，加强上下游企业间的创新合作与产业链协同。

（6）从企业内部而言，鼓励企业实收资本的多元化与股权结构的多元化，通过优化企业内部各类资源结构提高资源使用效率，提升企业产出质量升级所需的创新活力。

参 考 文 献

[1] 柴忠东，施慧家．新新贸易理论"新"在何处——异质性企业贸易理论剖析 [J]．国际经贸探索，2008，24（12）：14-18．

[2] 陈琳，林珏．外商直接投资对中国制造业企业的溢出效应：基于企业所有制结构的视角 [J]．管理世界，2009（9）：24-33．

[3] 邓小平：《邓小平文选第二卷》，北京：人民出版社，1983年版，第237页。

[4] 邓小平：《邓小平文选第三卷》，北京：人民出版社，1983年版，第54页。

[5] 樊瑛．新新贸易理论及其进展 [J]．国际经贸探索，2007（12）：4-8．

[6] 樊瑛．异质企业贸易模型的理论进展 [J]．国际贸易问题，2008（3）：124-128．

[7] 葛顺奇，陈江滢，罗伟．知识资本和中国企业国际投资的模式选择 [J]．南开经济研究，2022（2）：3-20．

[8]《关于贯彻落实国发〔2016〕4号文件促进加工贸易创新发展的实施意见》．

[9]《关于深入推进供给侧结构性改革的实施意见》，2016年5月，中共山东省委、山东省人民政府办公厅．

[10]《关于新时期积极利用外资若干措施的通知》，2017年7月，山东省人民政府办公厅．

[11]《关于印发山东省进一步做好利用外资工作的若干措施的通知》，2020年8月，山东省人民政府办公厅．

[12]《关于印发支持实体经济高质量发展的若干政策的通知》，2018

年9月，山东省人民政府办公厅．

[13]《关于支持八大发展战略的财政政策的通知》，2020年10月，山东省人民政府办公厅．

[14] 韩永辉，麦炜坤，王贤彬，韦东明．稳健外交关系驱动中国企业走出去——来自双边联合声明公报签订的证据 [J]．国际经贸探索，2022，38（5）：99－116．

[15] 贺梅，王燕梅．危机冲击能否倒逼中国制造业产品质量提升——基于行业出口国内增加值率差异的分析 [J]．经济评论，2019（2）：17－33．

[16] 洪联英，罗能生．出口、投资与企业生产率：西方贸易理论的微观新进展 [J]．国际贸易问题，2008（7）：22－26．

[17] 洪联英，罗能生．全球生产与贸易新格局下企业国际化发展路径及策略选择——基于生产率异质性理论的分析方法 [J]．世界经济研究，2007（12）：55－61，87．

[18] 胡锦涛：《高举中国特色社会主义伟大旗帜　为夺取全面建设小康社会新胜利而奋斗——在中国共产党第十七次全国代表大会上的报告》，中国共产党第十七次全国代表大会，2007年10月，北京。

[19] 胡锦涛：《坚定不移沿着中国特色社会主义道路前进　为全面建成小康社会而奋斗——在中国共产党第十八次全国代表大会上的报告》，中国共产党第十八次全国代表大会，2012年10月，北京。

[20] 华民，蒋舒．开放资本市场：应对"三资企业""独资化"发展倾向的策略取向 [J]．管理世界，2002（12）：33－39，47－156．

[21] 黄奇帆．以国内大循环为主，国内国际双循环新发展格局下的浙商机遇 [J]．2020年第十三届《浙商》年会．

[22] 江小涓．跨国投资、市场结构与外商投资企业的竞争行为 [J]．经济研究，2002（9）：31－38．

[23] 江泽民：全面建设小康社会，开创中国特色社会主义事业新局面——在中国共产党第十六次全国代表大会上的报告 [R/OL]．科技部，2006－12－22．

［24］蒋珊．在华跨国公司独资化选择的研究——基于吸收能力视角［J］．世界经济研究，2008（12）：79－83，68，86．

［25］赖永剑，贺祥民．外资企业空间集聚与内资企业出口产品质量——基于270个城市的空间动态面板数据模型［J］．云南财经大学学报，2018（1）：93－102．

［26］李俊成，李建军．"一带一路"倡议对企业海外投资的增进效应［J］．金融论坛，2022，27（4）：31－41．

［27］李克强：《政府工作报告》，2018年3月，北京。

［28］李坤望，蒋为，宋立刚．中国出口产品品质变动之谜：基于市场进入的微观解释［J］．中国社会科学，2014（3）：80－103．

［29］李坤望，王有鑫．FDI促进了中国出口产品质量升级吗？——基于动态面板系统GMM方法的研究［J］．世界经济研究，2013（5）：60－66．

［30］李维安，李宝权．跨国公司在华独资倾向成因分析：基于股权结构战略的视角［J］．管理世界，2003（1）：57－62，154．

［31］林润辉，李飞，桂原，李娅，厉娜．企业高管团队影响跨国并购模式选择研究——特征驱动还是角色使然［J］．科学学与科学技术管理，2019，40（7）：88－104．

［32］刘海洋，林令涛，高璐．进口中间品与出口产品质量升级：来自微观企业的证据［J］．国际贸易问题，2017（2）：39－49．

［33］刘鹤．加快构建以国内大循环为主体、国内国际双循环相互促进的新发展格局［N］．人民日报，2020－11－25．

［34］刘靖，张车伟，毛学峰．中国1991～2006年收入分布的动态变化：基于核密度函数的分解分析［J］．世界经济，2009，32（10）：3－13．

［35］刘伟丽，陈勇．中国制造业的产业质量阶梯研究［J］．中国工业经济．2012（11）：58－70．

［36］卢昌崇，李仲广，郑文全．从控制权到收益权：合资企业的产权变动路径［J］．中国工业经济，2003（11）：34－40．

［37］罗楚亮. 城镇居民教育收益率及其分布特征 ［J］. 经济研究，2007（6）：119 – 130.

［38］《落实"六稳""六保"促进高质量发展政策清单（第一批）的通知》，2021 年 1 月，山东省人民政府办公厅.

［39］聂辉华，江艇，杨汝岱. 中国工业企业数据库的使用现状和潜在问题 ［J］. 世界经济，2012（5）：142 – 158.

［40］中共中央宣传部，国家发展和改革委员会. 习近平经济思想学习纲要 ［M］. 北京：人民出版社，学习出版社，2022.

［41］《山东省国民经济和社会发展第十三个五年规划纲要》，2016 年 3 月，山东省人民政府办公厅.

［42］《山东省进一步促进外贸稳定增长政策措施》，2020 年 1 月，山东省人民政府办公厅.

［43］《山东省人民政府关于贯彻国发〔2016〕63 号文件做好自由贸易试验区新一批改革试点经验复制推广工作的通知》，2016 年 12 月，山东省人民政府办公厅.

［44］《山东省新旧动能转换基金管理办法》，2018 年 1 月，山东省人民政府办公厅.

［45］《山东省新旧动能转换基金激励办法》，2018 年 1 月，山东省人民政府办公厅.

［46］《山东省新旧动能转换基金省级政府出资管理办法》，2018 年 1 月，山东省人民政府办公厅.

［47］《山东新旧动能转换综合试验区建设总体方案》，2018 年 1 月，山东省人民政府办公厅.

［48］沈磊，蒋士成，颜光华. 跨国公司在华合资企业股权结构变动的成因——基于一个合作博弈模型的分析 ［J］. 财经研究，2005（1）：38 – 47.

［49］施炳展. 中国企业出口产品质量异质性 ［J］. 经济学（季刊），2013，13（1）：263 – 284.

［50］施炳展，邵文波. 中国企业出口产品质量测算及其决定因素——

培育出口竞争新优势的微观视角 [J]. 管理世界, 2014 (9)：90 - 106.

[51] 施炳展, 曾祥菲. 中国企业进口产品质量测算与事实 [J]. 世界经济, 2015 (3)：57 - 77.

[52] 司登奎, 刘云, 刘喜华. 人民币汇率变动影响企业跨国并购的微观机理及经验证据 [J]. 国际金融研究, 2022 (3)：67 - 76.

[53] 苏二豆, 薛军. 服务业开放、外资管制与企业对外直接投资模式 [J]. 世界经济研究, 2022 (3)：109 - 122, 136.

[54] 随洪光, 余李, 段鹏飞. 外商直接投资、汇率甄别与经济增长质量——基于中国省级样本的经验分析 [J]. 经济科学, 2017 (2)：59 - 73.

[55] 田存志, 熊性美. 不完全信息下的跨国公司投资模式分析 [J]. 世界经济研究, 2001 (4)：8 - 12.

[56] 王进猛, 沈志渔. 外资进入方式对交易成本的影响：实证检验及政策建议 [J]. 中国工业经济, 2010 (7)：66 - 73.

[57] 王明益. 内外资技术差距与中国出口产品质量升级研究——基于中国 7 个制造业行业数据的经验研究 [J]. 经济评论, 2013 (6)：59 - 69.

[58] 王雅琦, 张文魁, 洪圣杰. 出口产品质量与中间品供给 [J]. 管理世界, 2018 (8)：30 - 40.

[59] 王永进, 施炳展. 上游垄断与中国企业产品质量升级 [J]. 经济研究, 2014 (4)：116 - 129.

[60] 魏浩, 林薛栋. 进出口产品质量测度方法的比较与中国事实——基于微观产品和企业数据的实证分析 [J]. 财经研究, 2017, 43 (5)：89 - 101.

[61] 魏志华, 王孝华, 蔡伟毅. 实际控制人境外居留权与避税天堂直接投资 [J]. 经济管理, 2022, 44 (3)：159 - 177.

[62] 习近平：《决胜全面建成小康社会　夺取新时代中国特色社会主义伟大胜利——在中国共产党第十九次全国代表大会上的报告》, 中国共产党第十八次全国代表大会, 2017 年 10 月, 北京。

[63] 习近平：《在全国脱贫攻坚总结表彰大会上的讲话》，全国脱贫攻坚总结表彰大会，2021 年 2 月，北京。

[64] 薛求知，韩冰洁. 东道国腐败对跨国公司进入模式的影响研究 [J]. 经济研究，2008（4）：88 - 98.

[65] 杨栋旭，于津平. 东道国外商投资壁垒与中国企业大型对外投资——基于投资边际、模式与成败三重视角 [J]. 国际经贸探索，2022，38（5）：52 - 69.

[66] 杨红丽，陈钊. 外商直接投资水平溢出的间接机制：基于上游供应商的研究 [J]. 世界经济，2015（3）：123 - 144.

[67] 杨汝岱，朱诗娥. 中国对外贸易结构与竞争力研究：1978 - 2006 年 [J]. 财贸经济，2008（2）：112 - 119.

[68] 余娟娟，魏霄鹏. 中国企业海外并购看重东道国的营商环境吗——基于环境不确定性及交易成本减低的视角 [J]. 国际商务（对外经济贸易大学学报），2022（1）：51 - 68.

[69] 余淼杰，张睿. 中国制造业出口质量的准确衡量：挑战与解决方法 [J]. 经济学（季刊），2017，16（2）：463 - 484.

[70] 张杰，郑文平，翟福昕. 中国出口产品质量得到提升了么？[J]. 经济研究，2014（10）：46 - 59.

[71] 张幼文. 贸易投资融合原理与全球化收益的国民属性 [J]. 世界经济研究，2018（2）：3 - 12.

[72] 张幼文. 生产要素的国际流动与全球化经济的运行机制 [J]. 国际经济评论，2013（5）：30 - 39.

[73] 中国制造 2025（国家行动纲领），2015 年 5 月，北京.

[74] 中央经济工作会议公报，2016 年 12 月，北京.

[75] 中央经济工作会议公报，2017 年 12 月，北京.

[76] 中央经济工作会议公报，2018 年 12 月，北京.

[77] 中央经济工作会议公报，2019 年 12 月，北京.

[78] 中央经济工作会议公报，2020 年 12 月，北京.

[79] 周琢，祝坤福. 外资企业的要素属权结构与出口增加值的收益

归属 [J]. 中国工业经济, 2020 (1): 118 –135.

[80] AkerlofG. A. The Market for "Lemon": Quality uncertainty and the market mechanism [J]. Quarterly Journal of Economics, 1970, 84 (3): 488 –500.

[81] Amit Khandelwal. The Long and Short (of) Quality Ladders [J]. The Review of Economic Studies, Volume, 2010, 77 (4): 1450 –1476.

[82] Anthony C., Kaz M. Export versus FDI: Learning through propinquity [J]. International Journal of Economic Theory, 2018, 16 (4): 361 –379.

[83] Arnold J. M., Hussinger K. Exports versus FDI in German Manufacturing: Firm Performance and Participation in International Markets [J]. Review of International Economics, 2010, 18 (4): 595 –606.

[84] Auer R., Chaney T., Sauré P. Quality pricing-to-market [Z]. CEPR Discussion Papers, 2014.

[85] Bas M., Strauss – Kahn V. Input-trade liberalization, export prices and quality upgrading [J]. Journal of International Economics, 2015, 95 (2): 250 –262.

[86] Bernard A. B., Eaton J., Jensen J. B., Kortum S. Plants and Productivity in International Trade [J]. American Economic Review, 2003, 93 (4): 1268 –1290.

[87] Bhattacharya R., Patnaik I., Shah A. Export Versus FDI in Services [J]. The World Economy, 2011, 35 (1): 61 –78.

[88] Chen C., Sheng Y., Findlay C. Export Spillovers of FDI on China's Domestic Firms [J]. Review of International Economics 2013, 21 (5): 841 –856.

[89] Comparing Manufacturing and Services [J]. Mimeo, 2009.

[90] Crozet M., Head K., Mayer T. Quality sorting and trade: Firm-level evidence for French wine [J]. Review of Economic Studies, 2012, 79 (2): 609 –644.

[91] Cui L. , Jiang F. FDI Entry Mode Choice of Chinese Firms: A Strategic Behavior Perspective [J]. Journal of World Business, 2009, 44 (4): 434 – 444.

[92] Dasgupta K. , Mondria J. Quality uncertainty and intermediation in international trade [J]. European Economic Review, 2018, 104 (5): 68 – 91.

[93] Deng P. Why do Chinese Firms Tend to Acquire Strategic Assets in International Expansion? [J]. Journal of World Business, 2009, 44 (4): 74 – 84.

[94] Du, L. , A. Harrison and G. Jefferson. FDI Spillovers and Industrial Policy: The Role of Tariffs and Tax Holidays, World Development, 2014 (64): 366 – 383.

[95] Feenstra R. C. , Romalis J. International prices and endogenous quality [J]. Quarterly Journal of Economics, 2014, 129 (2): 477 – 527.

[96] Fieler A. C. , Eslava M. , Xu Y. D. Trade, Quality Upgrading, and Input Linkages: Theory and Evidence from Colombia [J]. American Economic Review, 2018, 108 (1): 109 – 146.

[97] Filatotchev I. , Strange R. , Piesse J. , Lien Y. – C. FDI by Firms from Newly Industrialised Economies in Emerging Markets: Corporate Governance, Entry Mode and Location. Academy of International Business Conference, 2007.

[98] Gene M. Grossman, Elhanan Helpman. Quality Ladders in the Theory of Growth [J]. The Review of Economic Studies, 1991, 58 (1): 43 – 61.

[99] Grossman G. M. , Helpman E. . Quality ladders and product cycles [J]. Quarterly Journal of Economics, 1991, 106 (2): 557 – 586.

[100] Grossman G. M. , Helpman E. , Szeidl A. Optimal Integration Strategies for the Multinational Firm [J]. Journal of International Economics, 2006, 70 (1): 216 – 238.

[101] Helpman E. , Melitz M. J. , Yeaple S. R. Export versus FDI [J].

Social Science Electronic Publishing, 2003, 94 (1): 300 – 316.

［102］Helpman E. , Melitz M. J. , Yeaple S. R. Export Versus FDI with Heterogeneous Firms ［J］. American Economic Review, 2004, 94 (1): 300 – 316.

［103］Helpman E. Trade, FDI, and the Organization of Firms ［J］. Journal of Economic Literature, 2006, 44 (3): 589 – 630.

［104］Herrmann P. , Datta D. K. CEO Experiences: Effects on the Choice of FDI Entry Mode ［J］. Journal of Management Studies, 2006, 43 (4): 755 – 778.

［105］Hymer S. H. . The international operation of national firms: A study of direct investment ［M］. Cambridge: MIT Press, 1976.

［106］Javorcik, B. S. Does Foreign Direct Investment Increase the Productivity of Domestic Firms? In Search of Spillovers Through Backward Linkages ［J］. American Economic Review, 2004 (94): 605 – 627.

［107］Khandelwal A. K. , Schott P. K. , Wei S. . Trade liberalization and embedded institutional reform: evidence from Chinese exporters ［J］. American Economic Review, 2013, 103 (6): 2169 – 2195.

［108］Khandelwal A. . The long and short (of) quality ladders ［J］. The Review of Economic Studies, 2010, 77 (4): 1450 – 1476.

［109］Kneller R. , Pisu M. Industrial Linkages and Export Spillover From FDI ［J］. World Economy, 2007, 30 (1): 105 – 34.

［110］Kugler, M. Spillovers from Foreign Direct Investment: Within or Between Industries ［J］. Journal of Development Economics, 2006 (80): 444 – 477.

［111］Lall, S. The Technological Structure and Performance of Developing Country Manufactured Exports ［Z］. 1985 ~ 1998. QEH Working Paper Series, 2QEHWPS44, June 2000.

［112］López – Duarte C. , Vidal – Suárez M. M. External Uncertainty and Entry Mode Choice: Cultural Distance, Political Risk and Language Diversity

[J]. International Business Review, 2010, 19 (6): 575 –588.

[113] Mattoo A. , Olarreaga M. , Saggi K. Mode of Foreign Entry, Technology Transfer, and FDI Policy [J]. Journal of Development Economics, 2004, 75 (1): 95 –111.

[114] Maurice Kugler, Eric Verhoogen. Prices, Plant Size, and Product Quality [J]. Review of Economic Studies, 2012 (79): 307 –339.

[115] Melitz M. J. The Impact of Trade on Intra-industry Reallocations and Aggregate Industry Productivity [J]. Econometrica, 2003, 71 (6): 1695 –725.

[116] Morasch K. Entering a Foreign Market: Exports, FDI or Strategic Alliance? Cham, Switzerland: Springer, 2019.

[117] Nielsena B. B. , Nielsen S. The Role of Top Management Team International Orientation in International Strategic Decision-making: The Choice of Foreign Entry Mode [J]. Journal of World Business, 2011, 46 (2): 185 –93.

[118] Nishiyama H. , Yamaguchi M. Foreign Direct Investment, International Trade, and Firm Heterogeneity [J]. Economic Modelling, 2010, 27 (1): 184 –195.

[119] Oldenski, L. Export Versus FDI: A Task – Based Framework for Comparing Manufacturing and Services* . 2009. Retrieved from https://faculty. georgetown. edu/lo36/Oldenski_JobMarketPaper. pdf on June 1, 2022.

[120] Piketty T. , Saez E. The evolution of top incomes: A historical and international perspective [J]. American Economic Review, 2006, 96 (2): 200 –205.

[121] Sleuwaegen L. , Smith P. M. Service characteristics and the choice between exports and FDI: Evidence from Belgian firms [J]. International Economics, 2021, 168: 115 –31.

[122] Sun S. Heterogeneity of FDI Export Spillovers and Its Policy Implications: The Experience of China [J]. Asian Economic Journal, 2020, 24

(4): 289 – 303.

［123］ Villar C. , Mesa R. J. , Barber J. P. A meta-analysis of export spillovers from FDI: advanced vs emerging markets ［J］. International Journal of Emerging Markets, 2020, 15 (5): 991 – 1010.

［124］ Xu, X. and Y. Sheng. Productivity Spillovers from Foreign Direct Investment: Firm – Level Evidence from China ［J］. World Development, 2012 (40): 62 – 74.